合格トレーニング

よくわかる**簿記**シリーズ

TRAINING

日商簿記1級

商業簿記・会計学 Ⅱ

はしがき

本書は，日本商工会議所主催の簿記検定試験の出題区分に対応した受験対策用問題集です。「合格力をつけること」を本書の最大の目的として，ＴＡＣ簿記検定講座で培ってきた長年のノウハウをここに集約しました。

本書は，特に次のような特徴をもっています。

1．合格テキストに準拠

本書は，テキストで学習した論点のアウトプット用トレーニング教材として最適です。本書は『合格テキスト』の各テーマに準拠した問題集ですので，ぜひ『合格テキスト』と併せてご使用ください。

2．各問題に重要度を明示

各問題には，各論点の出題頻度などにもとづいて重要度を★マークで表示しましたので学習計画に応じて重要度の高い問題を選びながら学習を進めていくことができます。

★★★ … 必ず解いてほしい重要問題
★★☆ … 重要問題を解いた後に可能なかぎり解いてほしい問題
★☆☆ … 時間に余裕があれば解いてほしい問題

3．詳しい解説つき

単に解答だけでなく「解答への道」として詳しい解説を付し，解いた問題を確認するうえでネックとなる疑問点の確認ができるようにしてあります。また『合格テキスト』と併用することで，より理解が深まります。

4．解答用紙ダウンロードサービスつき

繰り返し演習し，知識の定着をはかるために，解答用紙のダウンロードサービスをご利用いただけます。TAC出版書籍販売サイト・サイバーブックストア（URL　https://bookstore.tac-school.co.jp/）にアクセスしてください。なお，理論問題には解答用紙はありません。

本書はこうした特徴をもっていますので，読者の皆さんが検定試験に合格できる実力を必ず身につけられるものと確信しています。

なお，昨今の会計基準および関係法令の改定・改正にともない，日商簿記検定の出題区分も随時変更されています。本書はＴＡＣ簿記検定講座と連動することで，それらにいちはやく対応し，つねに最新の情報を提供しています。

現在，日本の企業は国際競争の真っ只中にあり，いずれの企業も実力のある人材，とりわけ簿記会計の知識を身につけた有用な人材を求めています。読者の皆さんが本書を活用することで，簿記検定試験に合格し，将来の日本を担う人材として成長されることを心から願っています。

2023年11月

ＴＡＣ簿記検定講座

Ver. 18. 0 刊行について

本書は，『合格トレーニング日商簿記１級商会Ⅱ』Ver. 17. 0につき，最近の試験傾向に基づき，改訂を行ったものです。

問題編　CONTENTS

問題編

合格トレーニング

日商簿記 1 級 商業簿記 会計学 II

Theme

01 税金・税効果会計

理解度チェック

問題1-1 ★★★

次の資料により，税効果会計を適用した場合の損益計算書（一部）と貸借対照表（一部）を作成しなさい。なお，会計期間は１年，当期は×2年度（×2年４月1日から×3年３月31日まで）であり，法人税等の実効税率は各年度とも30％とする。

（資料１）決算整理前残高試算表（一部）

決算整理前残高試算表

×3年３月31日　（単位：千円）

繰延税金資産	10,800	
仮払法人税等	30,000	

（資料２）税効果会計に関する資料

1．損益計算書の税引前当期純利益は200,000千円であった。また，以下の２．から５．の調整をした税法上の課税所得214,500千円に対して30％の法人税等が計算され確定した。

2．×1年度末（前期末）において仕入原価10,000千円の商品が陳腐化したため，商品評価損1,000千円を計上したが，法人税法上，損金不算入となった。しかし，×2年度（当期）においてその商品を販売したため，損金算入が認められた。

3．×1年度末（前期末）において売掛金200,000千円に対して3,000千円の貸倒引当金を設定したが，法人税法上，損金不算入となった。しかし，×2年度（当期）において損金算入が認められた。また，×2年度末（当期末）において売掛金300,000千円に対して4,500千円の貸倒引当金を設定したが，法人税法上，損金不算入となった。

4．×1年度末（前期末）における減価償却費（建物に対するもの）の償却限度超過額の累計額は12,000千円であった。×2年度（当期）において償却限度超過額12,000千円が損金不算入となったため，×2年度末（当期末）における償却限度超過額の累計額は24,000千円となった。

5．×1年度末（前期末）における退職給付引当金に対する一時差異の累計額は20,000千円であった。×2年度（当期）において退職給付費用のうち2,000千円が損金不算入となったため，×2年度末（当期末）における一時差異の累計額は22,000千円となった。

理解度チェック

問題1-2　★★★

次の資料により，それぞれの問いに答えなさい。なお，会計期間は３月31日を決算日とする１年であり，計算上，円未満の端数が生じる場合は四捨五入すること。また，記入する金額がない場合は，「――」を記入すること。

（資料）前期末貸借対照表（一部）

貸　借　対　照　表

×1年３月31日現在　　　（単位：千円）

	⋮	
	Ⅱ 固 定 負 債	
	⋮	
	繰延税金負債	600

（注）上記繰延税金負債からは，繰延税金資産15,000千円が控除されている。

〔問１〕法人税等の当期確定税額は75,000千円である。なお，当期における一時差異の推移は以下のとおりであり，税効果会計（法定実効税率30％）を適用する。よって，解答用紙に示した損益計算書（一部）および貸借対照表（一部）を完成させなさい。

	当期解消額	当期発生額
将来減算一時差異	30,000千円	25,000千円
将来加算一時差異	22,000千円	28,000千円

〔問２〕法人税等の当期確定税額は75,000千円である。なお，一時差異の額は以下のとおりであり，税効果会計（法定実効税率30％）を適用する。よって，解答用紙に示した損益計算書（一部）および貸借対照表（一部）を完成させなさい。

	前期末	当期末
将来減算一時差異	50,000千円	45,000千円
将来加算一時差異	52,000千円	58,000千円

理解度チェック

問題1-3 ★★★

当社は，当期（１年決算）における税引前当期純利益を100,000千円計上した。課税所得の計算上，14,000千円が損金不算入項目（純額）とされた。当期の法人税等の実効税率は35％であった。

前期末における将来減算一時差異および将来加算一時差異は，それぞれ24,000千円および6,000千円であった。前期末において将来の予定実効税率は35％と見積もられた。

当期末における将来減算一時差異および将来加算一時差異は，それぞれ40,000千円および8,000千円であった。当期末において将来の予定実効税率は30％と見積もられた。

以上の資料から，次の各問に答えなさい。

〔問１〕当社の前期末および当期末における貸借対照表に計上される繰延税金資産の金額（純額）を求めなさい。

〔問２〕当社の当期の損益計算書（一部）を作成しなさい。

理解度チェック

問題1-4 ★★★

次の資料により，解答用紙の各項目の金額を答えなさい。

1．当期末において将来減算一時差異が66,000千円あり，税務上の繰越欠損金の残高が40,000千円あった。
2．当期末において見積可能な期間における将来の課税所得は90,000千円と見積もられた。
3．前期末における繰延税金資産は24,000千円であった。
4．将来の見積可能な期間における実効税率は30％であった。

理解度チェック

問題1-5 ★★★

税効果会計に関する設問の文章について，正しいと思うものには○印を，正しくないと思うものには×印を付し，×印としたものについてはその理由を２行以内で記述しなさい。

〔設　問〕

(1)　一時差異とは，損益計算書および連結損益計算書に計上されている収益および費用の金額と課税所得計算上の益金および損金の金額の差異をいう。

(2)　将来減算一時差異とは，当該一時差異が解消するときにその期の課税所得を減額する効果をもつものをいう。

(3)　将来加算一時差異とは，当該一時差異が解消するときにその期の課税所得を増額する効果をもつものをいう。

(4)　繰延税金資産は，流動資産として貸借対照表に計上される。

(5)　法人税等について税率の変更があった場合には，過年度に計上された繰延税金資産および繰延税金負債を新たな税率にもとづき再計算する。

Theme 02 現金預金

理解度チェック

問題2-1 ★★★

次の資料にもとづいて，貸借対照表（一部）を作成しなさい。なお，会計期間は１年，当期は×1年４月１日から×2年３月31日までである。

（資料１）決算整理前残高試算表（一部）

決算整理前残高試算表

×2年３月31日　　（単位：円）

現金預金	270,000	買掛金	90,000
売掛金	219,000	未払金	15,000
販売費	250,000	貸倒引当金	1,000
支払利息	5,000	受取利息	2,000

（資料２）決算整理事項

1．現金の実際有高が3,000円過剰であることが発見された。原因を究明したところ，販売費の支払い4,500円と売掛金の入金9,000円が未処理であることが判明したが，残額は原因不明である。

2．当座預金の帳簿残高174,000円と銀行残高証明書残高231,000円との差異の原因は次のとおりであった。

(1) 決算日に現金36,000円を預け入れたが，営業時間外であったため，銀行では翌日付で記帳していた。

(2) 仕入先に対して買掛金の支払いのために振り出した小切手27,000円が，いまだ銀行に支払呈示されていなかった。

(3) 販売費の支払いのために振り出した小切手30,000円が未渡しであった。

(4) 得意先より売掛金45,000円が当座預金に振り込まれていたが，その連絡が当社に未達であった。

(5) 支払利息9,000円が当座預金から引き落とされていたが，その連絡が当社に未達であった。

3．現金預金のうち60,000円は×1年５月１日に預け入れた期間２年の定期預金（利率年６％，利払日は４月と10月の各末日）である。なお，利息の計算は月割りによること。

4．売掛金の期末残高に対して２％の貸倒引当金を差額補充法により設定する。

理解度チェック

問題2-2　★☆☆

次の資料により，⑴貸借対照表（一部）を完成するとともに，⑵損益計算書に記載される雑益または雑損の科目および金額を示しなさい。なお，当期は×3年３月31日を決算日とする１年である。

（資料１）決算整理前残高試算表（一部）

決算整理前残高試算表

×3年３月31日　　　　（単位：円）

現　金　預　金	166, 250	買　　掛　　金	197, 825
受　取　手　形	43, 500	受　取　利　息	1, 000
売　　掛　　金	138, 700		

（資料２）期末整理事項

1．現金預金の内訳は次のとおりである。

⑴　内訳　現金（同出納帳）残高　31, 500円
　　　　　当座預金（同出納帳）残高　89, 750円
　　　　　定期預金残高　45, 000円
　　　　　計　166, 250円

⑵　現金の実際有高を調べたところ，次のとおりであった。
　①　通貨手許有高　25, 750円
　②　他人振出小切手　5, 700円（うち得意先Ａ商店振出の×3年４月20日付の小切手2, 000円）
　③　配当金領収証　1, 750円（未記帳）
　④　支払期日の到来した社債利札　1, 300円（未記帳）

⑶　当座預金勘定と銀行残高証明書残高（103, 650円）との差異の原因は，次のとおりであった。
　①　決算日に現金3, 000円を預け入れたが，営業時間外のため銀行では翌日付で入金の記帳をした。
　②　仕入先に対して振り出した小切手1, 075円が未渡しとなっていた。
　③　修繕費支払のため振り出した小切手1, 100円が未渡しとなっていた。
　④　仕入先に対して振り出した小切手12, 525円が銀行に支払呈示されていなかった。
　⑤　得意先から受け入れた手形2, 200円の取立てが銀行ではすでに行われていたが，その通知が当方に未着であった。

⑷　定期預金については下記の２つがある。なお，利息の計算は月割りによること。
　①　期間２年　30, 000円（×2年５月１日から×4年４月30日まで，利率年３％，利払日は４月と10月の各末日）
　②　期間２年　15, 000円（×1年９月１日から×3年８月31日まで，利率年４％，利払日は２月と８月の各末日）

2．売上債権の期末残高に対して２％の貸倒引当金を設定する。

Theme 03 金銭債権・貸倒引当金

理解度チェック

問題3-1 ★★★

以下の条件にしたがって，それぞれの設問に答えなさい。なお，当期は×1年４月１日から×2年３月31日までの１年である。また，計算上端数が生じる場合は，円未満を四捨五入すること。

（条　件）

1．当期首において取引先より保有する約束手形（額面1,000,000円）の買取りを求められ，942,596円を支払って買い取った。

2．約束手形の満期日は×3年３月31日である。

3．取得価額と額面金額の差額は，すべて金利調整差額と認められる。

〔設　問〕

(1)　この手形に対する実効利子率をｒとすると，ｒはどのような関係を満たすのか，この関係を方程式の形で表しなさい。

(2)　(1)の方程式から実効利子率を求めると３％（ｒ＝0.03）となるが，当期末（１年経過後）における当該手形の償却原価は，いくらになるか答えなさい。

理解度チェック

問題3-2 ★★☆

次の資料により，×4年度末における一般債権の貸倒見積高を求めなさい。

（資　料）

(1)　一般債権の過去４期間における発生および過去３期間の貸倒れに関する内容は，次のとおりである。なお，一般債権の平均回収期間は１年である。

（単位：円）

	×1年度	×2年度	×3年度	×4年度
×1年度発生債権の期末残高 （うち貸倒損失発生額）	50,000	0 （　800）		
×2年度発生債権の期末残高 （うち貸倒損失発生額）		60,000	0 （　1,560）	
×3年度発生債権の期末残高 （うち貸倒損失発生額）			70,000	0 （　1,050）
×4年度発生債権の期末残高 （うち貸倒損失発生額）				80,000

(2)　貸倒実績率は，債権期末残高に対する翌期１年間（算定期間）の貸倒損失発生額の割合とする。

(3)　×4年度に適用する貸倒実績率は，過去３算定年度（×1年度，×2年度および×3年度）に係る貸倒実績率の平均値とする。

理解度チェック

問題3-3 ★☆☆

次の資料により，×5年度末における一般債権の貸倒見積高を求めなさい。

（資　料）一般債権の貸倒実績など

一般債権の平均回収期間は２年であり，×5年度に適用する貸倒実績率は次の⑴から⑶までの平均値とする。

⑴　×1年度の債権期末残高に対する×2年度および×3年度の貸倒損失額の割合

⑵　×2年度の債権期末残高に対する×3年度および×4年度の貸倒損失額の割合

⑶　×3年度の債権期末残高に対する×4年度および×5年度の貸倒損失額の割合

	×1年度	×2年度	×3年度	×4年度	×5年度
債権期末残高	120,000円	130,000円	140,000円	150,000円	160,000円
貸倒損失額	2,140円	1,880円	2,200円	1,570円	3,050円

理解度チェック

問題3-4 ★★☆

当社（会計期間１年，決算日３月31日）は，当期末（×2年３月31日）に次の債権を有している。よって，以下の問いに答えなさい。

Ａ社に対する売掛金　400,000円（貸倒懸念債権）

Ｂ社に対する貸付金　500,000円（貸倒懸念債権）

Ｃ社に対する貸付金　600,000円（破産更生債権等）

〔問１〕Ａ社に対する売掛金について，財務内容評価法による貸倒見積高を求めなさい。なお，Ａ社からは，営業保証金100,000円を預かっており，今後のＡ社の支払能力を評価した結果，30％の引当金を設定する。

〔問２〕Ｂ社に対する貸付金に対してキャッシュ・フロー見積法による貸倒見積高を求めなさい。Ｂ社の経営成績が悪化しているため，当期末の利払日後，弁済条件の緩和を行い，将来の適用利子率を年利４％から年利２％に変更した。貸付条件および現価係数表は次のとおりである。割引現在価値の計算には現価係数表を使用し，円未満の端数が生じたときは四捨五入すること。

（貸付条件）

貸付高　500,000円

返済期日　×5年３月31日（貸付日×1年４月１日）

利払日　毎年３月31日

（現価係数表）

n＼r	2%	3%	4%
１年	0.9804	0.9709	0.9615
２年	0.9612	0.9426	0.9246
３年	0.9423	0.9151	0.8890

〔問３〕Ｃ社に対する貸付金に対して貸倒見積高を求めなさい。Ｃ社は，当期末に破産した。Ｃ社に対する貸付金には，土地（時価400,000円）を担保としている。

理解度チェック

問題3-5 ★★★

次の資料により，決算整理仕訳を債権の種類ごとに示しなさい。

（資　料）

1．期首の売掛金，貸付金および貸倒引当金の残高は次のとおりであった。

科　　目	分　　類	債権期首残高	貸倒引当金期首残高
売　掛　金	一　般　債　権	20,000円	400円
短期貸付金	一　般　債　権	8,000円	160円
	貸倒懸念債権	2,000円	500円

2．当期中に期首債権が次のとおり貸し倒れ，すべて貸倒損失として処理している。また，残額はすべて当期中に回収し，適正に処理している。

科　　目	分　　類	貸　倒　高	備　　考
売　掛　金	一　般　債　権	500円	引当金の設定不足は当期の状況変化によるものである。
短期貸付金	一　般　債　権	300円	
	貸倒懸念債権	1,000円	引当金の設定不足は前期の見積り誤りによるものである。

理解度チェック

問題3-6 ★★★

次の資料により，損益計算書（一部）を作成しなさい。

（資料１）決算整理前残高試算表（一部）

決算整理前残高試算表

×3年３月31日　　　　（単位：千円）

売　　掛　　金	50,000	貸　倒　引　当　金	3,400
短　期　貸　付　金	50,000		
貸　倒　損　失	4,400		

（資料２）決算整理事項等

1．貸倒引当金3,400千円は，売掛金に対する1,400千円と短期貸付金（営業外債権）に対する2,000千円の合計金額である。

2．当期中に売掛金4,400千円（前期発生高1,400千円，当期発生高3,000千円）が貸し倒れ，すべて貸倒損失として処理している。

3．当期末に短期貸付金4,000千円（全額当期発生高）が貸し倒れたが未処理である。

理解度チェック

問題3-7 ★★★

次の資料により，(A)当期（会計期間１年，×2年３月31日決算）の損益計算書（一部）および貸借対照表（一部）を作成するとともに，(B)長期貸付金に対する貸倒引当金について翌期に必要な仕訳を示しなさい。

（資料１）決算整理前残高試算表（一部）

決算整理前残高試算表

×2年３月31日　　（単位：円）

売掛金	180,000	仮受金	500
短期貸付金	20,000	貸倒引当金	500
長期貸付金	20,000	受取利息	1,800

（資料２）決算整理事項等

1．前期に貸倒れとして処理していた売掛金500円を当期中に回収し，仮受金として処理している。

2．売掛金および短期貸付金は，すべて一般債権であり，貸倒実績率２％にもとづいて貸倒見積高を計算し，正味の繰入額は設定対象債権の割合に応じて販売費及び一般管理費と営業外費用に配分する。

3．長期貸付金は，×1年４月１日にＡ社に対して期間３年，利率年５％，利払日毎年３月31日の条件で貸し付けたものであるが，当期末の利払日後にＡ社の経営成績が悪化したことにより，貸付条件を緩和し，今後は利払いを免除することとした。この長期貸付金は，貸倒懸念債権に該当し，キャッシュ・フロー見積法により貸倒見積高を計算する。なお，計算上，円未満の端数が生じたときは四捨五入すること。

理解度チェック

問題3-8 ★★★

次の資料にもとづいて，決算整理後残高試算表（一部）を作成しなさい。なお，会計期間は１年，当期は×5年４月１日から×6年３月31日までである。

（資料１）決算整理前残高試算表（一部）

決算整理前残高試算表

×6年３月31日　　（単位：円）

受取手形	20,000	貸倒引当金	10,000
売掛金	240,000	繰越利益剰余金	62,000
貸倒損失	12,700		

（資料２）貸倒引当金に関する資料

1．貸倒損失12,700円は当期中に売掛金（前期発生分：3,900円，当期発生分：8,800円）が貸し倒れたさいに計上したものである。なお，当期中にこれ以外の貸倒れはなかった。

2．一般債権に対しては，過去５年間の貸倒実績率の単純平均値を用いて貸倒引当金を設定しているが，前期末決算において，その直前に生じた貸倒れを実績率の算定に反映させていなかったため，本来は３％で設定すべきところを，誤って2.5％で設定していたことが判明した。よって，過去の誤謬の訂正を行う。また，受取手形および売掛金の当期末残高は，すべて一般債権であり，その3.5％を貸倒引当金として設定する。なお，会計処理は差額補充法による。

理解度チェック □□□

問題3-9 ★★☆

次の資料により，決算整理後残高試算表（一部）を完成しなさい。当社の事業年度は，３月31日に終了する１年である。

（資料１）決算整理前残高試算表（一部）

決算整理前残高試算表

×6年３月31日　　（単位：千円）

売掛金	15,000	貸倒引当金	100
長期貸付金	20,000		

（資料２）決算整理事項等

1．売掛金および長期貸付金の内訳は，次のとおりである。

勘定	分類	債権金額	貸倒見積高の算定方法
売掛金	一般債権	15,000千円	債権金額に対する貸倒実積率１％による。
長期貸付金	貸倒懸念債権	12,000千円	約定利子率年３％による。決算日から２年後に元本10,609千円の回収が見込まれる。
	破産更生債権等	8,000千円	担保評価額6,500千円による回収のみが見込まれる。貸倒見込額は，債権金額から直接控除する。

理解度チェック □□□

問題3-10 ★★☆

次の資料により，(A)当期（会計期間１年，×2年３月31日決算）の損益計算書（一部）および貸借対照表（一部）を作成するとともに，(B)割引手形が翌期に決済されたときの仕訳を示しなさい。

（資料１）決算整理前残高試算表（一部）

決算整理前残高試算表

×2年３月31日　　（単位：円）

受取手形	100,000	仮受金	19,900
売掛金	200,000	貸倒引当金	4,600

（資料２）決算整理事項等

1．当社保有の約束手形20,000円（振出日：×2年１月１日，支払期日：×2年８月31日）を×2年３月１日に銀行で割り引き，割引料100円を控除後の残額が当座預金に入金され，入金額を仮受金として処理している。決算にあたって適切な勘定に振り替えるとともに，手形額面に対して２％の保証債務を計上する。なお，保証債務費用は手形売却損に含めること。

2．当期末に保有する債権のうち受取手形5,000円と売掛金10,000円は，その弁済に重大な問題が生じたため貸倒懸念債権に区分し，50％の貸倒見積りを行い，その他の債権については，貸倒実績率２％により貸倒引当金を設定する。

理解度チェック □□□

問題3-11　★☆☆

当社が以下の契約条件等にもとづいて，帳簿価額1,000千円の長期貸付金を，第三者であるＢ社に対して現金1,060千円で譲渡した場合の仕訳を示しなさい。

（契約条件等）

1．当社は，当該債権を将来Ｂ社から買い戻すことができる権利（買戻権）の時価45千円をもち，債権からの資金の回収が滞った場合の延滞部分（延滞債権）を買い戻すリコース義務の時価60千円を負った。また，当該債権に関する回収業務を当社で代行し，回収サービス業務資産（残存部分）の時価は55千円であった。

2．上記の取引は，支配が移転するための条件を満たしている。

理解度チェック □□□

問題3-12　★★☆

金銭債権の評価および貸倒引当金に関する以下の規定の空欄を埋めるとともに，設問の文章について，正しいと思うものには○印を，正しくないと思うものには×印を付し，×印としたものについてはその理由を２行以内で記述しなさい。

「金融商品に関する会計基準　14」

受取手形，売掛金，貸付金その他の債権の貸借対照表価額は，□から貸倒見積高に基づいて算定された□を控除した金額とする。ただし，債権を□より低い価額又は高い価額で取得した場合において，□と□との差額の性格が□と認められるときは，□に基づいて算定された価額から貸倒見積高に基づいて算定された□を控除した金額としなければならない。

「企業会計原則注解【注17】」

貸倒引当金又は減価償却累計額は，その債権又は有形固定資産が属する□ごとに□形式で表示することを原則とするが，次の方法によることも妨げない。

(1)　二以上の科目について，貸倒引当金又は減価償却累計額を□記載する方法

(2)　債権又は有形固定資産について，貸倒引当金又は減価償却累計額を□のみを記載し，当該貸倒引当金又は減価償却累計額を□する方法

〔設　問〕

(1)　受取手形，売掛金，貸付金その他の債権の貸借対照表価額は，取得価額から貸倒引当金を控除した金額としなければならない。

(2)　貸倒引当金は，その債権が属する科目ごとに控除する形式で表示しなければならない。

(3)　債権を債権金額より低い価額または高い価額で取得した場合で，取得価額と債権金額との差額の性格が金利の調整と認められる場合には，償却原価法を適用する。

(4)　償却原価法とは，取得価額と債権金額の差額に相当する金額を弁済期または償還期にいたるまで毎期一定の方法で取得価額に加算する方法である。

Theme 04 有価証券

問題4-1 ★★★

理解度チェック □□□

次の資料により，損益計算書（一部）および貸借対照表（一部）を作成しなさい。会計期間は１年，当期は×2年４月１日から×3年３月31日までである。なお，有価証券はすべて当期中に取得したものである。また，法人税等調整額が貸方残高の場合には，金額の前に△印を付すこと。

（資料１）

決算整理前残高試算表

×3年３月31日　　　　（単位：円）

有価証券	1,506,400	有価証券利息	8,000

（資料２）

銘柄	分類	取得原価	市場価格	備考
A社株式	売買目的有価証券	200,000円	208,000円	
B社株式	売買目的有価証券	132,000円	120,000円	
C社株式	その他有価証券	192,000円	208,000円	（注１）
D社株式	その他有価証券	197,200円	187,000円	（注１）
E社株式	子会社株式	216,000円	220,000円	
F社株式	子会社株式	231,800円	114,000円	（注２）
G社株式	その他有価証券	239,400円	――円	（注３）
H社社債	満期保有目的債券	98,000円	――円	（注４）

（注１）部分純資産直入法による。なお，その他有価証券の時価との差額（評価差額）について，法定実効税率を30％として税効果会計を適用すること。

（注２）著しい下落であり，回復する見込みはない。

（注３）Ｇ社株式の15％を保有しているが，Ｇ社の財政状態は著しく悪化し，その純資産額は784,000円となっている。

（注４）Ｈ社社債は，×2年４月１日に額面総額100,000円を額面100円につき98円で取得したものである。満期日は×7年３月31日，クーポン利子率は年８％，利払日は３月と９月の各末日である。取得原価と額面金額との差額は金利の調整と認められるため，償却原価法（利息法）を適用する。クーポンの処理は適正に行われているが，償却額の計上が未処理である。なお，償却額の計算上，実効利子率は年8.5％とし，計算上，端数が生じた場合には，円未満を四捨五入すること。

理解度チェック

問題4-2　★★★

次の資料により，決算整理後残高試算表（一部）を作成しなさい。なお，会計期間は１年，当期は×1年４月１日から×2年３月31日までである。また，記帳方法は分記法による。

（資料１）

期首試算表（一部）　　（単位：千円）

売買目的有価証券	90,000	

（資料２）

売買目的有価証券90,000千円はすべてＡ社株式（1,000株）であり，当期におけるＡ社株式に関する事項は以下のとおりである。

１．×1年４月１日（当期首）。１株あたりの取得原価は100千円であり，前期末時価は90千円であった。

２．×1年９月15日に１株あたり120千円で600株購入し，現金預金により支払った。

３．×2年２月22日に１株あたり110千円で400株売却し，現金預金で受け取った。

４．×2年３月31日（当期末）。１株あたりの時価125千円で評価替えを行う。

理解度チェック

問題4-3　★★★

次の資料にもとづいて，決算整理後残高試算表（一部）を作成しなさい。なお，会計期間は１年，当期は×1年４月１日から×2年３月31日までである。

（資料１）決算整理前残高試算表（一部）

決算整理前残高試算表

×2年３月31日　　（単位：円）

有　価　証　券	100,000	仮　受　金	30,000

（資料２）決算整理事項

有価証券はすべて売買目的有価証券であり，総記法で記帳している。なお，３月中に有価証券の一部を30,000円で売却したが，仮受金として処理していた。また，期末に保有する有価証券の時価は90,000円である。

理解度チェック

問題4-4　★★★

次の条件により取得した満期保有目的債券について，⑴償却原価法の定額法を採用した場合，および⑵償却原価法の利息法を採用した場合の決算整理後残高試算表（一部）を作成しなさい。なお，会計期間は１年，当期は×1年４月１日から×2年３月31日までである。

（条　件）

１．当期首にＡ社社債額面総額10,000千円を額面100円につき97円で取得し，端数利息とともに小切手を振り出して支払った。ただし，償還期日は×4年７月31日，クーポン利子率は年３％，実効利子率は年４％，利払日は毎年１月31日と７月31日の年２回である。なお，端数が生じた場合は四捨五入し，利息は月割計算による。

２．Ａ社社債は満期日まで保有する予定で，償却原価法を採用する。

理解度チェック

問題4-5 ★★★

次の一連の取引について，⑴全部純資産直入法を採用した場合と⑵部分純資産直入法を採用した場合の仕訳を示すとともに，それぞれの方法を採用した場合の×3年３月31日における損益計算書（一部）と貸借対照表（一部）を作成しなさい（解答欄がすべて埋まるとは限らない）。当社の会計期間は１年，決算日は毎年３月31日である。なお，評価差額には，法定実効税率を30％として税効果会計を適用する。また，法人税等調整額が貸方残高の場合には，金額の前に△印を付すこと。

（勘定科目）

現金預金	その他有価証券	その他有価証券評価差額金	その他有価証券評価損益
繰延税金資産	繰延税金負債	法人税等調整額	

（取　引）

① ×1年９月30日に，その他有価証券としてＡ社株式200,000千円を現金預金により取得した。

② ×1年12月31日に，その他有価証券としてＢ社株式100,000千円を現金預金により取得した。

③ ×2年３月31日。決算につきＡ社株式の時価220,000千円，Ｂ社株式の時価95,000千円へ評価替えを行う。

④ ×2年４月１日。期首につきＡ社株式とＢ社株式について，振戻仕訳（税効果会計の処理を含む）を行う。

⑤ ×3年３月31日。決算につきＡ社株式の時価250,000千円，Ｂ社株式の時価87,000千円へ評価替えを行う。

理解度チェック

問題4-6 ★★★

次の資料により，決算整理後残高試算表（一部）を完成しなさい。なお，当期は×5年４月１日から×6年３月31日である。また，税効果会計を適用する。実効税率は，各年度を通じて30％とする。

（資料１）決算整理前残高試算表（一部）

決算整理前残高試算表

×6年３月31日　　（単位：千円）

その他有価証券	48,060	仮受金	34,800
		繰延税金負債	1,890
		その他有価証券評価差額金	4,410
		有価証券利息	240

（資料２）決算整理事項等

1．その他有価証券として保有するＡ社株式（取得原価30,000千円，前期末時価36,000千円）を34,800千円で売却し，売却代金を仮受金として処理している。その他有価証券に係る評価差額金とそれに関連する税効果に関する再振替仕訳は行われていない（２．も同様）。

2．その他有価証券として保有するＢ社社債（額面金額12,000千円，取得原価11,520千円，前期末時価12,060千円，取得日×3年４月１日，期間４年，利率年２％）の当期末現在における時価は12,080千円であった。額面金額と取得原価の差額は，金利の調整と認められ，償却原価法（定額法）を適用した上で時価評価を行う。

理解度チェック

問題4-7 ★☆☆

次の資料により，決算整理後残高試算表（一部）を完成しなさい。当社の事業年度は，３月31日に終了する１年である。

（資料１）決算整理前残高試算表（一部）

決算整理前残高試算表

×6年３月31日　（単位：千円）

投資有価証券	44,400	繰延税金負債	1,800
		その他有価証券評価差額金	4,200
		投資有価証券売却益	5,840

（資料２）決算整理事項等

1．投資有価証券は，その他有価証券に分類される１銘柄であり，当期末の時価は46,000千円であった。試算表におけるその他有価証券評価差額金および関連する繰延税金負債（前期末における予定実効税率30％）については，期首の再振替仕訳を行っていない。また，当期首残高の半分は，当期中に売却済みであり，前期末の時価と売却価額との差額を投資有価証券売却益として計上している。

理解度チェック

問題4-8 ★★★

次の資料により，損益計算書（一部）および貸借対照表（一部）を作成しなさい。会計期間は１年，当期は×2年４月１日から×3年３月31日までである。なお，貸借対照表の表示科目は，分類と同じ科目を用いるものとする。また，法人税等調整額が貸方残高の場合には，金額の前に△印を付すこと。

（資料１）

決算整理前残高試算表

×3年３月31日　（単位：円）

有価証券	1,173,400	繰延税金負債	1,920
繰延税金資産	1,020	その他有価証券評価差額金	4,480

（資料２）

銘柄	分類	取得原価	簿価	市場価格	備考
A社株式	売買目的有価証券	200,000円	212,000円	208,000円	（注１）
B社株式	その他有価証券	192,000円	198,400円	208,000円	（注２）
C社株式	その他有価証券	197,200円	193,800円	187,000円	（注２）
D社株式	子会社株式	231,800円	231,800円	114,000円	（注３）
E社株式	関連会社株式	239,400円	239,400円	―― 円	（注４）
F社社債	満期保有目的債券	98,000円	98,000円	―― 円	（注５）

（注１）評価差額の処理は，洗替方式によるが，当期首において評価損益の振戻仕訳を行っていない。

（注２）部分純資産直入法によるが，当期首において評価差額金および評価損益について振戻仕訳を行っていない。なお，評価差額には法定実効税率を30％として税効果会計を適用する。

（注３）著しい下落であり，回復の見込みはない。

（注４）Ｅ社株式の20％を保有しているが，Ｅ社の財政状態は著しく悪化し，その純資産額は588,000円となっている。

（注５）Ｆ社社債は，×3年１月１日に額面総額100,000円を額面100円につき98円で取得したものである。満期日は×7年12月31日，クーポン利子率は年８％，利払日は６月と12月の各末日である。取得原価と額面金額との差額は金利の調整と認められるため，償却原価法（利息法）を適用する。なお，償却額の計算上，実効利子率は年8.5％とし，計算上，端数が生じた場合には，円未満を四捨五入すること。

理解度チェック

問題4-9 ★★★

次の資料により，当期末（×5年３月31日）現在の貸借対照表における次の金額を求めなさい。なお，決算は年１回である。解答欄に（借または貸）とあるものについては，借か貸のいずれかを○で囲むこと。また，計算上端数が生じる場合には，円未満を四捨五入すること。

⑴　売買目的有価証券
⑵　その他有価証券
⑶　満期保有目的債券
⑷　子会社株式
⑸　その他有価証券評価差額金

（資料１）当期末現在の有価証券保有状況

銘　柄	分　類	数　量	簿　価	券面額	時　価
①A社株式	売買目的有価証券	500株	@1,200円	——	@1,900円
②B社株式	売買目的有価証券	200株	@　400円	——	@　360円
③C社株式	その他有価証券	400株	@　600円	——	@1,700円
④D社株式	その他有価証券	300株	@2,900円	——	@1,100円
⑤E社社債	満期保有目的債券	100口	?	@1,000円	@1,010円
⑥F社株式	子会社株式	150株	@1,800円	——	@1,600円

（資料２）評価にあたっての注意事項

1．評価差額は全部純資産直入法による。
2．税効果会計を適用し，実効税率は30%とする。
3．D社株式について時価の回復可能性は不明である。
4．E社社債は×3年３月31日に購入したものである。クーポン利子率は年２%，利払日は毎年３月末の年１回，満期日は×7年３月31日である。額面金額と取得原価の差額は金利の調整部分と認められ，償却原価法（利息法）を採用する。実効利子率は年４%である。

理解度チェック

問題4-10 ★☆☆

次の取引について仕訳を示しなさい。

1．売買目的有価証券（帳簿価額20,000円，振替時の時価22,000円）の保有目的をその他有価証券に変更した。

2．満期保有目的債券（期首償却原価19,200円，振替時の償却原価19,400円，振替時の時価19,500円）の保有目的をその他有価証券に変更した。

3．子会社株式（取得割合60％，帳簿価額60,000円）のうち一部を現金で売却した（売却割合50％，帳簿価額50,000円，売却価額55,000円）。この売却により子会社株式・関連会社株式に該当しなくなったので，保有目的をその他有価証券に変更した。

4．その他有価証券（取得原価20,000円，前期末の時価18,000円，振替時の時価23,000円）の保有目的を売買目的有価証券に変更した。なお，前期末の評価差額は当期首に振り戻している。

5．その他有価証券（取得原価20,000円，前期末の時価18,000円，振替時の時価23,000円）を保有していたが，同一銘柄の株式を現金で追加取得した（取得原価60,000円）。この追加取得により子会社株式に該当することとなったので，保有目的を子会社株式に変更した。なお，前期末の評価差額は当期首に振り戻している。

理解度チェック

問題4-11 ★★☆

次の一連の取引について，(A)約定日基準および(B)修正受渡日基準のそれぞれによる(1)買手側（A社）および(2)売手側（B社）の仕訳を示しなさい。なお，使用する勘定科目は次の中から選ぶこと。また，買手側（A社）および売手側（B社）ともに決算日は3月31日であり，買手側（A社）では，評価損益の処理を洗替方式によっている。

（勘定科目）

現金預金	未収入金	売買目的有価証券	
未払金	有価証券評価損益	有価証券売却損益	

（取　引）

① ×1年3月25日にA社は，B社が所有するC社株式（簿価9,000円）を10,000円で購入する契約をした。なお，代金は，受渡時に決済される予定である。

② ×1年3月31日。C社株式の時価は12,000円になった。決算につき必要な処理を行う。

③ ×1年4月1日。期首につき必要な仕訳を行う。

④ ×1年4月10日。A社はB社より上記の株式を受け取り，代金は小切手を振り出して支払った。

理解度チェック

問題4-12 ★★☆

有価証券の評価に関する以下の規定の空欄を埋めるとともに，設問の文章について，正しいと思うものには○印を，正しくないと思うものには×印を付し，×印としたものについてはその理由を２行以内で記述しなさい。

「金融商品に関する会計基準 Ⅳ」一部抜粋

２　有価証券

(1)　売買目的有価証券

15. 時価の変動により利益を得ることを目的として保有する有価証券（以下「売買目的有価証券」という。）は，［　　　］をもって貸借対照表価額とし，評価差額は［　　　］として処理する。

(2)　満期保有目的の債券

16. 満期まで所有する意図をもって保有する社債その他の債券（以下「満期保有目的の債券」という。）は，［　　　］をもって貸借対照表価額とする。ただし，債券を債券金額より低い価額又は高い価額で取得した場合において，取得価額と債券金額との差額の性格が［　　　］と認められるときは，［　　　］に基づいて算定された価額をもって貸借対照表価額としなければならない。

(3)　子会社株式及び関連会社株式

17. 子会社株式及び関連会社株式は，［　　　］をもって貸借対照表価額とする。

(4)　その他有価証券

18. 売買目的有価証券，満期保有目的の債券，子会社株式及び関連会社株式以外の有価証券（以下「その他有価証券」という。）は，［　　　］をもって貸借対照表価額とし，評価差額は［　　　］に基づき，次のいずれかの方法により処理する。

(1)　評価差額の合計額を純資産の部に計上する。

(2)　時価が取得原価を上回る銘柄に係る評価差額は純資産の部に計上し，時価が取得原価を下回る銘柄に係る評価差額は［　　　］として処理する。

なお，純資産の部に計上されるその他有価証券の評価差額については，税効果会計を適用しなければならない。

(5)　市場価格のない株式等の取扱い

19. 市場価格のない株式は，取得原価をもって貸借対照表価額とする。市場価格のない株式とは，市場において取引されていない株式とする。また，出資金など株式と同様に持分の請求権を生じさせるものは，同様の取扱いとする。これらを合わせて「市場価格のない株式等」という。

(6)　時価が著しく下落した場合

20. 満期保有目的の債券，子会社株式及び関連会社株式並びにその他有価証券のうち，市場価格のない株式等以外のものについて時価が［　　　］したときは，［　　　］があると認められる場合を除き，［　　　］をもって貸借対照表価額とし，評価差額は［　　　］として処理しなければならない。

21. 市場価格のない株式等については，発行会社の財政状態の悪化により［　　　］が著しく低下したときは，［　　　］をなし，評価差額は［　　　］として処理しなければならない。

22. 第20項及び第21項の場合には，当該時価及び実質価額を翌期首の取得原価とする。

⑺　有価証券の表示区分

23．売買目的有価証券及び一年内に満期の到来する社債その他の債券は［　　　　］に属するものとし，それ以外の有価証券は［　　　　］に属するものとする。

〔設　問〕

⑴　有価証券の取得原価は，原則として購入代価に手数料等の付随費用を加算し，これに個別法，先入先出法，平均原価法等を適用して算定される。

⑵　売買目的で所有する有価証券は，時価をもって貸借対照表価額としなければならない。

⑶　その他有価証券は，時価をもって貸借対照表価額とし，評価差額は当期の損益とする。

⑷　子会社株式および関連会社株式は，時価をもって貸借対照表価額としなければならない。

⑸　満期保有目的の債券は，取得原価をもって貸借対照表価額としなければならない。

⑹　売買目的有価証券以外の有価証券の時価が著しく下落したときは，時価をもって貸借対照表価額とし，評価差額は当期の損失とする。

⑺　市場価格のない株式の実質価額が著しく低下したときは，相当の減額をなし，評価差額は当期の損失とする。

Theme 05 外貨換算会計

理解度チェック

問題5-1 ★★★

次の資料により，損益計算書（一部）および貸借対照表（一部）を作成しなさい。なお，会計期間は1年，当期は×1年４月１日から×2年３月31日までである。

（資料１）決算整理前残高試算表（一部）

決算整理前残高試算表

×2年３月31日　　　　（単位：円）

現　　　金	50,000	買　掛　金	156,000
売　掛　金	160,000	前　受　金	14,040
前　払　金	11,600	長期借入金	71,400
長期定期預金	94,400		

（資料２）決算整理事項

決算整理前残高試算表の資産および負債のうち，外貨建てのものは次のとおりであった。なお，決算時の為替相場は１ドルあたり120円である。

勘定科目	帳簿価額	備　　考
現　　　金	18,400円（160ドル）	
売　掛　金	61,000円（500ドル）	
前　払　金	11,600円（100ドル）	
長期定期預金	94,400円（800ドル）	（注１）
買　掛　金	58,080円（480ドル）	
前　受　金	14,040円（120ドル）	
長期借入金	71,400円（600ドル）	（注２）

（注１）長期定期預金は，すべて外貨建てのものであり，×1年12月１日から期間２年，利率年３％，利払日は毎年５月と11月の各末日である。

（注２）長期借入金は，すべて外貨建てのものであり，×1年10月１日から期間２年，利率年６％，利払日は毎年９月の末日である。

理解度チェック

問題5-2 ★★★

次の取引についてＡ社の仕訳を示しなさい。

1．Ａ社は米国のＢ社に対して300ドルの商品を船便で輸出し，輸出と同時に取引銀行において船荷証券を担保としたＢ社宛ての荷為替手形200ドルを取り組み，割引料10ドルを控除した190ドルが当座預金に入金された。なお，輸出時の直物為替相場は１ドルあたり100円であった。また，Ａ社の売上は輸出時に計上している。

2．手形が決済されるとともに，残額100ドルがＡ社の当座預金に振り込まれた。なお，決済時の直物為替相場は１ドルあたり105円であった。

問題5-3 ★★★

次の資料により，損益計算書（一部）と貸借対照表（一部）を作成しなさい。なお，会計期間は1年，当期は×1年４月１日から×2年３月31日までである。なお，当期における１ドルあたりの為替相場は，期首105円，期末90円，期中平均100円であった。

（資料１）決算整理前残高試算表（一部）

決算整理前残高試算表

×2年３月31日　　　　（単位：円）

売買目的有価証券	30,300		
満期保有目的債券	38,850		
子会社株式	81,600		
関連会社株式	51,500		
その他有価証券	20,800		

（資料２）決算整理事項

以下の有価証券は，すべて当期に取得したものである。

銘柄	分類	取得原価	取得時の為替相場	市場価格	備考
A社株式	売買目的有価証券	300ドル	１ドルあたり101円	290ドル	
B社社債	満期保有目的債券	370ドル	１ドルあたり105円	382ドル	（注１）
C社株式	子会社株式	800ドル	１ドルあたり102円	350ドル	（注２）
D社株式	関連会社株式	500ドル	１ドルあたり103円	——	（注３）
E社株式	その他有価証券	200ドル	１ドルあたり104円	190ドル	（注４）

（注１）B社社債（満期保有目的債券）は，×1年４月１日に取得したものであり，額面金額400ドルと取得価額370ドルとの差額は金利調整差額と認められ，償却原価法（定額法，満期日×4年３月31日）を適用する。

（注２）C社株式（子会社株式）は，当期末において時価が著しく下落しており，回復の見込みはない。

（注３）D社株式（関連会社株式）は，当期において発行済株式の20％を取得したものであり，期末において財政状態が著しく悪化し，次のとおりである。

D社貸借対照表

×2年３月31日　　　　（単位：ドル）

諸資産	4,000	諸負債	3,000
		資本金	2,500
		繰越利益剰余金	△　1,500
	4,000		4,000

（注４）E社株式（その他有価証券）は，全部純資産直入法で処理する。なお，評価差額には，法定実効税率を30％として税効果会計を適用する。

理解度チェック

問題5-4 ★★★

次の資料により，決算整理後残高試算表（一部）を完成しなさい。なお，当期は×5年４月１日から×6年３月31日である。

（資料１）決算整理前残高試算表（一部）

決算整理前残高試算表

×6年３月31日　（単位：千円）

売買目的有価証券	各自推定	有価証券利息	65
満期保有目的債券	各自推定	有価証券運用損益	160

（資料２）決算整理事項等

1．試算表中の有価証券の内訳は次のとおりである。

銘柄	取得原価	帳簿価額	市場価格	保有目的	備考
A社株式	(　　)ドル	(　　)千円	(　　)ドル	売買目的	(注１)
B社社債（額面25,000ドル）	22,500ドル	(　　)千円	24,950ドル	満期保有目的	(注２)

（注１）A社株式は当期首に3,000株を１株につき33ドルで取得したもので，期末の時価は38ドルである。

（注２）B社社債は，×3年４月１日に取得し，満期は×8年３月31日である。クーポン利子率は年２%，利払日は３月末日で，当期の受取分はすでに計上してある。実効利子率を年4.2%として償却原価法（利息法）を適用する。

2．直物相場は，１ドル当たり前期末120円，当期首120円，期中平均124円，当期末130円である。

理解度チェック

問題5-5 ★★★

次の資料により，損益計算書（一部）と貸借対照表（一部）を作成しなさい。

（資料１）

決算整理前残高試算表

×2年３月31日　（単位：千円）

その他有価証券	6,300		

（資料２）

1．その他有価証券は当期首に社債（額面100千ドル，償還期限４年）を70千ドルで取得したものであり，期末の時価は80千ドルであった。なお，額面金額と取得原価の差額は，金利の調整と認められないため償却原価法は適用しない。

2．１ドルあたりの為替相場は期首が90円，期末が100円であった。

3．ドルによる時価の変動に係る換算差額は評価差額として，それ以外の換算差額は為替差損益として処理する。なお，評価差額には，法定実効税率を30%として税効果会計を適用すること。

理解度チェック

問題5-6 ★★★

外貨換算会計に関する以下の設問の文章について，正しいと思うものには○印を，正しくないと思うものには×印を付し，×印としたものについてはその理由を２行以内で記述しなさい。

〔設　問〕

⑴ 「外貨建取引等会計処理基準」では，外貨建取引の換算につき貨幣・非貨幣法に流動・非流動法を加味した考え方を採用している。

⑵ 「外貨建取引等会計処理基準」では，外貨建取引と当該取引に係る代金の円決済取引とを別個の取引とみなして会計処理を行う考え方を採用している。

⑶ 「外貨建取引等会計処理基準」では，為替相場の変動を企業会計上認識するにあたり，その変動が企業会計に与えた確定的な影響，すなわち，為替決済損益のみを認識する考え方（保守主義）を採用している。

⑷ 為替決済損益・為替換算損益は，当期の為替差損益（為替差益または為替差損）として処理されるが，損益計算書上，営業外収益または営業外費用の区分に総額で表示することを原則とし，正当な理由がない限りこれを相殺してはならない。

⑸ 満期保有目的の外貨建債券については，決算時の為替相場による円換算額を付するので，償却原価法を適用する場合の償却額も決算時の為替相場により換算する。

⑹ 売買目的有価証券およびその他有価証券については，外国通貨による時価を決算時の為替相場により円換算した額を付する。

⑺ 子会社株式および関連会社株式については，決算時の為替相場により円換算した額を付する。

⑻ 外貨建有価証券について時価の著しい下落または実質価額の著しい低下により評価額の引下げが求められる場合には，当該外貨建有価証券の時価または実質価額は，外国通貨による時価または実質価額を決算時の為替相場により円換算した額による。

理解度チェック

問題5-7 ★★★

A社は，×2年３月20日に米国からオレンジを輸入し，同年４月５日に，取引銀行を通じてこの代金8,000ドルを円で支払った。

また，このオレンジは，同年４月25日に国内で1,260,000円で販売した。為替相場は，輸入日が１ドル＝126円，決算日が１ドル＝124円，決済日が１ドル＝127円であった。

よって，一取引基準と二取引基準のそれぞれを採用した場合の×1年度の為替換算損益および×2年度の為替決済損益と×2年度の商品販売損益を計算しなさい。

なお，当社の決算日は，年１回，３月31日である。

Theme 06 デリバティブ取引

理解度チェック

問題6-1 ★★★

次の一連の取引について，(1)買い建てた側（買手）および(2)売り建てた側（売手）のそれぞれにおける①契約時（×2年２月１日），②決算時（×2年３月31日），③決済時（×2年４月30日）の仕訳を，値洗基準により示しなさい。なお，期首の振戻しは行わない。

① ×2年２月１日に国債先物額面総額100,000円（1,000口）を額面100円につき92円で買い建て（売り建て）る契約を結び，委託証拠金として現金6,000円を証券会社に差し入れた。

② ×2年３月31日において，当該先物の価格が単価94円に上昇した。

③ ×2年４月30日に当該先物の価格が単価95円になり，反対売買による差金決済を現金で行った。

理解度チェック

問題6-2 ★★★

次の条件により，(1)全部純資産直入法，繰延ヘッジ会計を適用した場合と(2)全部純資産直入法，時価ヘッジ会計を適用した場合のそれぞれによる損益計算書（一部）および貸借対照表（一部）を作成しなさい。なお，解答上，計上する数字がないまたは０（ゼロ）の場合は――（横棒）を記入すること。

（条　件）

1．当期に「その他有価証券」（当期末より１年以内に償還予定）として保有する目的で，額面総額100,000円（1,000口）の国債を額面100円につき95円で購入した。なお，当該国債の購入と同時に，価格変動リスクを回避するため，国債先物によるヘッジ取引（当期末より１年以内に決済予定）を行い，額面総額100,000円（1,000口）の国債先物を額面100円につき98円で売り建てた。

2．決算時における国債の時価は単価94円，国債先物の時価は単価97円であった。

3．(1)の場合には，その他有価証券および先物取引の評価差額には，法定実効税率を30％として税効果会計を適用すること。

理解度チェック

問題6-3 ★★★

次の各外貨建取引について，振当処理による仕訳を示しなさい。なお，会計期間は1年，決算日は3月31日である。また，入金および出金はすべて現金預金勘定で処理すること。

(1)

① ×1年12月1日。米国のA社より経営資金1,000ドルを借り入れた（利率年6％，利払日は5月と11月の各末日）。借入時の直物為替相場は1ドルあたり118円であり，決済日は×2年11月30日である。

② ×2年2月1日に上記の借入金に対して為替予約（先物為替相場は1ドルあたり116円）を付した。予約日における直物為替相場は1ドルあたり117円である。

③ ×2年3月31日決算。決算日の直物為替相場は1ドルあたり120円であり，直先差額の期間配分は月割計算によること。

(2)

① ×1年12月1日。米国のA社に経営資金1,000ドルを貸し付けた（利率年6％，利払日は5月と11月の各末日）。貸付時の直物為替相場は1ドルあたり118円であり，決済日は×2年11月30日である。

② ×2年2月1日に上記の貸付金および利息に対して為替予約（先物為替相場は1ドルあたり116円）を付した。予約日における直物為替相場は1ドルあたり117円である。

③ ×2年3月31日決算。決算日の直物為替相場は1ドルあたり120円であり，直先差額の期間配分は月割計算によること。

理解度チェック

問題6-4 ★★★

次の各外貨建取引について，振当処理による仕訳を示しなさい。なお，会計期間は1年，決算日は3月31日である。また，入金および出金はすべて現金預金勘定で処理すること。

(1)

① ×1年9月1日。米国のD社より経営資金3,000ドルを借り入れた（利率年6％，利払日は2月と8月の各末日）。借入時に借入金3,000ドルに対して為替予約（先物為替相場は1ドルあたり118円）を付しており，借入時の直物為替相場は1ドルあたり116円である。なお，決済日は×3年8月31日である。

② ×2年3月31日決算。決算日の直物為替相場は1ドルあたり120円であり，直先差額の期間配分は月割計算によること。

③ ×3年8月31日に上記の借入金を利息とともに返済した。直物為替相場は1ドルあたり120円であった。

(2)

① ×1年2月1日に商品100ドルを輸入し，代金は×1年6月30日に決済の約束となったので，輸入と同時に為替予約を付した。この日の直物為替相場は1ドルあたり107円，先物為替相場は110円である。なお，直先差額は認識しない方法による。

② ×1年3月31日決算。この日の直物為替相場は1ドルあたり109円である。

③ ×1年6月30日。上記の買掛金を現金で決済した。この日の直物為替相場は111円である。

理解度チェック

問題6-5 ★★★

次の資料により，決算整理後残高試算表（一部）を完成しなさい。なお，当期は×5年4月1日から×6年3月31日である。

（資料1）決算整理前残高試算表（一部）

決算整理前残高試算表

×6年3月31日　（単位：千円）

為替差損益	185	買掛金	30,800

（資料2）決算整理事項等

1．3月8日に26,000ドルの商品を掛けで輸入したが，この取引が未記帳である。

2．買掛金には10,800千円の米ドル建ての買掛金が含まれている。この買掛金は×6年2月20日の取引から発生したもので，年度末にかけての円安が予想されたため，3月8日に1．の取引の後，26,000ドルの買掛金とともに為替予約を行ったが，この為替予約の処理が未だ行われていない。決済日はいずれも5月末日である。この為替予約については振当処理によることとし，為替予約差額の処理は月割で行う。

3．取引日，予約日および決算日の為替レートは次のとおりである。

	直物為替相場	先物為替相場
2月20日	1ドル108円	1ドル109円
3月8日	1ドル110円	1ドル113円
3月31日	1ドル112円	1ドル114円

理解度チェック

問題6-6 ★★★

次の外貨建取引について，(1)振当処理および(2)独立処理による×1年度と×2年度の決算整理後残高試算表を作成しなさい。なお，会計期間は1年，決算日は3月31日であり，期首商品および期末商品はなかった。また，決済額はすべて現金預金勘定で処理する。なお，解答上，計上する数字がないまたは0（ゼロ）の場合は――（横棒）を記入すること。

① ×2年2月1日に商品100ドルを輸入し，代金は掛けとした（買掛金の決済日は×2年7月31日）。この日の直物為替相場は1ドルあたり110円である。

② ×2年3月1日に上記の買掛金決済のために先物為替相場1ドルあたり107円で100ドルの買予約をした。この日の直物為替相場は1ドルあたり109円であった。

③ ×2年3月31日決算。この日の直物為替相場は1ドルあたり115円，先物為替相場は1ドルあたり112円である。

④ ×2年7月31日。上記の買掛金および買予約の決済が行われた。この日の直物為替相場は1ドルあたり120円である。

理解度チェック □□□

問題6-7 ★★☆

次の外貨建取引について，ヘッジ会計を適用した場合の仕訳を示しなさい。なお，会計期間は１年，決算日は３月31日である。また，ヘッジ会計における評価差額には，法定実効税率を30%として税効果会計を適用する。

① ×1年２月１日に，将来生じる買掛金の決済に備えて×1年４月30日を決済日として先物為替相場１ドルあたり95円で100ドルの買予約をした。

② ×1年３月31日決算。この日の直物為替相場は１ドルあたり100円，先物為替相場は１ドルあたり97円である。

理解度チェック □□□

問題6-8 ★☆☆

次の取引についてＡ社およびＢ社の仕訳を示しなさい。

⑴ Ａ社は保有するＣ社社債（帳簿価額19,200円）を19,400円でＢ社に現金で売却するとともに，１か月後に19,500円で買い戻す契約を結んだ。

⑵ １か月後にＡ社は上記Ｃ社社債をＢ社から現金で買い戻した。

理解度チェック □□□

問題6-9 ★★☆

次のコール・オプションに係る各取引について，Ａ社（買手）の仕訳を示しなさい。なお，会計期間は１年，決算日は３月31日である。

① ×1年２月１日。Ａ社は，債券相場が上昇するとの予想にもとづき，国債先物の相場が@95円の時点で，Ｂ社から行使価格が@95円の国債先物のコール・オプション額面総額400,000円（4,000口）を買い建て，額面100円（１口）につきオプション料@0.75円をＢ社に現金で支払った。なお，Ｂ社は委託証拠金として12,000円を現金で差し入れた。

② ×1年３月31日。国債先物相場が@96円，コール・オプション価格が@1.45円となった。

③ ×1年４月30日。国債先物が@97円，コール・オプション価格が@2.25円となったため，Ａ社はコール・オプションを反対売買し，Ｂ社はこれを買い戻し，すべて差金決済を現金で行った。

理解度チェック □□□

問題6-10 ★☆☆

次のコール・オプションに係る各取引について仕訳を示しなさい。

⑴ 当社は，株価が上昇するとの予想にもとづき，×1年２月１日（株価指数12,000）にコール・オプション10単位（１単位は，株価指数×1,000円）を3,000千円で取得した。

⑵ ×1年３月１日。オプションの決済期日が到来した。

① 株価指数が14,000に上昇したので，オプションを行使し，差金決済を現金で行った。

② 株価指数が11,000に下落したので，オプションを放棄した。

理解度チェック

問題6-11 ★☆☆

次の資料にもとづいて，通貨オプション取引に独立処理によるヘッジ会計を適用した場合の(1)時間的価値を区別せずに，オプションの価格変動の全体を繰延処理する方法と(2)時間的価値を区別し，本源的価値の変動のみを繰延処理する方法による①×1年度末の通貨オプション，②×1年度の為替差損益，③×2年度の売上高，④×2年度の為替差損益を求めなさい。なお，会計期間は１年，毎年３月末日を決算日とし，税効果会計は考慮しなくてよい。また，繰延経理したヘッジ損益を損益に振り戻すときは，売上高に加減することとする。

（資　料）

1．×2年２月末日に商品を200ドルで輸出する契約を結んだ。出荷予定日は×2年４月末日，代金の決済日は×2年５月末日である。

2．円高による輸出代金が減少するリスクを回避するために，契約日の直物為替相場と同額を行使価格とし，５月末日を行使期日とする200ドルのプット・オプションを輸出契約と同時に結び，１ドルあたり3.3円のオプション料を支払った。

3．各日の直物為替相場，オプション価格，オプション価格のうち時間的価値は，次のとおりである。

	直物為替相場	オプション価格	時間的価値
契約日（×2年２月末日）	@120円	@ 3.3円	@3.3円
決算日（×2年３月末日）	@115円	@ 7.1円	@2.1円
輸出日（×2年４月末日）	@105円	@16.0円	@1.0円
決済日（×2年５月末日）	@100円	@20.0円	@0.0円

理解度チェック

問題6-12 ★★☆

次の金利スワップ取引について，(1)原則処理および(2)ヘッジ会計（繰延ヘッジ）のそれぞれによった場合における仕訳を示しなさい。なお，ヘッジ会計における評価差額には，法定実効税率を30％として税効果会計を適用すること。

① 契約日。当社は支払利息に対するスワップ契約（変動金利受取り，固定金利支払い）をＡ銀行と締結した。

② 利払日。金利スワップ取引により，変動金利100,000円（受取り）と固定金利97,950円（支払い）との差額2,050円を現金で受け取った。

③ 決算日。金利スワップ取引の時価は2,200円（資産）であった。

理解度チェック

問題6-13 ★★★

次の金利スワップに係る各取引について，特例処理による仕訳を示しなさい。なお，会計期間は1年，決算日は3月31日である。

⑴ ×1年10月1日に当社は，A銀行より期間3年，変動金利（TIBOR＋0.3%）の条件で100,000円を借り入れ当座預金に預け入れた。この借入れの金利変動リスクを回避するため，同日にB銀行と想定元本100,000円による金利スワップ契約を締結し，B銀行に固定金利4%を支払い，B銀行からは変動金利（TIBOR＋0.3%）を受け取ることとした。なお，借入金および金利スワップ契約の利息は，後払いで契約日より6か月ごとに行われる。×1年10月1日のTIBORは3.9%，×2年3月31日のTIBORは4.1%であり，支払金利は利払日の6か月前の金利水準が適用される。

⑵ ×2年3月31日。借入金および金利スワップ契約の利息の受取り，および支払いが現金で行われた。

⑶ ×2年9月30日。借入金および金利スワップ契約の利息の受取り，および支払いが現金で行われた。

理解度チェック

問題6-14 ★★★

次の外貨建取引について，振当処理による仕訳を示しなさい。なお，会計期間は1年，決算日は3月31日である。また，決済額はすべて現金預金勘定で処理する。

⑴ ×1年4月1日にドル建ての社債（額面1,000ドル，償還期限5年，利率年10%，利払日は毎年3月31日）を額面金額で発行し，取引銀行と次の条件で為替予約型の通貨スワップ契約を締結した。なお，この日の直物為替相場は1ドルあたり120円であった。

① ドルの授受金額は，社債の元利の金額と同一とする。

② 各交換日における1ドルあたりのスワップ・レートは，次のとおりである。

×1年4月1日（発行）　：1ドルあたり120円
×2年3月31日（利払い）：1ドルあたり115円
×3年3月31日（利払い）：1ドルあたり110円
×4年3月31日（利払い）：1ドルあたり106円
×5年3月31日（利払い）：1ドルあたり104円
×6年3月31日（利払い）：1ドルあたり100円
×6年3月31日（償還）　：1ドルあたり100円

⑵ ×2年3月31日。第1回の社債利息を支払った。また，スワップ差額を為替予約と同様に5年間で均等配分する。

⑶ ×6年3月31日。社債を償還し，第5回の社債利息とともに支払った。また，スワップ差額を為替予約と同様に5年間で均等配分する。

Theme

07 有形固定資産

理解度チェック

問題7-1 ★★★

当社は遠隔地にある工場施設との緊急連絡用に，自家用航空機を所有しているが，次の資料にもとづき，当期末（当期は第２期）の減価償却費を定額法，定率法（200％定率法），級数法，生産高比例法のそれぞれにより計算し，解答用紙に記入しなさい。

（資　料）

⑴　取得原価　1,500,000円

⑵　耐用年数　５年

⑶　残存価額　０（ゼロ）

⑷　総飛行可能時間　1,500時間

⑸　当期飛行時間　320時間

⑹　事業供用日　第１期期首

理解度チェック

問題7-2 ★★★

以下の資料により，定率法により計算した解答用紙に示した各金額を求めなさい。なお，端数が生じる場合は円未満を四捨五入し，×8年度には備忘価額１円を残すこと。また，当社の会計期間は１年である。

（資　料）

１．取得原価　100,000円（×1年度期首に取得）

２．耐用年数　８年

３．残存価額　０（ゼロ）

４．定率法の償却率　0.250

５．改定償却率　0.334

６．保 証 率　0.07909

理解度チェック

問題7-3 ★★☆

当社の当期（自×8年４月１日　至×9年３月31日）に関する下記の資料にもとづいて，決算整理後残高試算表（一部）を作成しなさい。期中取得した固定資産の減価償却の計算は，月割りにより行うこと。

（資料１）決算整理前残高試算表（一部）

決算整理前残高試算表

×9年３月31日　　　　（単位：千円）

建	物	132,000	
車	両	36,000	
備	品	13,000	

（資料２）決算整理事項

当社では減価償却について前期まで直接法で記帳してきたが，当期から間接法に改めることにした。なお，償却過不足はない。

⑴　建物は×1年４月１日に取得したものであり，減価償却は耐用年数40年，残存価額０（ゼロ）として定額法により行ってきている。

⑵　車両は×6年４月１日に取得したものであり，減価償却は耐用年数８年，残存価額０（ゼロ）として200％定率法により行ってきている。

⑶　備品は×5年４月１日に取得したものであり，減価償却は耐用年数５年，残存価額０（ゼロ）として定額法により行ってきている。なお，×8年７月１日に新しく取得原価5,000千円の備品を購入している。

理解度チェック

問題7-4 ★★☆

次の資料により，決算整理後残高試算表（一部）を作成しなさい。なお，会計期間は１年，当期は×4年４月１日から×5年３月31日までである。

（資料１）決算整理前残高試算表

決算整理前残高試算表

×5年３月31日　　　　（単位：円）

建	物	各自推定	建物減価償却累計額	24,000
備	品	各自推定	備品減価償却累計額	12,500

（資料２）決算整理事項

⑴　建物は×1年４月１日に取得したものであり，定額法，耐用年数30年，残存価額は０（ゼロ）により減価償却している。

⑵　備品は×3年４月１日に取得したものであり，定率法，償却率年25％により減価償却している。

理解度チェック

問題7-5　★★★

　次の資料により，(1)決算整理仕訳を示し，(2)損益計算書（一部）および(3)貸借対照表（一部）を完成しなさい。なお，会計期間は１年，当期は×8年４月１日から×9年３月31日までである。

（資料１）決算整理前残高試算表（一部）

決算整理前残高試算表

×9年３月31日　　　　（単位：円）

備　　　品	80,000,000	備品減価償却累計額	30,000,000

（資料２）

　備品は，当期首より３年前に取得したものであり，残存価額０（ゼロ），耐用年数８年，定額法により減価償却を行ってきたが，当期首からの残存耐用年数を４年に変更し，未償却残高を残存耐用年数で償却する。

理解度チェック

問題7-6　★☆☆

　次の資料により，決算整理後残高試算表（一部）を完成しなさい。なお，会計期間は１年，当期は×4年４月１日から×5年３月31日までであり，計算過程で生じた円未満の端数は切り捨てるものとする。

（資料１）期首試算表（一部）

期　首　試　算　表

×4年４月１日　　　　（単位：円）

建　　　物	6,570,000	建物減価償却累計額	2,409,000

（資料２）期中取引

　建物はすべて同一日に取得したものであり，耐用年数30年，残存価額は０（ゼロ）として，定額法で前期まで減価償却を行ってきた。当期首に改修工事を行った結果，耐用年数が５年延長されたが，その際に支出した432,000円（現金で決済）を支出後の耐用年数で按分し，そのうち耐用年数の延長に対応する金額を資本的支出として建物勘定に振り替えることとした。

（資料３）決算整理事項

　建物については，耐用年数［各自推定］年，残存価額は０（ゼロ），定額法により，減価償却を行う。

理解度チェック

問題7-7　★☆☆

次の資料により，備品に関する決算整理仕訳を示しなさい。

なお，会計期間は１年，当期は×8年４月１日から×9年３月31日までである。

（資料１）決算整理前残高試算表（一部）

決算整理前残高試算表

×9年３月31日　　　　（単位：円）

備　　品	800,000	備品減価償却累計額	300,000

（資料２）

備品は，当期首より３年前に取得したものであり，残存価額は０（ゼロ），耐用年数８年，定額法により減価償却を行っていたが，当期首から200％定率法に変更することにした。

理解度チェック

問題7-8　★★☆

次の資料により，備品に関する決算整理仕訳を示しなさい。

なお，会計期間は１年，当期は×8年４月１日から×9年３月31日までである。

（資料１）決算整理前残高試算表（一部）

決算整理前残高試算表

×9年３月31日　　　　（単位：円）

備　　品	100,000	備品減価償却累計額	36,000

（資料２）

備品は，当期首より２年前に取得したものであり，定率法（耐用年数10年，残存価額は０〈ゼロ〉，償却率は0.20）により減価償却を行ってきたが，当期首から定額法に変更することにした。

理解度チェック

問題7-9　★☆☆

次のように構成されている事務所設備について一括して減価償却を行うときの，⑴平均耐用年数を計算するとともに，⑵減価償却費を計算しなさい。なお，残存価額は０（ゼロ）とし，減価償却は定額法による。⑴については小数第３位を四捨五入すること。また，⑵については円未満を四捨五入すること。

	耐用年数	数　量	単　価
事務机およびいす	8年	4組	100,000円
電子計算機	6年	1セット	1,200,000円
その他の事務機器	5年	3台	200,000円

理解度チェック

問題7-10　★☆☆

〔設　問〕

(1)　次のように構成されている機械について，総合償却を行う場合の平均耐用年数を計算しなさい。

(2)　A機械を×5年３月31日（取得後２年経過後）に除却した場合の仕訳を，①個別償却による場合と②総合償却による場合のそれぞれにより示しなさい。なお，減価償却の計算方法は定額法により，残存価額を貯蔵品として処理する。

(3)　B機械を×6年３月31日（取得後３年経過後）に50,000円で現金売却した場合の総合償却による仕訳を，①売却損益を計上する方法と②売却損益を計上しない方法のそれぞれにより示しなさい。

	取得年月日	取得原価	耐用年数	残存価額
A機械	×3年４月１日	200,000円	３年	10%
B機械	×3年４月１日	400,000円	６年	10%
C機械	×3年４月１日	800,000円	８年	10%

（注）会計期間は，４月１日から３月31日までの１年である。

理解度チェック

問題7-11　★★★

次の資料により，(1)損益計算書（一部）および(2)貸借対照表（一部）を完成しなさい。なお，会計期間は１年，当期は×4年４月１日から×5年３月31日までである。

（資料１）決算整理前残高試算表（一部）

決算整理前残高試算表

×5年３月31日　　（単位：円）

建　　物	3,400,000	建物減価償却累計額	900,000
備　　品	800,000	備品減価償却累計額	400,000
建設仮勘定	500,000		
備品売却損	7,000		

（資料２）決算整理事項

(1)　建設仮勘定は新築の建物に対するものであり，×4年11月１日に引渡しを受けた。引渡しを受けたとき，契約価額の残額を小切手で振り出して支払い，次の仕訳を行っている。

（建　　物）	400,000	（現金預金）	400,000

なお，この建物は引渡しを受けた日より事業の用に供している。

(2)　×4年９月30日に備品（取得原価200,000円，期首減価償却累計額140,000円）を売却した際，次の仕訳を行っている。

（現金預金）	53,000	（備　　品）	200,000
（備品減価償却累計額）	140,000		
（備品売却損）	7,000		

(3)　建物については，定額法（耐用年数30年，残存価額は０〈ゼロ〉）により減価償却を行う。

(4)　備品については，定率法（償却率25%）により減価償却を行う。

理解度チェック

問題7-12 ★★★

次の資料により，⑴損益計算書（一部）および⑵貸借対照表（一部）を完成しなさい。なお，当期は×5年３月31日を決算日とする１年である。

（資料１）決算整理前残高試算表（一部）

決算整理前残高試算表

×5年３月31日　（単位：円）

建物	3,000,000	仮受金	53,000
備品	1,000,000	建物減価償却累計額	900,000
建設仮勘定	500,000	備品減価償却累計額	540,000

（資料２）決算整理事項

⑴　建設仮勘定は新築の建物に対するものであり，×4年11月１日に引渡しを受け，契約金額に対する不足額400,000円は翌期に支払う予定である。

なお，11月１日に引渡しを受けた建物は同日より事業の用に供している。

⑵　仮受金は，×4年９月30日に備品（取得原価200,000円，期首減価償却累計額140,000円）を売却した際の売却代金である。

⑶　建物については，定額法（耐用年数30年，残存価額は０〈ゼロ〉）により減価償却を行う。

⑷　備品については，定率法（償却率25%）により減価償却を行う。

理解度チェック

問題7-13 ★★☆

以下の資料により，それぞれの問いに対する仕訳を解答用紙に記入しなさい。なお，当社の会計期間は３月31日を決算日とする１年である。

（資　料）

×1年期首に車両を1,000,000円で購入しており，耐用年数５年，残存価額０（ゼロ），定額法で償却を行っている。

〔問１〕×5年９月末日に除却した場合の仕訳を答えなさい。なお，見積売却価額は50,000円であった。

〔問２〕×5年９月末日に廃棄した場合の仕訳を答えなさい。

〔問３〕×5年９月末日に下取りに出し，新車1,100,000円を購入した。下取価格は150,000円であり，下取価格と新車代金の差額を現金で支払った場合の仕訳を答えなさい。

〔問４〕×5年９月末日に下取りに出し，新車1,100,000円を購入した。下取車の時価150,000円，下取価格は210,000円であり，下取価格と新車代金の差額を現金で支払った場合の仕訳を答えなさい。

理解度チェック □□□

問題7-14　★★★

次の資料により，⑴損益計算書（一部）および⑵貸借対照表（一部）を完成しなさい。なお，会計期間は１年，当期は×4年４月１日から×5年３月31日までである。

（資料１）決算整理前残高試算表（一部）

決算整理前残高試算表

×5年３月31日　（単位：円）

建　　物	900,000	建物減価償却累計額	678,000
備　　品	300,000	備品減価償却累計額	75,000
火 災 損 失	25,000	仮　受　金	100,000

（資料２）決算整理事項

⑴　建物900,000円のうち，取得原価300,000円の建物（期首減価償却累計額200,000円）が，×4年９月10日に火災により焼失した。この建物については保険が付してあり，保険金受取額100,000円を仮受金として処理している。

⑵　火災損失25,000円は，×4年９月10日に備品（取得原価200,000円，期首減価償却累計額75,000円）が火災により焼失した際，保険金受取額100,000円と期首帳簿価額との差額を計上したものである。

⑶　建物は，定額法（耐用年数30年，残存価額は０〈ゼロ〉）により，また，備品は，定率法（償却率25％）により，それぞれ減価償却を行う。

理解度チェック □□□

問題7-15　★★★

次の条件により，圧縮記帳を⑴直接減額方式（直接減額法）および⑵積立金方式のそれぞれにおける×1年度および×2年度の損益計算書および貸借対照表（一部）を作成しなさい。積立金方式を採用した場合は，法定実効税率を30％として税効果会計を適用する。

（条　件）

1．取得原価3,600,000円（うち国庫補助金の受入れによる分が1,600,000円ある）の機械（×1年度期首に取得）について，残存価額は０（ゼロ），耐用年数10年（税務上の耐用年数も同じ）とする定率法（償却率20％）により減価償却を行っている。

2．×1年度の期首における繰越利益剰余金は100,000円であり，×1年度および×2年度において利益剰余金の処分または配当は行われていない。

理解度チェック

問題7-16　★★★

次の資料にもとづいて，下記の各問いに答えなさい。なお，当期は×6年4月1日から×7年3月31日までの1年であり，法人税等の実効税率は毎期30%とする。

〔資　料〕

(1)　当期において受取配当金のうち，益金に算入されない金額が40,000千円あった。

(2)　前期末に売掛金800,000千円に対して14,400千円の貸倒引当金を設定したが，税務上は損金不算入であった。また，当期末に売掛金1,120,000千円に対して16,800千円の貸倒引当金を設定したが，税務上は損金不算入であった。

(3)　当期において交際費のうち，損金に算入されない金額が60,000千円あった。

(4)　取得原価960,000千円の備品（×4年4月1日に取得）について，定額法，残存価額はゼロ，経済的耐用年数6年により減価償却を行っているが，税務上の法定耐用年数は8年である。

(5)　取得原価1,200,000千円（うち国庫補助金の受入れによる分が480,000千円ある）の機械（×5年4月1日に取得）について，定額法，残存価額はゼロ，耐用年数8年（税務上も同じ）により減価償却を行っている。なお，当該機械は積立金方式により圧縮記帳を行っている。

(6)　×5年3月1日に取得したその他有価証券（株式）の取得原価は36,000千円，前期末の時価は37,200千円，当期末の時価は40,800千円であった。なお，その他有価証券の評価差額は全部純資産直入法により処理している。

〔問1〕資料のうち(1)〜(6)について，永久差異に分類されるものの番号をすべて解答用紙に記入しなさい。

〔問2〕当期末における繰延税金資産および繰延税金負債の金額を求めなさい。なお，繰延税金資産および繰延税金負債は，相殺前の総額を記入すること。また，金額が記入されない場合には，0（ゼロ）を記入すること。

〔問3〕当期における法人税等調整額の金額を求めなさい。なお，法人税等調整額が貸方残高となる場合には，金額の前に△印を付すこと。

理解度チェック

問題7-17 ★★★

当期（×4年４月１日から×5年３月31日まで）の資料から，⑴損益計算書（一部）および⑵貸借対照表（一部）を完成しなさい。

（資料１）決算整理前残高試算表（一部）

決算整理前残高試算表

×5年３月31日　（単位：円）

建物	450, 000	仮受金	63, 000
備品	80, 000	建物減価償却累計額	225, 000
建設仮勘定	191, 200	備品減価償却累計額	48, 000
備品売却損	600		

（資料２）決算整理事項

1．⑴　建物450, 000円のうち，取得原価90, 000円の建物（期首減価償却累計額は48, 250円）が，×4年５月25日に火災により焼失した。この建物については保険が付してあり，保険金受取額63, 000円を仮受金として処理している。

⑵　建設仮勘定191, 200円は，⑴の焼失した建物の跡地に新しく建設した建物に対するものである。この建物は×5年２月20日から事業の用に供している。なお，この建物について，保険差益相当額について，直接減額方式（直接減額法）による圧縮記帳を行う。

2．備品売却損600円は，×4年９月20日に備品（取得原価20, 000円，期首減価償却累計額12, 000円）を売却した際に，売却価額7, 400円と期首帳簿価額の差額を計上したものである。

3．建物はすべて定額法（耐用年数20年，残存価額は０〈ゼロ〉），備品についてはすべて定率法（償却率25%）により減価償却を行う。

理解度チェック

問題7-18 ★★★

当期末に保有する以下のＡ備品およびＢ備品について減損の兆候が認められた。よって，Ａ備品およびＢ備品のそれぞれについて，減損損失を認識するか否かを判断し，減損損失を認識する場合には，その金額を答えなさい。

	Ａ備品	Ｂ備品
取得原価	300, 000円	400, 000円
減価償却累計額	135, 000円	180, 000円
割引前将来キャッシュ・フロー	150, 000円	230, 000円
正味売却価額	130, 000円	215, 000円
将来キャッシュ・フローの現在価値	120, 000円	200, 000円

理解度チェック □□□

問題7-19 ★★☆

次の資料により，決算整理後残高試算表（一部）を完成しなさい。なお，当期は×5年４月１日から×6年３月31日である。

（資料１）決算整理前残高試算表（一部）

決算整理前残高試算表

×6年３月31日　　　　（単位：千円）

建　　　物	30,000	建物減価償却累計額	11,500
土　　　地	25,000		

（資料２）決算整理事項等

1．使用中の固定資産のうち，下記の資産に減損の兆候がある。減損損失の認識が必要な場合，損失の認識を行う。減損損失は，固定資産の取得原価より直接控除するものとする。建物の減価償却は，耐用年数20年，残存価額０，定額法により行っている。

	A建物	B建物	C土地
取得原価	4,000	5,000	6,000
前期までの減価償却累計額	1,800	3,750	——
割引前将来キャッシュ・フロー	1,000	600	2,800
正味売却価額	850	470	2,400
使用価値	800	490	2,100

2．その他の建物も，耐用年数20年，残存価額０，定額法により減価償却する。

理解度チェック □□□

問題7-20 ★★★

当社が保有する機械A，Bに減損の兆候があった。よって，次の資料にもとづいて，個々の機械ごとに減損損失を認識するかどうかの判定を行い，減損損失を認識する必要がある場合には，計上する減損損失の金額を求めなさい。なお，将来キャッシュ・フロー（残存耐用年数到来時のキャッシュ・フローには残存価額が含まれている）は各年度末に発生していると仮定し，割引率は年３％とする。また，計算上端数が生じる場合には，円未満を四捨五入すること。

機　械　A

取得原価	既償却額	残存耐用年数
30,000円	13,500円	３年

正味売却価額	割引前将来キャッシュ・フロー
13,800円	4,120円（１年目）
	3,501円（２年目）
	7,868円（３年目）

機　械　B

取得原価	既償却額	残存耐用年数
20,000円	14,400円	２年

正味売却価額	割引前将来キャッシュ・フロー
5,200円	1,339円（１年目）
	4,031円（２年目）

理解度チェック □□□

問題7-21 ★★☆

当期末に保有する以下のＡ備品，Ｂ備品および共用資産について減損の兆候が認められた。よって，Ａ備品，Ｂ備品および共用資産のそれぞれについて，減損損失を認識するか否かを判断し，減損損失を認識する場合には，その金額を答えなさい。なお，共用資産を含めて減損損失を認識する場合には，共用資産を加えることによって算定された減損損失の増加額を共用資産に対する減損損失とする。

	Ａ　備　品	Ｂ　備　品	共用資産
取得原価	600,000円	800,000円	500,000円
減価償却累計額	270,000円	360,000円	180,000円
割引前将来キャッシュ・フロー	300,000円	460,000円	——
正味売却価額	260,000円	450,000円	290,000円
将来キャッシュ・フローの現在価値	240,000円	400,000円	——

（注）共用資産を含む割引前将来キャッシュ・フローの合計は810,000円
　　　共用資産を含む将来キャッシュ・フローの現在価値の合計は680,000円

理解度チェック □□□

問題7-22 ★★☆

×6年３月末において減損のある資産Ａ，Ｂ，および共用資産について，次の資料にもとづいて，各問に答えなさい。

（資料）

１．×6年３月末における各資産の状況，および減損損失の認識の判定と測定に関する資料

	資　産　Ａ	資　産　Ｂ	共用資産
取得原価	900,000千円	750,000千円	300,000千円
取得日	×3年４月１日	×3年４月１日	×3年４月１日
減価償却方法	200％定率法	200％定率法	定額法（残存価額０）
耐用年数	５年	５年	５年
保証率	0.10800	0.10800	——
割引前将来キャッシュ・フロー	80,000千円/年	70,000千円/年	——
現時点での正味売却価額	140,000千円	135,000千円	95,000千円

２．将来キャッシュ・フローは，各年度末に発生するものとする。なお，現在価値の算定に際して用いる割引率は３％とし，年金現価係数（１年：0.9709，２年：1.9135，３年：2.8286）を使用して計算すること。

〔問１〕共用資産以外の個々の資産ＡおよびＢに減損損失を認識するかどうかを判定しなさい。減損損失を認識する必要がある場合には○印を，認識する必要がない場合には×印を記入しなさい。

〔問２〕問１の減損会計適用後の資産ＡおよびＢの帳簿価額を計算しなさい。

〔問３〕資産ＡおよびＢに関連する共用資産にも減損の兆候がみられたため，共用資産を含めて減損損失の認識および測定を行い，減損損失を認識する場合，資産Ａ，Ｂおよび共用資産の減損損失の金額（減損損失を計上しなくてよい場合には０と記入すること）と減損会計適用後の各資産の帳簿価額を計算しなさい。なお，共用資産の減損損失の認識および測定にあたって，共用資産を含むより大きな単位で行う方法による。資産Ａ，Ｂおよび共用資産を含むより大きな単位での割引前将来キャッシュ・フローは総額400,000千円，回収可能価額は385,000千円である。

理解度チェック

問題7-23 ★★☆

以下の資料により，建物および備品の当期の減価償却費を求めなさい。

（資　料）

1．期首試算表

期　首　試　算　表

×2年４月１日　　　　（単位：千円）

建　　物	1,000,000	建物減価償却累計額	300,000
備　　品	240,000	建物減損損失累計額	200,000
		備品減価償却累計額	105,000
		備品減損損失累計額	35,000

2．建物減損損失累計額は前期末において計上されたものであり，減損処理後の残存価額を50,000千円，残存耐用年数は20年で定額法により減価償却を行う。

3．備品減損損失累計額は前期末において計上されたものであり，減損処理後の残存価額を10,000千円，残存耐用年数は６年で定率法（償却率0.319）により減価償却を行う。

理解度チェック

問題7-24 ★★☆

次の資料により，下記の問いに答えなさい。なお，会計期間は３月31日を決算日とする１年であり，計算上，円未満の端数が生じる場合は四捨五入すること。

（資　料）

1．当社は×1年度期首に，機械を7,500,000円で現金預金により購入し使用を開始している。当該機械は，耐用年数３年の定額法（残存価額０）により減価償却を行う。

2．当社は当該機械を耐用年数到来時に除去する法的義務があり，当該機械購入時に除去費用を500,000円と見積っている。資産除去債務は割引率４％で算定する。

3．当社は，×3年度期末に予定どおり当該機械を除去し，520,000円を現金預金により支払った。なお，機械の処分価値はなかった。

〔問１〕解答用紙に示した，×1年度および×2年度における除去費用の費用配分額，時の経過による資産除去債務の調整額（利息費用）を求めなさい。

〔問２〕解答用紙に示した×1年度における損益計算書（一部）および貸借対照表（一部）を作成しなさい。

〔問３〕解答用紙に示した×2年度における損益計算書（一部）および貸借対照表（一部）を作成しなさい。

理解度チェック □□□

問題7-25 ★★☆

×1年度期首に構築物300,000円を取得し，使用を開始した。この構築物は使用後に除去する法的義務があり，使用期間は５年，５年後の除去費用の見積額は2,000円であった。構築物および資産計上された資産除去債務に対応する除去費用は，定額法，残存価額ゼロ，耐用年数５年で減価償却する。また，×2年度期末において除去費用の見積額が変更された。資産除去債務計算上の割引率は×1年度期首時点では年３％，×2年度期末時点では年４％とする。よって，×1年度，×2年度，×3年度の利息費用，減価償却費（利息費用は含めない）および資産除去債務の期末残高を求めなさい。なお，端数が生じた場合には，円未満を四捨五入すること。

〔問１〕除去費用の見積額が200円増加し，2,200円となった場合

〔問２〕除去費用の見積額が200円減少し，1,800円となった場合

理解度チェック □□□

問題7-26 ★☆☆

以下の問により，Ａ社の仕訳を示しなさい。なお，流動化する不動産の譲渡時の適正な価値（時価）に対するリスク負担の金額の割合が，５％程度の範囲内であれば，リスクと経済価値のほとんどすべてが，特別目的会社（以下SPCという）を通じて他の者に移転しているものとして，Ａ社は売却取引として会計処理を行い，これ以外の場合は金融取引として会計処理を行う。また，Ａ社およびSPC間には買戻し特約等の継続的関与は，優先出資証券以外はない。

〔問１〕

Ａ社は以下の取引を行っている。なお，決済はすべて現金によって行っており，Ａ社の取得した有価証券はすべて有価証券勘定で処理すること。

１．譲渡時の取引

(1)　Ａ社はSPCに対して，所有する帳簿価額8,000円の土地を時価10,000円で売却した。

(2)　Ａ社は，SPCが物件購入資金の調達を目的として不動産の証券化をした普通社債9,500円および優先出資証券500円のうち優先出資証券のすべてを購入した。

２．各年度における取引

(1)　SPCは毎年度，物件の賃貸収入として500円を収入し，賃貸原価100円を支出している。

(2)　SPCは毎年度，社債利息として285円，優先出資証券の配当金として115円を支払う。

〔問２〕

Ａ社は以下の取引を行っている。なお，決済はすべて現金によって行っており，Ａ社の取得した有価証券はすべて有価証券勘定で処理すること。

１．譲渡時の取引

(1)　Ａ社はSPCに対して，所有する帳簿価額8,000円の土地を時価10,000円で売却した。

(2)　Ａ社は，SPCが物件購入資金の調達を目的として不動産の証券化をした普通社債7,500円および優先出資証券2,500円のうち優先出資証券のすべてを購入した。

２．各年度における取引

(1)　SPCは毎年度，物件の賃貸収入として500円を収入し，賃貸原価100円を支出している。

(2)　SPCは毎年度，社債利息として225円，優先出資証券の配当金として175円を支払う。

理解度チェック

問題7-27 ★★★

〔設問１〕次の各取引の仕訳を示しなさい。

(1) 土地および建物を10,000,000円で一括購入し，代金は小切手を振り出して支払った。また，不動産鑑定士に鑑定を依頼したところ，土地の時価は9,000,000円，建物の時価は3,000,000円であった。

(2) 発起人Ａ氏より現物出資として土地（時価5,000,000円）の提供を受け，払込金額@100円の株式50,000株を発行した。なお，資本金組入は，会社法の規定する最低限度額とする。また，土地の受入れに際して立退料等200,000円を現金で支払った。

(3) 自己所有の土地（簿価2,000,000円，時価5,000,000円）と交換にＢ社より土地（簿価3,000,000円，時価5,000,000円）を取得した。

(4) 自己所有の土地（簿価2,000,000円，時価5,000,000円）と交換にＣ社より土地（簿価3,000,000円，時価6,000,000円）を取得し，交換差額1,000,000円を小切手を振り出して支払った。

(5) 自己所有のＤ社株式100株（簿価@60,000円，時価@65,000円）と交換にＥ社より土地（簿価5,000,000円，時価6,500,000円）を取得した。

(6) 取締役より土地（時価5,000,000円）の贈与を受けた。

〔設問２〕次の一連の取引について，仕訳を示しなさい。

(1) ×4年12月１日。倉庫用建物を割賦で購入し，翌日から使用を開始した。購入代金のうち550,000円は小切手を振り出して支払い，残額は翌月末から毎月末に支払期日の到来する約束手形５枚（手形金額各150,000円）を振り出して支払った。この建物の現金正価は1,200,000円である。なお，利息の整理は等差級数法による。約束手形は，営業外支払手形勘定で処理し，その決済は当座預金による。

(2) ×4年12月31日。

(3) ×5年１月31日。１枚目の手形が決済された。

(4) ×5年２月28日。２枚目の手形が決済された。

(5) ×5年３月31日決算（年１回）。３枚目の手形が決済された。なお，減価償却を定額法（残存価額は０（ゼロ），償却率0.05）により行う（月割計算，記帳は間接法）。

理解度チェック

問題7-28　★☆☆

1．次の(1)から(4)について，取替法による場合の仕訳を示しなさい。

(1)　第１期期首に枕木（取得原価90,000円）を取得し，代金は小切手を振り出して支払った。

(2)　第２期期首に枕木（取得原価100,000円）を取得し，代金は小切手を振り出して支払った。

(3)　第３期期首に枕木（取得原価110,000円）を取得し，代金は小切手を振り出して支払った。

(4)　第４期期首に第１期期首に取得した枕木（取得原価90,000円）が老朽化したため，新品と取り替え，代金120,000円を小切手を振り出して支払った。なお老朽化した枕木については10,000円で売却し代金は現金で受け取った。

2．取替時の正味の損益を計算するとともに，第４期末における枕木（構築物）の貸借対照表価額を示しなさい。

理解度チェック

問題7-29　★☆☆

当社は，鉱山（減耗性資産）200,000円を取得した。資源採掘後の土地の価額（残存価額）が20,000円，推定埋蔵量が20,000トン，第１年度の実際採掘量が3,000トンであり，また，実際採掘量のうち1,800トンが第１年度中に29,000円で販売された場合，第１年度における(1)売上原価，(2)売上総利益，(3)期末製品棚卸高および(4)減耗性資産の貸借対照表価額を求めなさい。

理解度チェック

問題7-30 ★★☆

以下の規定の空欄を埋めるとともに，設問の文章について，正しいと思うものには○印を，正しくないと思うものには×印を付し，×印としたものについてはその理由を２行以内で記述しなさい。

「固定資産の減損に係る会計基準」一部

２．減損損失の認識

⑴　減損の兆候がある資産又は資産グループについての減損損失を認識するかどうかの判定は，資産又は資産グループから得られる□将来キャッシュ・フローの総額と□を比較することによって行い，資産又は資産グループから得られる□将来キャッシュ・フローの総額が□を□場合には，減損損失を認識する。

⑵　減損損失を認識するかどうかを判定するために□将来キャッシュ・フローを見積る期間は，資産の□又は資産グループ中の主要な資産の□と□のいずれか短い方とする。

３．減損損失の測定

減損損失を認識すべきであると判定された資産又は資産グループについては，□を□まで減額し，当該減少額を減損損失として当期の損失とする。

「資産除去債務に関する会計基準」一部

資産除去債務の算定

６．資産除去債務はそれが□したときに，有形固定資産の除去に要する割引前の将来キャッシュ・フローを見積り，割引後の金額（□）で算定する。

⑴　割引前の将来キャッシュ・フローは，合理的で説明可能な仮定及び予測に基づく自己の支出見積りによる。その見積金額は，生起する可能性の最も高い単一の金額又は生起し得る複数の将来キャッシュ・フローをそれぞれの発生確率で□した金額とする。将来キャッシュ・フローには，有形固定資産の除去に係る作業のために□のほか，処分に至るまでの支出（例えば，保管や管理のための支出）も含める。

⑵　割引率は，貨幣の時間価値を反映した無リスクの□の利率とする。

資産除去債務に対応する除去費用の資産計上と費用配分

７．資産除去債務に対応する除去費用は，資産除去債務を□として計上した時に，当該□の計上額と同額を，関連する□の帳簿価額に加える。

〔設　問〕

⑴　減損損失は，割引前将来キャッシュ・フローの総額と帳簿価額を比較し，割引前将来キャッシュ・フローの総額が下回る場合に認識される。

⑵　減損損失は，帳簿価額を回収可能価額まで減額し，当該減少額を減損損失として当期の損失とする。

⑶　固定資産の減損に係る会計基準でいう回収可能価額とは，正味売却価額と使用価値を比較して，いずれか高い価額のことをさす。

⑷　資産除去債務の除去費用は，資産除去債務を負債として計上した時点で同額を費用処理する。

⑸　資産除去債務はそれが発生したときに，有形固定資産の除去に要する割引前の将来キャッシュ・フローで算定する。

理解度チェック

問題7-31 ★★★

固定資産の減損会計に関する以下の設問の文章について正しいと思うものには○印を，正しくないと思うものには×印を付し，×印としたものについてはその理由を２行以内で記述しなさい。

〔設　問〕

(1) 減損の兆候がある資産または資産グループについての減損損失を認識するかどうかの判定は，資産または資産グループから得られる割引前将来キャッシュ・フローの総額と帳簿価額を比較することによって，割引前将来キャッシュ・フローの総額が帳簿価額を上回る場合には減損損失を認識する。

(2) 減損損失を認識すべきであると判定された資産または資産グループについては，帳簿価額を回収可能価額まで減額し，当該減少額を減損損失として当期の損失とする。

(3) 回収可能価額とは，資産または資産グループの正味売却価額と使用価値のいずれか低い方の金額をいう。

(4) 使用価値とは，資産または資産グループの継続的使用と使用後の処分によって生ずると見込まれる将来キャッシュ・フローの現在価値をいう。

(5) 減損損失を計上後に新たに計算をしなおし，回収可能価額が帳簿価額を上回った場合には，減損損失の戻入れを行う。

(6) 固定資産の減損に係る会計基準は，すべての固定資産を対象にしている。

理解度チェック

問題7-32 ★★★

設問の文章について，正しいと思うものには○印を，正しくないと思うものには×印を付し，×印としたものについてはその理由を２行以内で記述しなさい。

〔設　問〕

(1) 資産除去債務は，当該債務が発生した時点で有形固定資産の除去に要する額を割引前の額で見積り，割引後の金額で算定する。

(2) 資産除去債務に対応する除去費用は，資産除去債務を計上した時点で，資産除去債務の計上額と同額を関連する有形固定資産の帳簿価額に加える。

(3) 時の経過による資産除去債務の調整額は，期首の帳簿価額に資産除去債務を計上した時の割引率を乗じて算定し，資産として計上する。

(4) 資産除去債務は，貸借対照表日後１年以内に履行が見込まれる場合は流動負債の区分に表示し，これ以外の場合は固定負債の区分に表示する。

Theme 08 リース取引

理解度チェック

問題8-1 ★★★

以下の条件により，それぞれの備品が所有権移転ファイナンス・リース取引か所有権移転外ファイナンス・リース取引かを判定し，解答用紙の「移転」か「移転外」をまるで囲み，契約時のリース資産の額（取得価額相当額）を答えなさい。

（条　件）

当社は以下の条件により，A備品からD備品までをリースにより取得した。

	リース期間	経済的耐用年数	貸手の購入価額	見積現金購入価額	リース料総額の割引現在価値	備　考
A備品	9 年	10 年	100,000円	100,000円	100,000円	（注１）
B備品	8 年	10 年	不　明	200,000円	190,000円	（注２）
C備品	5 年	6 年	150,000円	150,000円	140,000円	（注３）
D備品	4 年	5 年	不　明	300,000円	280,000円	（注３）

（注１）リース契約期間経過後に備品の所有権は借手に移転する（所有権移転条項付リース）。

（注２）リース契約期間経過後に備品は割安で借手が購入予定である（割安購入選択権付リース）。

（注３）リース契約期間経過後に備品はリース会社に返却される。

理解度チェック □□□

問題8-2 ★★★

以下の条件により，A備品とB備品を当期首（×1年４月１日）にリース取引によって取得した場合における×1年度における損益計算書（一部）および貸借対照表（一部）を作成しなさい。なお，解答上，計上する数字がないまたは０（ゼロ）の場合は――（横棒）を記入すること。解約不能のリース期間がリース物件の経済的耐用年数の75％以上である場合には，ファイナンス・リース取引に該当するものとする。

（条　件）

１．A備品について

(1) リース料は毎年３月31日に100,000円ずつ支払う。

(2) リース期間は×5年３月31日までの４年間である。

(3) リース契約期間経過後，備品の所有権が当社に無償で移転する（所有権移転条項付リース）。

(4) 備品の貸手の購入価額は371,710円である（計算利子率は３％である）。

２．B備品について

(1) リース料は毎年３月31日に100,000円ずつ支払う。

(2) リース期間は×5年３月31日までの４年間である。

(3) リース契約期間経過後，備品はリース会社に返却される。

(4) 備品の見積現金購入価額は362,990円である（計算利子率は４％である）。

３．その他の事項

(1) 備品の経済的耐用年数は５年で，残存価額０（ゼロ），定額法により減価償却を行う。

(2) リース料総額の現在価値は，年５％の追加借入利子率で割り引いた金額とする。

(3) 利子率を年ｒ％，期間をｎ年とする年金現価係数（毎期末に年利ｒ％で一定額ずつ１年複利でｎ年間積み立てる場合の，その積立額の現在価値を求める係数）は，次の表のとおりである。

n＼r	２％	３％	４％	５％
１年	0.9804	0.9709	0.9615	0.9524
２年	1.9416	1.9135	1.8861	1.8594
３年	2.8839	2.8286	2.7751	2.7232
４年	3.8077	3.7171	3.6299	3.5460

MEMO

理解度チェック

問題8-3 ★☆☆

以下の条件により，A備品とB備品を当期首（×1年４月１日）に所有権移転ファイナンス・リース取引によって取得した場合における×1年度における損益計算書（一部）および貸借対照表（一部）を作成しなさい。なお，円未満の端数が生じた場合は，円未満を四捨五入すること。

（条　件）

１．A備品について

⑴　リース料は半年毎に50,000円ずつ支払う。

⑵　リース期間は×5年３月31日までの４年間である。

⑶　備品の貸手の購入価額は366,275円である（計算利子率は年利４％である）。

２．B備品について

⑴　リース料は毎月末に10,000円ずつ支払う。

⑵　リース期間は×4年３月31日までの３年間である。

⑶　備品の貸手の購入価額は301,075円である（計算利子率は年利12％である）。

３．その他の事項

⑴　備品の経済的耐用年数は４年で，残存価額０（ゼロ），定額法により減価償却を行う。

⑵　利子率を年ｒ％，期間をｎ年とする年金現価係数（毎期末に年利ｒ％で一定額ずつ１年複利でｎ年間積み立てる場合の，その積立額の現在価値を求める係数）は，次の表のとおりである。

n \ r	1%	2%	3%	4%	5%	6%	7%	8%	9%	10%
1年	0.9901	0.9804	0.9709	0.9615	0.9524	0.9434	0.9346	0.9259	0.9174	0.9091
2年	1.9704	1.9416	1.9135	1.8861	1.8594	1.8334	1.8080	1.7833	1.7591	1.7355
3年	2.9410	2.8839	2.8286	2.7751	2.7232	2.6730	2.6243	2.5771	2.5313	2.4869
4年	3.9020	3.8077	3.7171	3.6299	3.5460	3.4651	3.3872	3.3121	3.2397	3.1699
5年	4.8534	4.7135	4.5797	4.4518	4.3295	4.2124	4.1002	3.9927	3.8897	3.7908
6年	5.7955	5.6014	5.4172	5.2421	5.0757	4.9173	4.7665	4.6229	4.4859	4.3553
7年	6.7282	6.4720	6.2303	6.0021	5.7864	5.5824	5.3893	5.2064	5.0330	4.8684
8年	7.6517	7.3255	7.0197	6.7327	6.4632	6.2098	5.9713	5.7466	5.5348	5.3349
9年	8.5660	8.1622	7.7861	7.4353	7.1078	6.8017	6.5152	6.2469	5.9952	5.7590
10年	9.4713	8.9826	8.5302	8.1109	7.7217	7.3601	7.0236	6.7101	6.4177	6.1446
11年	10.3676	9.7868	9.2526	8.7605	8.3064	7.8869	7.4987	7.1390	6.8052	6.4951
12年	11.2551	10.5753	9.9540	9.3851	8.8633	8.3838	7.9427	7.5361	7.1607	6.8137
13年	12.1337	11.3484	10.6350	9.9856	9.3936	8.8527	8.3577	7.9038	7.4869	7.1034
14年	13.0037	12.1062	11.2961	10.5631	9.8986	9.2950	8.7455	8.2442	7.7862	7.3667
15年	13.8651	12.8493	11.9379	11.1184	10.3797	9.7122	9.1079	8.5595	8.0607	7.6061
16年	14.7179	13.5777	12.5611	11.6523	10.8378	10.1059	9.4466	8.8514	8.3126	7.8237
17年	15.5623	14.2919	13.1661	12.1657	11.2741	10.4773	9.7632	9.1216	8.5436	8.0216
18年	16.3983	14.9920	13.7535	12.6593	11.6896	10.8276	10.0591	9.3719	8.7556	8.2014
19年	17.2260	15.6785	14.3238	13.1339	12.0853	11.1581	10.3356	9.6036	8.9501	8.3649
20年	18.0456	16.3514	14.8775	13.5903	12.4622	11.4699	10.5940	9.8181	9.1285	8.5136
21年	18.8570	17.0112	15.4150	14.0292	12.8212	11.7641	10.8355	10.0168	9.2922	8.6487
22年	19.6604	17.6580	15.9369	14.4511	13.1630	12.0416	11.0612	10.2007	9.4424	8.7715
23年	20.4558	18.2922	16.4436	14.8568	13.4886	12.3034	11.2722	10.3711	9.5802	8.8832
24年	21.2434	18.9139	16.9355	15.2470	13.7986	12.5504	11.4693	10.5288	9.7066	8.9847
25年	22.0232	19.5235	17.4131	15.6221	14.0939	12.7834	11.6536	10.6748	9.8226	9.0770
26年	22.7952	20.1210	17.8768	15.9828	14.3752	13.0032	11.8258	10.8100	9.9290	9.1609
27年	23.5596	20.7069	18.3270	16.3296	14.6430	13.2105	11.9867	10.9352	10.0266	9.2372
28年	24.3164	21.2813	18.7641	16.6631	14.8981	13.4062	12.1371	11.0511	10.1161	9.3066
29年	25.0658	21.8444	19.1885	16.9837	15.1411	13.5907	12.2777	11.1584	10.1983	9.3696
30年	25.8077	22.3965	19.6004	17.2920	15.3725	13.7648	12.4090	11.2578	10.2737	9.4269
31年	26.5423	22.9377	20.0004	17.5885	15.5928	13.9291	12.5318	11.3498	10.3428	9.4790
32年	27.2696	23.4683	20.3888	17.8736	15.8027	14.0840	12.6466	11.4350	10.4062	9.5264
33年	27.9897	23.9886	20.7658	18.1476	16.0025	14.2302	12.7538	11.5139	10.4644	9.5694
34年	28.7027	24.4986	21.1318	18.4112	16.1929	14.3681	12.8540	11.5869	10.5178	9.6086
35年	29.4086	24.9986	21.4872	18.6646	16.3742	14.4982	12.9477	11.6546	10.5668	9.6442
36年	30.1075	25.4888	21.8323	18.9083	16.5469	14.6210	13.0352	11.7172	10.6118	9.6765

理解度チェック □□□

問題8-4 ★★☆

当社（決算は年１回の３月末日）は，×1年10月１日にリース会社から備品を所有権移転ファイナンス・リース取引によって取得した場合における×1年度と×2年度の財務諸表に記載される解答用紙の各項目の金額を答えなさい。

（資　料）

１．リース料は，毎年９月30日に100,000円ずつ支払う。

２．リース期間は，×1年10月１日から×5年９月30日までの４年間である。

３．備品の見積現金購入価額は371,710円であり，見積現金購入価額とリース料総額の割引現在価値と一致する利子率は年３％である。

４．リース料総額の現在価値は，年４％の追加借入利子率で割り引いた金額とする。

５．備品の減価償却は定額法（経済的耐用年数５年，残存価額ゼロ，期中取得の場合は月割計算による）で行う。

６．年利率３％と４％の年金現価係数は，次のとおりである。なお，現価の算定にあたっては，この現価係数を用いること。また，リース料の直近支払時から期末までの期間にかかる利息については月割計算による。

	１年	２年	３年	４年	５年
年利率３％	0.9709	1.9135	2.8286	3.7171	4.5797
年利率４％	0.9615	1.8861	2.7751	3.6299	4.4518

理解度チェック □□□

問題8-5 ★☆☆

B社（貸手）は，×1年４月１日にA社（借手）と以下の契約条件により備品のリース契約を結んだ。このリース契約は，契約条件から所有権移転ファイナンス・リース取引と判断された。なお，B社の会計期間は１年，決算日は３月31日である。よって，B社における(A)リース取引開始時に売上高と売上原価を計上する方法，(B)リース料受取時に売上高と売上原価を計上する方法および(C)売上高を計上せずに利息相当額を各期へ配分する方法のそれぞれの方法によった場合の×1年度における損益計算書（一部）と貸借対照表を作成しなさい。また，解答上，計上する数字がない，または０（ゼロ）の場合は――（横棒）を記入すること。

（契約条件）

１．解約不能のリース期間：５年

２．リース料：年額24,000円，総額120,000円，毎年３月31日の後払い（現金で受取り）

３．B社はリース資産100,000円を掛けで購入した。

４．貸手の計算利子率は年6.4％である。

理解度チェック

問題8-6 ★☆☆

A社は，リース業を営むB社から，３種類の備品をリース取引によって調達し，×4年度末において営業の目的で使用している。A社とB社はファイナンス・リース取引について通常の売買取引に係る方法に準じた会計処理を行っている。よって，次の資料にもとづいて，下記の各設問に答えなさい。なお，両社の会計期間は，ともに毎年３月31日を決算日とする１年である。

（資　料）

１．A社が使用しているリース物件の内訳

リース物件	リース期間	耐用年数	×4年度末現在の経過年数	年間リース料	リース契約開始時の現金購入価額
X備品	6年	7年	4年	140,000円	710,598円
Y備品	4年	5年	3年	120,000円	435,588円
Z備品	3年	9年	2年	150,000円	424,290円

２．上記のリース取引は，すべて各年度期首に契約が締結され，毎年度のリース料（一定額）の支払いは各年度末に行われている。なお，これらのリース取引はすべて実質的に解約不能であるが，所有権は移転しない。また，A社とB社はともにリース期間がリース物件の耐用年数の75％以上である場合には，ファイナンス・リース取引に該当するものとしている。

３．A社とB社はともに，備品について定額法により減価償却を行っている。

４．利子率をｒ％，期間をｎ年とする年金現価係数は，次のとおりである。

n \ r	2％	3％	4％	5％	6％
1年	0.9804	0.9709	0.9615	0.9524	0.9434
2	1.9416	1.9135	1.8861	1.8594	1.8334
3	2.8839	2.8286	2.7751	2.7232	2.6730
4	3.8077	3.7171	3.6299	3.5460	3.4651
5	4.7135	4.5797	4.4518	4.3295	4.2124
6	5.6014	5.4172	5.2421	5.0757	4.9173
7	6.4720	6.2303	6.0021	5.7864	5.5824
8	7.3255	7.0197	6.7327	6.4632	6.2098
9	8.1622	7.7861	7.4353	7.1078	6.8017
10	8.9826	8.5302	8.1109	7.7217	7.3601

〔設問１〕A社における次の各金額を求めなさい。

① ×4年度における損益計算書上の支払リース料

② ×4年度末におけるリース資産の貸借対照表価額

③ ×4年度末におけるリース債務の貸借対照表価額

〔設問２〕B社における次の各金額を求めなさい。

① ×4年度における損益計算書上の減価償却費（残存価額は10％）

② ×4年度における損益計算書上の受取利息

③ ×4年度末における備品の貸借対照表価額

理解度チェック

問題8-7 ★☆☆

次の資料により，(1)A社における決算整理仕訳および(2)A社，Ｂ社（リース料受取時に売上高と売上原価を計上する方法）の中途解約時の仕訳を示しなさい。

（資料１）Ａ社における決算整理前残高試算表（一部）

決算整理前残高試算表

×4年３月31日　　　　（単位：千円）

リ ー ス 資 産	50,000	短期リース債務	10,600
		減価償却累計額	30,000
		長期リース債務	11,275

（資料２）リース契約について

残高試算表のリース資産50,000千円（耐用年数５年，残存価額０〈ゼロ〉，定額法で減価償却してきた）は，Ａ社がＢ社より５年間の契約（リース料年額12,000千円を毎年３月31日に支払う）でリース（所有権移転ファイナンス・リース取引に該当）をしていたが，活動に合わなくなったため，今年度末（３月31日）に違約金を15,000千円支払い，中途解約した。なお，Ａ社の計算利子率は，Ｂ社と同率とする。

理解度チェック

問題8-8 ★★☆

当社は，×2年４月１日に，×1年４月１日に購入した備品をリース会社に売却し，その全部をリースバックすることにした。次の資料にもとづいて，決算整理後残高試算表（一部）を作成しなさい。なお，当期は×2年４月１日から×3年３月31日までであり，計算上，端数が生じたときは，円未満を四捨五入すること。

（資　料）

(1) 売却資産の内容

① 取 得 日　　×1年４月１日

② 取得原価　　36,000円

③ 償却方法　　定額法，耐用年数６年，残存価額０

(2) リースバック取引の条件

① 契約日（＝リース取引開始日）　×2年４月１日

② 売却価額　　38,000円（現金預金で処理）

③ 解約不能のリース期間は契約日から５年（リースバック以後の経済的耐用年数も５年）

④ リース料は年額8,777円であり，毎年３月31日に後払い（現金預金で処理）。

⑤ 貸手の計算利子率は年５％であり，当社はこれを知りうる。

⑥ 当該取引は所有権移転ファイナンス・リース取引に該当する。

(3) リース資産の減価償却

① 経済的耐用年数５年，残存価額は０，定額法により行う。

② 売却益はリース期間終了日までの各期間に配分し，各期の減価償却費に加減する。

理解度チェック

問題8-9 ★★☆

次の資料にもとづいて，決算整理後残高試算表（一部）を作成しなさい。なお，会計期間は1年，当期は×4年4月1日から×5年3月31日までである。また，計算の過程で端数が出る場合は，円未満を四捨五入すること。

（資料1）決算整理前残高試算表（一部）

決算整理前残高試算表

×5年3月31日　（単位：円）

備　　品	200,000	仮　受　金	100,000
		備品減価償却累計額	115,625

（資料2）期末整理事項等

1．売却資産に関する資料

種　類	取得原価	耐用年数	減価償却方法	適　用	備　考
備　品	200,000円	8年	200%定率法	×1年4月 使用開始	償却率：0.250，改定償却率：0.334 保証率：0.07909

2．リース取引に関する資料

所有する備品について，以下の(1)～(7)の条件で売却してリース会社からリースバックを受ける契約をした。売却代金については仮受金で処理しており，年度末に支払ったリース料は未処理のままである。リース資産の減価償却については，同種の資産に準じて行うこととし，耐用年数については契約日以降の経済的耐用年数とする。

(1) 契約日：×4年4月1日（売却日）

(2) 売却価額：100,000円

(3) 解約不能のリース期間：×4年4月1日から5年間

(4) リース料総額：115,485円（毎年1回年度末均等額払い）

(5) リース会社の計算利子率5％（この利子率については当社も承知している）

(6) リース資産の契約日以降の経済的耐用年数：5年

(7) 備品の所有権はリース期間終了後に当社に無償で移転する。

理解度チェック

問題8-10 ★★★

リース取引に関する以下の設問の文章について，正しいと思うものには○印を，正しくないと思うものには×印を付し，×印としたものについてはその理由を２行以内で記述しなさい。

〔設　問〕

(1) オペレーティング・リース取引とは，実質的に資産の割賦購入とみられるリース取引をいうが，ファイナンス・リース取引とは，実質的に資産の賃貸借とみられるリース取引をいう。

(2) オペレーティング・リース取引を行った場合には，原則として通常の売買取引の場合と同じような方法によって会計処理を行う。

(3) ファイナンス・リース取引については，原則として通常の売買取引に係る方法に準じて会計処理が行われる。したがって，原則としてリース料総額から利息相当額を控除して算定した取得原価を資産として計上しなければならない。

(4) ファイナンス・リース取引を行っている企業がリース料を支払った場合には，そのリース料は全額が当期の販売費及び一般管理費として損益計算書に計上される。

Theme 09 無形固定資産・投資その他の資産

理解度チェック

問題9-1 ★★☆

当社は，当期に鉱業権を90,000千円で取得した。鉱石は，採掘開始後，当初の15年間は毎年18万トン，その後の15年間は毎年12万トンの採掘が可能であると見積られた。当期中に16万トンを採掘し，そのうち12万トンを販売した場合の損益計算書上の⑴売上原価と，貸借対照表上の⑵棚卸資産および⑶鉱業権の各金額を(A)定額法および(B)生産高比例法のそれぞれにより求めなさい。

理解度チェック

問題9-2 ★★☆

次の資料により，貸借対照表（一部）を完成しなさい。なお，当期は×5年３月31日を決算日とする１年である。

（資料１）決算整理前残高試算表（一部）

決算整理前残高試算表

×5年３月31日　　（単位：円）

現金預金	270,000	
売掛金	324,000	
貸付金	144,000	
土地	450,000	
のれん	95,000	
一般管理費	360,000	

（資料２）決算整理事項

⑴　現金預金のうち90,000円は，×4年７月１日に期間２年の契約で預け入れた定期預金である。

⑵　得意先が会社更生法の適用を受け，売掛金のうち144,000円が１年以内に回収されないことが明らかになった。

⑶　貸付金のうち90,000円は，×4年２月１日に期間２年で貸し付けたものであり，54,000円は×4年10月１日に期間２年で貸し付けたものである。

⑷　土地のうち180,000円は，投資目的で取得したものである。

⑸　一般管理費のうち64,800円は，×4年８月１日に２年分の火災保険を前払いしたものである。

⑹　のれんは，×3年４月１日に計上したものであり，償却期間20年で償却している。

Theme 10 繰延資産，研究開発費等

理解度チェック

問題10-1 ★★☆

当社は，×1年度期首に市場販売目的のソフトウェアの制作費300,000円を無形固定資産に計上した。よって，次の資料にもとづき(1)見込販売数量にもとづく方法および(2)見込販売収益にもとづく方法による各年度のソフトウェア償却の額を求めなさい。なお，当初の見込有効期間は３年であり，有効期間の変更はなかった。また，計算上，円未満の端数が生じた場合には四捨五入すること。

（資　料）

各年度の期首における見込販売数量，見込販売収益および各年度の実績販売数量，実績販売収益は次のとおりである。

	×1年度	×2年度	×3年度
見込販売数量	3,500個	2,200個	800個
見込販売収益	495,000円	286,000円	76,000円
実績販売数量	1,000個	1,400個	750個
実績販売収益	170,000円	210,000円	75,000円

（注）×2年度期首に見込販売数量，見込販売収益を変更したが，×1年度期首の見積りは合理的であったと判断された。

理解度チェック

問題10-2 ★★★

次の資料により，貸借対照表（一部）を作成しなさい。なお，会計期間は３月31日を決算日とする１年である。

〔資料１〕

決算整理前残高試算表

×3年３月31日　　（単位：円）

⋮		⋮	
ソフトウェア	240,000		
開業費	80,000		

〔資料２〕

1．ソフトウェアは，×1年度期首に自社利用のために購入し定額法（利用可能期間５年）で償却していたが，当期首に当期首からの利用可能期間を３年に変更した。なお，×1年度の見積りは合理的であったと判断された。

2．開業費は，×1年度期首に計上したものであり，５年間で償却を行っている。

理解度チェック

問題10-3 ★★★

繰延資産に関する以下の規定の空欄を埋めるとともに，設問の文章について，正しいと思うものには○印を，正しくないと思うものには×印を付し，×印としたものについてはその理由を２行以内で記述しなさい。

「貸借対照表原則一Ｄ」

将来の期間に影響する特定の費用は，次期以後の期間に配分して処理するため，経過的に貸借対照表の［　　　］に記載することができる。

「企業会計原則注解【注15】」一部変更

「将来の期間に影響する特定の費用」とは，すでに［　　　］が完了し又は支払義務が確定し，これに対応する［　　　］を受けたにもかかわらず，その効果が［　　　］するものと期待される［　　　］をいう。

これらの［　　　］は，その効果が及ぶ数期間に合理的に配分するため，経過的に貸借対照表上［　　　］として計上することができる。

なお，天災等により固定資産又は企業の営業活動に必須の手段たる資産の上に生じた［　　　］が，その期の純利益又は繰越利益剰余金から当期の処分予定額を控除した金額をもって負担しえない程度に［　　　］であって特に［　　　］をもって認められた場合には，これを経過的に貸借対照表の［　　　］に記載して繰延経理することができる。

〔設　問〕

(1)「将来の期間に影響する特定の費用」とは，すでに代価の支払いが完了しまたは支払義務が確定しているが，これに対応する役務の提供を受けていないため，その効果が将来にわたって発現するものと期待される費用をいう。

(2)「将来の期間に影響する特定の費用」は，次期以後の期間に配分して処理するため，経過的に貸借対照表上，長期前払費用として記載することができる。

(3)「将来の期間に影響する特定の費用」は，次期以後の期間に配分して処理するため，経過的に貸借対照表の資産の部に記載しなくてはならない。

(4) 特定の研究開発目的でのみ使用され，他の目的に使用できない機械装置や特許権等の固定資産を取得した場合でも，この原価は，取得時の研究開発費として費用処理される。

(5) 研究開発費を費用として処理する場合は，一般管理費として費用処理される。

(6) 市場販売目的のソフトウェアを制作するための製品マスターの制作原価で無形固定資産として計上されたものの償却は，定額法による。

(7) 市場販売目的のソフトウェアの費用処理は，見込販売数量にもとづく償却方法その他合理的な方法により償却するので，研究開発費として費用処理することはない。

Theme 11 引当金

理解度チェック

問題11-1 ★★★

次の資料により，決算整理後残高試算表を作成しなさい。なお，会計期間は３月31日を決算日とする１年である。

（資　料）

1．機械装置の修繕を当期に行う予定であったが，資金の都合により来年度に延期することにしたため，修繕引当金100,000円を設定した。

2．役員賞与の支払見込額にもとづいて役員賞与引当金150,000円を設定した。

理解度チェック □□□

問題11-2 ★★☆

引当金の計上要件に関する以下の規定の空欄を埋めるとともに，設問の文章について，正しいと思うものには○印を，正しくないと思うものには×印を付し，×印としたものについてはその理由を２行以内で記述しなさい。

「企業会計原則注解【注18】」一部変更

□であって，その□し，□，かつ，その□場合には，□に属する金額を当期の費用又は損失として引当金に繰入れ，当該引当金の残高を貸借対照表の□又は□に記載するものとする。

製品保証引当金，賞与引当金，工事補償引当金，退職給付引当金，修繕引当金，特別修繕引当金，債務保証損失引当金，損害補償損失引当金，貸倒引当金等がこれに該当する。

発生の可能性の低い□に係る□については，引当金を計上することはできない。

〔設　問〕

⑴　将来の特定の費用または損失であって，発生の可能性が高く，かつ，その金額を合理的に見積ることができる場合には，当期の負担に属する金額を当期の費用または損失として引当金に繰り入れ，当該引当金の残高を貸借対照表の負債の部または資産の部に記載するものとする。

⑵　会社は，事務所建物につき火災保険を付ける代わりに，火災が発生したときに生ずる損失に備えて，毎年保険料に相当する金額を当期の費用として引当金に繰り入れることとした。この会計処理は認められる。

⑶　毎年暴風雨による損害を受け，または発生の危険が予告されている地震に対し，一定の引当金を設け，それに備えることは，企業会計の健全性を高めるものとして認められるべきである。

⑷　会社は，使用する営業用車両につき，損害保険を付ける代わりに，損害が発生したときに生ずる損失に備えて，毎年保険料に相当する金額を当期の費用として引当金に繰り入れることとしたが，こうした会計処理は妥当ではない。

⑸　「企業会計原則」は，企業の財政に不利な影響を及ぼす可能性がある場合には，これに備えて適当に健全な会計処理をしなければならないと規定しているから，他人の債務保証をなしているとき，場合によっては負債性引当金を設けることが必要なことがある。

⑹　取引銀行の依頼により，他の会社のために債務保証をしている場合には，その発生の可能性が高くなくても引当金を設定すべきであるという意見は妥当であるとはいえない。

Theme 12 退職給付会計

理解度チェック

問題12-1 ★★★

従業員Ａは入社から当期末まで27年勤務し，入社から30年後に定年により退職予定である。従業員Ａの退職予定時の退職給付見込額は300,000円であり，期間定額基準により配分する。退職給付債務の計算上，割引率は５％とし，計算上端数が生じる場合には，円未満を四捨五入すること。よって，(1)期首退職給付債務，(2)期末退職給付債務，(3)当期の勤務費用および(4)当期の利息費用をそれぞれ求めなさい。なお，会計期間は１年である。

理解度チェック

問題12-2 ★★★

次の資料にもとづいて，従業員Ａに対する×3年度期末における退職給付債務を給付算定式基準（退職給付見込額のうち認識時までの発生額を支給倍率の割合により計算する方法）により求めなさい。なお，退職給付債務算定上の割引率は３％とする。また，計算上，端数が生じた場合には，円未満を四捨五入すること。

（資　料）

1．従業員Ａは×1年度期首に入社し，×5年度期末に退職予定である。

2．当社では，退職時点の月給に支給倍率を乗じた額を退職一時金として支給しており，仮に各年度の期末に退職した場合の月給，支給倍率，支給額は以下のとおりである。なお，定年前退職や死亡退職などは考慮しなくてよい。また，著しい後加重ではないものとする。

	×1年度期末	×2年度期末	×3年度期末	×4年度期末	×5年度期末
月　給	200,000円	220,000円	240,000円	270,000円	300,000円
支給倍率	0.6	1.4	2.4	3.6	5.0
支 給 額	120,000円	308,000円	576,000円	972,000円	1,500,000円

理解度チェック □□□

問題12-3 ★★★

次の資料により，決算整理後残高試算表（一部）を作成しなさい。なお，会計期間は１年，当期は×2年４月１日から×3年３月31日までである。

（資料１）期首試算表（一部）

期　首　試　算　表

×2年４月１日　　　　（単位：円）

		退職給付引当金	（各自推定）

（資料２）その他の資料

⑴　前期末退職給付債務　100,000円
⑵　前期末年金資産時価　40,000円
⑶　割引率　３％
⑷　長期期待運用収益率　２％
⑸　当期勤務費用　10,000円
⑹　当期年金掛金拠出額　4,000円
⑺　当期退職給付支給額　8,000円（退職一時金6,000円，年金からの支給2,000円）
⑻　数理計算上の差異等は生じていない。

理解度チェック □□□

問題12-4 ★★★

次の資料により，決算整理後残高試算表（一部）を作成しなさい。なお，会計期間は１年，当期は×2年４月１日から×3年３月31日までである。

（資料１）期首試算表（一部）

期　首　試　算　表

×2年４月１日　　　　（単位：円）

		退職給付引当金	57,300

（資料２）その他の資料

⑴　前期末退職給付債務　100,000円
⑵　前期末年金資産時価　40,000円
⑶　割引率　３％
⑷　前期末未認識数理計算上の差異　900円（不足額。前期より10年で費用処理している）
⑸　前期末未認識過去勤務費用　1,800円（不足額。前期より10年で費用処理している）
⑹　長期期待運用収益率　２％
⑺　当期勤務費用　10,000円
⑻　当期年金掛金拠出額　4,000円
⑼　当期退職給付支給額　8,000円（退職一時金6,000円，年金からの支給2,000円）
⑽　当期に発生した数理計算上の差異1,000円（引当不足）は，当期から10年で費用処理する。

理解度チェック

問題12-5 ★★★

次の（資料）にもとづいて，答案用紙に記載されている，×1年度の財務諸表における各項目の金額を求めなさい。なお，法定実効税率を30％として税効果会計を適用する。また，次の資料から判明すること以外は考慮しなくてよい。

（資　料）

1．×1年度期首の退職給付債務120,000円，年金資産30,000円
　なお，数理計算上の差異等は発生していない。
2．勤務費用12,000円，利息費用6,000円，期待運用収益2,700円
3．年金掛金の拠出3,000円，退職一時金の支給5,400円，年金基金からの支給4,200円
4．×1年度期末の退職給付債務129,000円，年金資産30,600円
5．×1年度に発生した数理計算上の差異1,500円（引当不足）
　なお，数理計算上の差異は，発生年度から10年で定額法により費用処理する。

理解度チェック

問題12-6 ★★★

次の資料により，決算整理後残高試算表（一部）を完成しなさい。なお，当期は×5年４月１日から×6年３月31日である。

（資料１）決算整理前残高試算表（一部）

決算整理前残高試算表

×6年３月31日　（単位：千円）

仮　払　金	50	退職給付引当金	440

（資料２）決算整理事項等

1．前期末の退職給付債務3,000千円，前期末の年金資産2,560千円，当期勤務費用80千円，利息費用60千円，期待運用収益70千円であり，年金掛金拠出額50千円（仮払金で処理している）であった。当期に給付水準の引上げによる過去勤務費用が100千円発生し，発生年度から定額法により10年間で費用処理する。なお，数理計算上の差異は発生していない。

理解度チェック

問題12-7 ★★★

次の資料により，決算整理後残高試算表（一部）を完成しなさい。なお，当期は×5年４月１日から×6年３月31日である。

（資料１）決算整理前残高試算表（一部）

決算整理前残高試算表

×6年３月31日　（単位：千円）

仮　払　金	2,500	退職給付引当金	40,200

（資料２）決算整理事項等

1．当期首の退職給付債務は75,000千円，年金資産は33,000千円，未認識数理計算上の差異は1,800千円（前々期における割引率の引下げにより発生した不足額であり，発生年度から定額法により10年間で費用処理する），当期の勤務費用は5,200千円，利息費用は2,400千円，期待運用収益は1,650千円であり，年金掛金拠出額は2,500千円（仮払金で処理している）であった。なお，当期末に新たに数理計算上の差異は発生していない。

理解度チェック

問題12-8 ★★★

次の資料により，決算整理後残高試算表（一部）を完成しなさい。なお，当期は×5年４月１日から×6年３月31日である。

（資料１）決算整理前残高試算表（一部）

決算整理前残高試算表

×6年３月31日　　　　（単位：千円）

仮　払　金	2,500	退職給付引当金	40,200

（資料２）決算整理事項等

1．当期首の退職給付債務は75,000千円，年金資産は33,000千円，未認識数理計算上の差異は1,800千円（前々期における割引率の引下げにより発生した不足額であり，発生年度の翌年度から定額法により10年間で費用処理する），当期の勤務費用は5,200千円，利息費用は2,400千円，期待運用収益は1,650千円であり，年金掛金拠出額は2,500千円（仮払金で処理している）であった。なお，当期末に新たに数理計算上の差異は発生していない。

理解度チェック

問題12-9 ★★★

次の資料により，決算整理後残高試算表（一部）を完成しなさい。なお，当期は×5年４月１日から×6年３月31日である。

（資料１）決算整理前残高試算表（一部）

決算整理前残高試算表

×6年３月31日　　　　（単位：千円）

仮　払　金	250	退職給付引当金	4,060

（資料２）決算整理事項等

1．当期首の退職給付債務は12,500千円，年金資産は9,000千円，当期の勤務費用は350千円，利息費用は250千円，期待運用収益は360千円であり，年金掛金拠出額は250千円（仮払金で処理している），年金基金から従業員への支払額200千円，未認識数理計算上の差異は560千円（×2年３月期に発生したもので，発生年度の翌年度から定額法により10年間で費用処理する）で，過去勤務費用はない。

理解度チェック

問題12-10 ★★★

次の資料により，決算整理後残高試算表（一部）を完成しなさい。なお，当期は×5年４月１日から×6年３月31日である。

（資料１）決算整理前残高試算表（一部）

決算整理前残高試算表

×6年３月31日　（単位：千円）

仮払金	5,500	退職給付引当金	各自推定

（資料２）決算整理事項等

1．当期首の退職給付債務は213,000千円，年金資産は107,000千円，期首における未認識数理計算上の差異は44,000千円（×3年３月期発生額が25,000千円で，×5年３月期発生額が24,000千円である），当期の勤務費用は10,800千円，当期年金掛金拠出額は5,500千円（仮払金で処理している）であった。割引率は年２％，長期期待運用収益率は年３％である。数理計算上の差異は，発生年度の翌年度から10年にわたり定額法で費用処理する（発生金額は年金資産の運用悪化による退職給付引当金の積み立て不足によるものである）。

理解度チェック

問題12-11 ★★★

次の資料により，数理計算上の差異を(A)発生年度に一括して費用処理した場合および(B)発生年度から定額法（平均残存勤務期間８年）で費用処理した場合の①退職給付費用および②退職給付引当金を求めなさい。なお，会計期間は１年，当期は×2年４月１日から×3年３月31日までである。

（資料１）期首試算表（一部）

期首試算表

×2年４月１日　（単位：円）

		退職給付引当金	（各自推定）

（資料２）その他の資料

(1)　前期末退職給付債務　100,000円
(2)　前期末年金資産時価　40,000円
(3)　割引率　３％
(4)　長期期待運用収益率　２％
(5)　当期勤務費用　10,000円
(6)　当期年金掛金拠出額　4,000円
(7)　当期退職給付支給額　8,000円（退職一時金6,000円，年金からの支給2,000円）
(8)　当期末退職給付債務　108,000円（当期末に新たに見積りしなおした額である）
(9)　当期末年金資産時価　41,200円
(10)　前期以前に数理計算上の差異等は生じていない。

理解度チェック

問題12-12 ★★★

次の資料により，①退職給付費用および②退職給付引当金を求めなさい。なお，会計期間は１年，当期は×3年４月１日から×4年３月31日までである。

（資料１）期首試算表（一部）

期　首　試　算　表

×3年４月１日　（単位：円）

	退職給付引当金　60,400

（資料２）その他の資料

⑴　前期末退職給付債務　105,000円

⑵　前期末年金資産時価　42,800円

⑶　前期末未認識数理計算上の差異　1,800円（前期より10年で費用処理している）

⑷　割引率　３％

⑸　長期期待運用収益率　２％

⑹　当期勤務費用　10,000円

⑺　当期年金掛金拠出額　4,000円

⑻　当期退職給付支給額　8,000円（退職一時金6,000円，年金からの支給2,000円）

⑼　当期末退職給付債務　115,000円（当期末に新たに見積りしなおした額である）

⑽　当期末年金資産時価　44,506円

⑾　当期に発生した数理計算上の差異は，当期から10年で費用処理する。

Theme

13 社　債

理解度チェック

問題13-1 ★★★

次の資料により，社債の償却原価法の処理を⑴利息法および⑵定額法で処理した場合の決算整理後残高試算表（一部）を作成しなさい。なお，会計期間は1年，当期は×1年4月1日から×2年3月31日までであり，当期のクーポン利息は適正に支払われている。また，計算上端数の生じる場合には，円未満を四捨五入すること。

（資　料）

1．発 行 日：×1年4月1日（当期首）
2．額面金額：50,000円
3．払込金額：47,000円
4．満 期 日：×4年3月31日
5．利 払 日：毎年9月末日と3月末日の年2回
6．クーポン利子率：年3.0%
7．実効利子率：年5.2%

理解度チェック

問題13-2 ★★★

次の資料により，社債の償却原価法の処理を⑴利息法および⑵定額法で処理した場合の決算整理後残高試算表（一部）を作成しなさい。なお，会計期間は1年，当期は×1年4月1日から×2年3月31日までであり，当期のクーポン利息は適正に支払われている。また，計算上端数の生じる場合には，円未満を四捨五入すること。

（資　料）

1．発 行 日：×1年4月1日（当期首）
2．額面金額：50,000円
3．払込金額：53,000円
4．満 期 日：×4年3月31日
5．利 払 日：毎年9月末日と3月末日の年2回
6．クーポン利子率：年3.0%
7．実効利子率：年1.0%

理解度チェック

問題13-3　★★★

次の資料により，決算整理後残高試算表（一部）を完成しなさい。なお，当期は×5年４月１日から×6年３月31日である。

（資料１）決算整理前残高試算表（一部）

決算整理前残高試算表

×6年３月31日　　（単位：千円）

社債発行費	900	社　　　債	18,600
社債利息	600		

（資料２）決算整理事項等

１．社債は，×4年４月１日に額面金額20,000千円（償還期間５年，利率年３％，利払日は毎年３月末日）を割引発行したものである。額面金額と発行価額の差額については，毎期末に償却原価法（利息法）を適用している。実効利子率は５％である。試算表中の社債利息は，当期の支払額である。また，社債発行費については，繰延資産として処理しており，社債の期間内に定額法によって償却している。

理解度チェック

問題13-4　★★★

次の資料により，⑴損益計算書（一部）および⑵貸借対照表（一部）を作成しなさい。なお，会計期間は１年，当期は×2年４月１日から×3年３月31日までである。

（資料１）決算整理前残高試算表

決算整理前残高試算表

×3年３月31日　　（単位：円）

仮　払　金	28,500	社　　　債	70,862
社債利息	2,400		

（資料２）決算整理事項等

１．社債70,862円は，×1年４月１日に額面金額75,000円の社債を額面100円につき92円，期間３年，クーポン利子率年４％（利払日は３月と９月の各末日），実効利子率年７％の条件で発行したものである。

２．仮払金28,500円は，×2年９月30日に額面総額30,000円の社債を額面100円につき95円（裸相場）で買入償還した際に処理したものである。

３．社債の償却原価法は，利息法により処理している。なお，過年度の処理はすべて適正に行われている。

４．当期においてクーポン利息の処理は適正に行われているが，償却原価法の処理については行われていない。

５．計算上端数の生じる場合には，円未満四捨五入すること。

理解度チェック

問題13-5 ★★★

次の資料により，損益計算書（一部）および貸借対照表（一部）を作成しなさい。なお，会計期間は1年，当期は×4年４月１日から×5年３月31日までである。

（資料１）決算整理前残高試算表（一部）

決算整理前残高試算表

×5年３月31日　（単位：円）

仮払金	58,800	社債	195,500
社債利息	5,800		

（資料２）決算整理事項等

(1) 社債は×1年７月１日に，額面金額200,000円を額面@100円につき@95円，期間５年，利率年４％（利払日は６月と12月の各末日），の条件で発行したものである。

(2) 仮払金は×4年12月31日に，額面総額60,000円の社債を額面@100円につき@98円（裸相場）で買入償還したときに処理したものである。

(3) 試算表中の社債利息は，当期の支払額である。

(4) 社債については，償却原価法（定額法）を適用している。

理解度チェック

問題13-6 ★★★

次の各取引について社債の償却原価の処理を(1)利息法と(2)社債資金の利用割合に応じて償却する方法によった場合のそれぞれの×1年度および×2年度の決算整理後残高試算表（一部）を作成しなさい。なお，会計期間は１年，決算日は３月31日であり，計算上端数の生じる場合は四捨五入すること。

(1) ×1年４月１日。額面総額100,000円の社債を額面100円につき97円，期間５年（ただし毎年３月31日に20,000円ずつ抽選償還する），利率年４％（利払日は３月末日），実効利子率年5.1％の条件で発行し，払込金は当座預金とした。

(2) ×2年３月31日。クーポン利息を当座預金より支払う。また，償却原価法により社債利息を計上するとともに，第１回償還時につき社債を額面金額で償還し，当座預金より支払った。

(3) ×3年３月31日。クーポン利息を当座預金より支払う。また，償却原価法により社債利息を計上するとともに，第２回償還時につき社債を額面金額で償還し，当座預金より支払った。

理解度チェック

問題13-7 ★★★

次の資料により，⑴損益計算書（一部）および⑵貸借対照表（一部）を作成しなさい。なお，当期は×4年３月31日を決算日とする１年である。

（資料１）決算整理前残高試算表（一部）

決算整理前残高試算表

×4年３月31日　　（単位：円）

自己社債	240,000	社債	582,000
社債利息	16,200		

（資料２）決算整理事項等

1．社債は×2年４月１日に額面総額600,000円の社債を額面100円につき95円，１年据置後，利払日毎に120,000円ずつ抽選償還，利率年３％（利払日は３月と９月の各末日）の条件で発行したものである。

2．社債の償却原価法は，社債額面による社債資金の利用割合に応じて償却しているが，当期の償却は未処理である。

3．過年度の処理はすべて適正に行われており，当期においては，社債償還時に自己社債勘定により処理しており，クーポン利息の処理は適正に行われている。

理解度チェック

問題13-8 ★★★

次の資料により，⑴損益計算書（一部）および⑵貸借対照表（一部）を作成しなさい。なお，当期は×3年３月31日を決算日とする１年である。

（資料１）決算整理前残高試算表（一部）

決算整理前残高試算表

×3年３月31日　　（単位：円）

社債利息	19,200	社債	624,000

（資料２）決算整理事項等

1．社債は×1年４月１日に額面総額800,000円の社債を額面100円につき97円，期間５年（ただし毎年３月31日に160,000円ずつ抽選償還している），利率年３％（利払日は３月と９月の各末日）の条件で発行したものである。

2．当期末に第２回目の抽選償還を行い，額面金額で償還し，代金は当座預金から支払ったが未処理である。

3．クーポン利息の処理は適正に行われている。

4．社債の償却原価法は，社債額面による社債資金の利用割合に応じて償却しており，過年度の処理はすべて適正に行われている。

5．当期末に第４回目に償還予定の社債を額面100円につき99円（裸相場）で繰上償還し，代金を当座預金より支払ったが未処理である。

Theme 14 純資産(資本)

理解度チェック □□□

問題14-1 ★★★

次の各取引について，(1)仕訳を示すとともに，(2)当期末の貸借対照表に計上される利益準備金および繰越利益剰余金の金額を求めなさい。なお，当期は×3年3月31日を決算日とする1年であり，下記以外に純資産の増減に関する取引はなかった。

（資　料）

① ×2年6月25日。定時株主総会で，以下の利益剰余金の処分および配当が決議された。

利益準備金	各自推定 千円
配当金	3,000千円
新築積立金	3,000千円

前期末の資本金は100,000千円，資本準備金12,000千円，利益準備金は5,000千円，繰越利益剰余金は8,000千円であった。

② ×2年7月10日。配当金3,000千円が当座預金から支払われた。

③ ×2年12月20日。取締役会の決議により，新築積立金の取崩しが決議された。

④ ×3年3月31日。決算につき当期純利益10,000千円が計算された。

理解度チェック □□□

問題14-2 ★★☆

次の取引により，(1)配当を支払った側の配当の決議時，支払時の仕訳および(2)配当を受け取った側の受取時の仕訳をそれぞれ示しなさい。ただし，配当を受け取った側の仕訳は，保有有価証券（発行済株式の10%を保有）を売買目的有価証券で処理していた場合と，その他有価証券で処理していた場合の仕訳を示すこと。

（取　引）

その他資本剰余金300,000千円のうち150,000千円の配当および資本準備金の積立15,000千円が株主総会で決議され，後日現金預金により支払われた。

理解度チェック □□□

問題14-3 ★★☆

次の取引について仕訳を示しなさい。

（取　引）

株主総会の決議により，資本準備金50,000千円および利益準備金30,000千円を取り崩し，それぞれ，その他資本剰余金および繰越利益剰余金に振り替える。

理解度チェック

問題14-4 ★★☆

次の各取引について仕訳を示しなさい。

(1) 取締役会の決議により，自社の発行済株式のうち1,000株を１株につき2,500円で取得し，支払手数料100,000円とともに小切手を振り出して支払った。なお，当期首におけるその他資本剰余金は260,000円であった。

(2) 上記の自己株式のうち400株を2,600円で処分し，代金は手数料50,000円が差し引かれ現金で受け取った。

(3) 上記の自己株式のうち300株を2,300円で処分し，代金は手数料40,000円が差し引かれ現金で受け取った。

(4) 上記の自己株式のうち100株を消却した。

(5) 決算につき，必要な仕訳がある場合には，仕訳を示すこと。

理解度チェック

問題14-5 ★★☆

株式1,000株を募集により発行し，そのうち600株は新株を発行し，400株は自己株式を処分する。株式１株あたりの払込金額は100円とし，資本金等の増加限度額は全額資本金とする場合の(1)自己株式の帳簿価額が@110円の場合および(2)自己株式の帳簿価額が@90円の場合の各仕訳を解答用紙に記入しなさい。

理解度チェック

問題14-6 ★☆☆

次の各取引について仕訳を示しなさい。

(1) 株主総会の決議により，繰越利益剰余金の負の残高（借方残高）60,000円（利益準備金および任意積立金はないものとする）を補填するため，資本金80,000円を減少させた。残額はその他資本剰余金とすることとし，手続きが完了した。

(2) 株主総会の決議により，資本金80,000円を減少させ，その他資本剰余金とし，同額の自己株式を現金預金により取得して消却することとなり，手続きが完了した。

理解度チェック

問題14-7 ★★☆

次の取引について，A社の仕訳を示しなさい。なお，代金の決済はすべて当座預金とし，B社の所有する有価証券はすべて，その他有価証券で処理する。

(1) A社は次の条件で新株予約権を発行し，B社はそのすべてを購入した。

① 新株予約権の目的たる株式の種類および数：普通株式4,000株（新株予約権１個につき200株）

② 新株予約権の発行総数：20個

③ 新株予約権の払込金額：１個につき100,000円（１株につき500円）

④ 行使価額：１株につき5,000円

⑤ 新株予約権の行使の際の払込金額：１個につき1,000,000円（１株につき5,000円）

⑥ 新株予約権の行使により発行する株式の資本金組入額：会社法規定の最低限度額

(2) 上記の新株予約権のうち10個が行使され，払込金額が当座預金に払い込まれたため，新株を発行した。

(3) 上記の新株予約権のうち８個が行使され，払込金額が当座預金に払い込まれたため，所有する自己株式（帳簿価額１株あたり5,200円）を移転した。

(4) 上記の新株予約権の行使期限が終了したが，２個の新株予約権が権利未行使であった。

理解度チェック

問題14-8 ★★★

次の資料により，決算整理後残高試算表（一部）を完成しなさい。なお，当期は×5年４月１日から×6年３月31日である。

（資料１）決算整理前残高試算表（一部）

決算整理前残高試算表

×6年３月31日　　（単位：千円）

自己株式	4,100	仮受金	8,000
		資本金	25,000
		資本準備金	650
		その他資本剰余金	950
		新株予約権	4,000

（資料２）決算整理事項等

1．新株予約権のうち帳簿価額3,000千円について権利行使されたため，新株350株の発行と所有する150株の自己株式すべての処分を行ったが，権利行使に伴う払込金8,000千円を仮受金として処理しただけで，未処理となっている。なお，会社法の定める最低額を資本金とすることとし，未行使の新株予約権については本日失効するため，適切な処理を行う。

理解度チェック

問題14-9 ★★☆

次の取引について，(1)×1年度末および(2)×2年度末のそれぞれの仕訳を示しなさい。

(1) ×1年度期首。従業員に対して100個のストック・オプションを付与した。権利確定日は，×2年度末であり，付与日における公正な評価単価は3,000円，失効見積数は20個である。

(2) ×2年度末。実際の失効数は15個であり，権利確定数は85個であった。なお，各年度の費用計上額は，対象勤務期間を基礎に均等配分する。

理解度チェック

問題14-10 ★★★

次の取引について，A社の仕訳を区分法により示しなさい。なお，代金の決済はすべて当座預金とし，B社の所有する有価証券はすべて，その他有価証券で処理する。

⑴　A社は次の条件で新株予約権付社債を発行し，B社はそのすべてを購入した。

①　社債額面金額：5,000,000円（5口）

②　発行価額：社債の払込金額は額面100円につき100円（平価発行）
　新株予約権の払込金額は1個につき100,000円

③　付与割合：社債券1口（1,000,000円券のみ）につき1個の新株予約権証券（新株予約権1個につき1,000株）を付す。

④　行使価額：1株につき1,000円

⑤　新株予約権の行使による株式の資本金組入額：会社法規定の最低限度額

⑥　代用払込：可

⑵　上記の新株予約権のうち3個が権利行使され，払込金額が払い込まれたため，自己株式（帳簿価額@900円）を移転した。

⑶　上記の新株予約権のうち2個が権利行使され，代用払込を受けたため，新株を発行した。

理解度チェック

問題14-11 ★★★

以下の条件により発行していた転換社債型新株予約権付社債について，(I)×7年3月31日における⑴新株予約権の権利行使による新株発行時および⑵社債償還時の仕訳を行うとともに，(II)当期（×6年4月1日から×7年3月31日）における⑴損益計算書（一部）および⑵貸借対照表（一部）を完成させなさい。

（条　件）

1．×2年4月1日に転換社債型新株予約権付社債（額面10,000千円）を発行し，額面金額の払込みを受けた。社債の期間は5年，利率年3％，利払日は毎年9月末日および3月末日である。

2．当社が利率年3％で普通社債を発行する場合の払込金額は額面1千円あたり940円である。

3．社債額面1千円につき1個の新株予約権を付与し，その行使価格は1千円である。前期までの権利行使請求はなかった。

4．社債の償却原価法は，定額法により処理しており，前期までの償却額は適正に処理されている。

5．×7年3月31日に，額面8,000千円の転換社債型新株予約権付社債について新株予約権の行使請求があり，新株式を発行している。払込金額の2分の1は資本金に組み入れる。これ以外については権利行使請求がなされなかったため，同社債を現金預金により償還した。なお，新株予約権については，区分法によって処理している。

6．当期の利息は，現金預金により適正に支払われている。また，前期末における資本金は200,000千円，資本準備金は20,000千円であった。

理解度チェック

問題14-12　★★★

次の資料により，解答用紙の株主資本等変動計算書を完成させなさい。なお，純資産がマイナスとなる場合には，金額の前に△印を付すこと。

〔資　料〕

1．剰余金の処分

当期において，その他資本剰余金から700千円および利益剰余金から2,000千円の配当が行われた。また，この配当にともない，配当金の10分の1をそれぞれ資本準備金および利益準備金として積み立てた。

2．自己株式

前期末残高2,600千円は前期に取得した20株である。当期において1株あたり150千円で20株を追加取得し，その後1株あたり160千円で20株を処分した。なお，処分した自己株式の帳簿価額の算定は平均法による。

3．その他有価証券

保有するその他有価証券は1銘柄（10株）であり，前期において1株あたり120千円で取得したものである。前期末時価は1株あたり130千円，当期末時価は1株あたり150千円であり，全部純資産直入法により処理し，実効税率30%により税効果会計を適用している。

4．新株予約権

当期において，新株予約権のうち600千円について権利行使されたため，新株式300株を発行した。権利行使に伴う払込金は3,000千円であり，会社法の定める最低額を資本金とした。

5．決算において当期純利益4,200千円を計上した。

理解度チェック

問題14-13 ★☆☆

以下の資料により，(1)剰余金の額，(2)分配可能額および(3)剰余金配当の限度額を求めなさい。

（資　料）貸借対照表

貸　借　対　照　表

×1年３月31日

（単位：千円）

資　産	金　額	負債・純資産	金　額
諸　資　産	500,000	諸　負　債	425,000
の　れ　ん	200,000	資　本　金	125,000
繰　延　資　産	50,000	資　本　準　備　金	5,000
		その他資本剰余金	25,000
		利　益　準　備　金	10,000
		その他利益剰余金	100,000
		自　己　株　式	△　5,000
		その他有価証券評価差額金	45,000
		新　株　予　約　権	20,000
	750,000		750,000

理解度チェック

問題14-14 ★☆☆

以下の設問に答えなさい。

（資　料）

1．当期純利益は16,200,000円である。

2．普通株式の発行済株式数は，期首24,000株，期末26,000株である。

3．当期首に転換社債型新株予約権付社債があり，すべて転換されたと仮定した場合の普通株式の発行数は5,000株であり，当期の社債利息は900,000円である。

4．法人税等の法定実効税率は30％である。

〔設問１〕上記の資料により，(1)１株当たり当期純利益および(2)潜在株式調整後１株当たり当期純利益を算定しなさい。

〔設問２〕仮に上記の資料に追加して，自己株式を期首に2,500株，期末に2,500株保有していた場合の(1)１株当たり当期純利益および(2)潜在株式調整後１株当たり当期純利益を算定しなさい。

総合問題

理解度チェック

総合問題1　★★☆

以下の資料にもとづき，解答用紙の損益計算書を完成しなさい。なお，指示があるものについては税効果会計（実効税率30%）を適用する。会計期間は３月31日を決算日とする１年である。

（Ⅰ）決算整理前残高試算表

残　高　試　算　表

×2年３月31日　　　　（単位：千円）

借方科目	金額	貸方科目	金額
現金預金	606,200	支払手形	88,600
受取手形	1,037,000	買掛金	383,900
売掛金	1,315,700	借入金	100,000
有価証券	450,000	貸倒引当金	25,000
繰越商品	200,000	預り保証金	50,000
貸付金	300,000	建物減価償却累計額	120,000
仮払法人税等	100,000	資本金	4,500,000
建物	1,200,000	資本準備金	50,000
備品	1,000,000	利益準備金	100,000
土地	500,000	別途積立金	200,000
繰延税金資産	76,500	繰越利益剰余金	30,000
仕入	6,160,000	売上	7,800,000
販売費・管理費	478,300	受取利息配当金	9,800
租税公課	82,600	土地売却益	50,000
支払利息	1,000		
	13,507,300		13,507,300

（Ⅱ）期末整理事項等

１．期末商品棚卸高

帳簿棚卸高　　100,000千円

実地棚卸高　　原　価　95,000千円

売　価　104,500千円　　見積販売直接経費　　11,650千円

２．現金預金

(1)　現金出納帳と現金実際有高とを照合した結果，実際有高が29,900千円超過しており，その原因について30,000千円は売掛金の回収の記帳もれであったが，残額は不明であった。

⑵　当座預金について銀行勘定調整表を作成しようとしたところ，次の事項が判明した。

①　売掛金を回収した際に36,300千円と記帳すべきところ，33,600千円としていた。

②　買掛金の支払いのために振り出した小切手10,000千円が，相手方に未渡しであった。

③　販売費・管理費の支払いのために振り出した小切手のうち3,000千円が未記帳であった。

④　販売費・管理費の支払いのために振り出した小切手のうち7,000千円が未取付であった。

3．貸倒引当金

⑴　売掛金のうち100,000千円（当期発生額）はＡ社に対するものであるが，当期中において相手先が破産したため破産更生債権等に該当することになった。よって，財務内容評価法により貸倒引当金を設定する。なお，Ａ社からは営業保証金10,000千円を受け取っている。

⑵　上記以外の売上債権および貸付金は，すべて一般債権であり，貸倒実績率法により２％の貸倒引当金を設定するが，当期末に売掛金のうち20,000千円（前期発生額）が回収不能であると判断されたため貸倒処理することとなった。なお，貸倒引当金の繰入額は，戻入額と相殺し，相殺後の純額を設定対象となった債権の期末残高の割合に応じて，販売費及び一般管理費と営業外費用に計上する。

4．有価証券

保有する有価証券450,000千円の内訳は次のとおりである。なお，その他有価証券の評価差額は全部純資産直入法により処理し，税効果会計を適用する。

銘　柄	分　類	原　価	時　価	備　考
Ｂ社株式	売買目的有価証券	100,000千円	120,000千円	―
Ｃ社株式	その他有価証券	80,000千円	75,000千円	時価の回復見込不明
Ｄ社株式	子会社株式	150,000千円	60,000千円	時価の回復見込なし
Ｅ社株式	関連会社株式	120,000千円	118,000千円	時価の回復見込不明

5．固定資産

⑴　建物は，残存価額ゼロ，耐用年数30年の定額法により減価償却を行う。

⑵　備品は，当期首に取得したものであり，残存価額ゼロ，耐用年数５年の定額法により減価償却を行う。

6．販売費・管理費の前払額1,500千円および未払額800千円，支払利息の未払額500千円および受取利息の未収額3,000千円を経過勘定として処理する。

7．法人税等の当期確定税額は180,000千円である。

8．将来減算一時差異（その他有価証券を除く）は期首に255,000千円，期末に262,000千円であった。

理解度チェック

総合問題2 ★★☆

以下の資料にもとづいて当期（×3年４月１日から×4年３月31日）の損益計算書を完成しなさい。なお，会計期間は１年であり，指示があるものについては実効税率30％による税効果会計を適用すること。また，計算上端数が生じる場合は，千円未満の端数を四捨五入すること。

（Ⅰ）決算整理前残高試算表

残高試算表

×4年３月31日　　（単位：千円）

借方科目	金額	貸方科目	金額
現金預金	491,000	支払手形	70,880
受取手形	354,400	買掛金	258,280
売掛金	1,050,400	借入金	80,000
積送未収金	475,200	預り保証金	40,000
売買目的有価証券	96,000	貸倒引当金	25,000
繰越商品	160,000	建物減価償却累計額	96,000
積送品	1,696,000	備品減価償却累計額	160,000
貸付金	240,000	資本金	3,500,000
仮払法人税等	80,000	資本準備金	40,000
仮払金	394,000	利益準備金	80,000
建物	960,000	別途積立金	160,000
備品	400,000	繰越利益剰余金	24,000
土地	400,000	一般売上	4,260,000
その他有価証券	64,000	積送品売上	1,980,000
子会社株式	120,000	受取利息配当金	27,800
関連会社株式	100,000	土地売却益	20,000
繰延税金資産	4,000		
仕入	3,328,000		
販売費・管理費	341,660		
租税公課	66,000		
支払利息	800		
為替差損益	500		
	10,821,960		10,821,960

（Ⅱ）期末整理事項等

1．商品販売（一般販売・委託販売は異なる商品を販売している。）

⑴　一般販売に対する期末商品棚卸高は以下のとおりである。

帳簿棚卸高	80,000千円			
実地棚卸高	原　価	76,000千円		
	売　価	83,600千円	見積販売直接経費	9,320千円

⑵　委託販売

①　委託販売の売上原価は，期末に一括して積送品勘定から仕入勘定へ振り替える方法によっている。

②　積送品売上は手取高で計上している。

③　委託販売に関する売上計算書の内訳は，販売高2,200,000千円，販売手数料220,000千円，手取金1,980,000千円である。

④　期首積送品原価は40,000千円，期末積送品原価は96,000千円であった。

⑤　積送品からは，商品評価損および棚卸減耗は生じていない。

2．現金預金

⑴　現金出納帳と現金実際有高とを照合した結果，実際有高が帳簿残高より4,920千円不足していた。その原因について5,000千円は販売費・管理費の支払記帳もれであったが，残額は不明であった。

⑵　当座預金出納帳と銀行の残高証明書を照合した結果，帳簿残高が銀行の残高証明書より13,600千円不足していた。その原因について8,000千円は買掛金の支払いのために振り出した小切手が相手方に未渡しであり，5,600千円は販売費・管理費の支払いのために振り出した小切手が未取付であった。

3．貸倒引当金

⑴　貸付金240,000千円（債権金額）は，Ａ社に対し×3年４月１日に期間３年，利子率年４％，利払日は毎年３月末日の条件で貸し付けたものである。当期末の利払い後，貸付先の財政状態悪化から今後の利払いを免除することになった。これにより，当該債権は貸倒懸念債権に該当することになったため，キャッシュ・フロー見積法により貸倒引当金を設定する。

⑵　売掛金のうち80,000千円（当期発生額）はＢ社に対するものであるが，破産更生債権等として処理する。よって，財務内容評価法により貸倒引当金を設定するが，Ｂ社からは営業保証金20,000千円を受け入れている。

⑶　上記以外の売上債権は，すべて一般債権であり，貸倒実績率法により２％の貸倒引当金を設定する。なお，残高試算表の貸倒引当金25,000千円は，すべて売上債権に対するものである。

4．有価証券（すべて当期に取得したものである。）

⑴　売買目的有価証券（Ｃ社株式）の当期末時価は84,000千円である。

⑵　その他有価証券（Ｄ社株式）の当期末時価は60,000千円である。なお，部分純資産直入法により処理し，税効果会計を適用する。

⑶　子会社株式（Ｅ社株式）の当期末時価は110,000千円であり，時価の回復見込みはない。

⑷　関連会社株式（Ｆ社株式）については，Ｆ社の財政状態は著しく悪化しており実価法により評価する。なお，Ｆ社の純資産額は200,000千円であり，当社はＦ社の発行済株式のうち20％を所有している。

5．固定資産

建物は定額法（耐用年数30年），備品は定額法（耐用年数５年）により減価償却を行う。なお，両資産の残存価額はゼロである。

6．買掛金

　買掛金10, 800千円（100千ドル）に対して，×4年３月１日に１ドル112円で為替予約を行った。予約日の直物為替相場は１ドル109円であり，決済日は×4年５月末日である。この為替予約については振当処理によることとし，為替予約差額の処理は月割で行う。

7．販売費・管理費の前払額1, 200千円および未払額640千円，支払利息の未払額400千円および受取利息の未収額2, 400千円を経過勘定として処理する。

8．当期の負担に属する法人税等は189, 000千円である。

9．将来減算一時差異の当期解消額は10, 000千円，当期発生額（その他有価証券は除く）は16, 000千円であった。

MEMO

総合問題3　★★★

以下の（資料）にもとづいて，答案用紙における20×3年度（20×3年４月１日～20×4年３月31日）の損益計算書を作成しなさい。なお，千円未満の端数が生じた場合には四捨五入すること。

（資料１）決算整理前残高試算表

決算整理前残高試算表

20×4年３月31日　　　（単位：千円）

借方科目	金額	貸方科目	金額
現金預金	447,195	支払手形	191,020
受取手形	296,000	買掛金	213,560
売掛金	644,000	借入金	158,000
仮払金	10,000	貸倒引当金	10,000
仮払法人税等	180,000	預り保証金	120,000
有価証券	242,450	資産除去債務	各自推定
繰越商品	645,000	退職給付引当金	97,500
貸付金	120,000	建物減価償却累計額	48,000
建物	480,000	資本金	1,500,000
備品	各自推定	資本準備金	160,000
土地	1,300,000	利益準備金	140,000
繰延税金資産	36,000	別途積立金	135,500
仕入	4,884,600	繰越利益剰余金	315,785
販売費	526,350	売上	7,655,000
一般管理費	740,720	受取利息配当金	8,350
支払利息	2,400	有価証券利息	2,000
	各自推定		各自推定

（資料２）期末整理事項等

１．商品販売

⑴　当期の売価に関する資料は，次のとおりである。

期首商品売価	1,000,000千円	原始値入額	2,598,000千円
期中値上額	928,400千円	期中値上取消額	195,000千円
期中値下額	720,000千円	期中値下取消額	144,000千円
期末商品実地売価	964,000千円		

⑵　商品に収益性の低下がみられたため，売価還元法（正味値下額を除外して原価率を算定する方法）により商品の評価を行う。なお，正味値下額は売価合計額に適正に反映されている。

⑶　当期に見本品として配布した商品15,000千円（売価）について未記帳になっていた。見本品の原価（期末商品の原価の算定と同じ原価率を用いて算定する）については他勘定振替高として計上することとし，見本品については販売費として処理する。

２．現金預金

現金出納帳と現金の実際有高とを照合した結果，実際有高が11,940千円超過しており，その原因について12,000千円は売掛金の回収記帳もれであったが，残額は不明であった。

3．貸倒引当金等

(1) 売掛金のうち40,000千円（当期発生分）はＡ社に対するものであるが，当期中において相手先が破産したため破産更生債権等に該当することになった。よって，財務内容評価法により貸倒引当金を設定し，繰入額は特別損失とする。なお，Ａ社からは営業保証金5,000千円を受け取っている。

(2) 売掛金のうち8,000千円（前期発生分）はＢ社に対するものであるが，当期末に回収不能であると判断され貸倒処理することとなった。

(3) 上記以外の売上債権および貸付金はすべて一般債権であり，貸倒実績率法により２％の貸倒引当金を設定する。なお，貸倒引当金の繰入額は，戻入額と相殺し，相殺後の純額を設定対象となった債権の期末残高の割合に応じて，販売費及び一般管理費と営業外費用に計上する。

4．有価証券

保有する有価証券242,450千円は，すべて当期に取得したものであり，その内訳は次のとおりである。

銘　柄	分　類	原　価	時　価	備　考
Ｃ社株式	売買目的有価証券	40,000千円	48,000千円	—
Ｄ社社債	満期保有目的債券	94,450千円	95,000千円	(注)
Ｅ社株式	子会社株式	60,000千円	24,000千円	時価の回復見込なし
Ｆ社株式	関連会社株式	48,000千円	47,200千円	時価の回復見込不明

(注) Ｄ社社債は20×3年４月１日に額面金額100,000千円を額面100円につき94.45円で取得したものである。満期日は20×6年３月31日，クーポン利子率は年２％（利払日：３月末日）である。取得原価と額面金額との差額は金利の調整と認められるため，償却原価法（利息法，実効利子率は年４％）を適用する。

5．固定資産

(1) 建物は定額法（残存価額ゼロ，耐用年数30年）により減価償却を行う。

(2) 備品はすべて20×3年４月１日に200,000千円で取得したものであり，定額法（残存価額ゼロ，耐用年数５年）により減価償却を行う。この備品は耐用年数経過時に除去する義務があり，取得時に資産除去債務を計上している。除去費用の見積額50,000千円，割引率年２％，この場合の現価係数は５年で0.9057，４年で0.9238であり，資産除去債務の計算には現価係数を用いること。なお，時の経過による資産除去債務の調整額は減価償却費に含めること。

6．当社は，確定給付年金制度を採用している。当期首現在の退職給付債務は400,000千円，年金資産は280,000千円，未認識数理計算上の差異は22,500千円（20×1年度末における割引率の引下げによって生じた引当不足額）であった。当期の勤務費用は16,000千円，当期掛金拠出額は10,000千円（仮払金で処理），当期企業年金からの支給退職金は11,000千円であった。割引率は年３％，長期期待運用収益率は年４％である。数理計算上の差異は，発生年度の翌年度から10年間で定額法により償却を行っている。

7．販売費の前払額600千円，一般管理費の未払額320千円を経過勘定として処理する。

8．支払利息の見越計上額は200千円，受取利息配当金の見越計上額は1,200千円である。

9．法人税，住民税及び事業税の当期確定税額は426,000千円である。

10．将来減算一時差異は，期首に120,000千円，期末に250,000千円であり，税効果会計（実効税率30％）を適用する。

理解度チェック

総合問題4　★★★

以下の×4年度（会計期間は３月31日を決算日とする１年）における資料にもとづき，解答用紙の貸借対照表を完成しなさい。なお，指示のあるものについては法人税等の実効税率を毎期30％として税効果会計を適用すること。また，当期の１ドルあたりの為替相場は期首98円，期中平均105円，期末100円とする。

（資料Ⅰ）決算整理前残高試算表

決算整理前残高試算表

×5年３月31日　　　　　　（単位：千円）

借方科目	金額	貸方科目	金額
現金預金	442,000	買掛金	195,530
売掛金	510,000	短期借入金	220,000
有価証券	193,490	社債	96,000
繰越商品	100,000	貸倒引当金	5,000
仮払法人税等	23,000	建物減価償却累計額	270,000
建物	1,100,000	備品減価償却累計額	72,000
備品	各自推定	資本金	2,600,000
車両	100,000	資本準備金	120,000
土地	950,000	その他資本剰余金	30,000
鉱業権	380,000	利益準備金	75,000
ソフトウェア	150,000	別途積立金	20,000
のれん	17,000	繰越利益剰余金	各自推定
繰延税金資産	12,000	売上	2,400,000
開発費	5,400	受取利息配当金	20,000
仕入	1,500,000	有価証券利息	2,000
販売費・一般管理費	477,510		
支払利息	10,000		
社債利息	2,000		
	各自推定		各自推定

（資料Ⅱ）期末整理事項等

1．商品の原価率は65％であり，毎期一定である。また，正味売却価額は，取得原価を下回っていない。

2．期末売掛金のうち110,000千円は，当期に販売した1,000千ドルに対するものである。

3．売上債権（すべて一般債権）の期末残高について貸倒実績率法（貸倒実績率：４％）により貸倒引当金を設定する。

4．有価証券はすべて当期中に取得した外国の株式・債券であり，その内訳は次のとおりである。なお，その他有価証券の評価差額は全部純資産直入法により処理し，税効果会計を適用する。

銘　柄	分　類	試算表の金額	期末時価	備　考
Ａ社株式	売買目的有価証券	2,050千円（ 20千ドル）	21千ドル	—
Ｂ社社債	満期保有目的債券	47,040千円（480千ドル）	488千ドル	（注）
Ｃ社株式	その他有価証券	66,000千円（600千ドル）	610千ドル	—
Ｄ社株式	子会社株式	78,400千円（800千ドル）	300千ドル	時価の回復の見込みなし

（注）Ｂ社社債（満期日×8年３月31日）は，当期首に額面総額500千ドルにつき480千ドルで購入したものであり，取得原価と額面金額との差額はすべて金利調整差額と認められるため，償却原価法（定額法）を適用する。なお，クーポン利息の処理は適正に行われている。

5．上記試算表中には，期中に買収したＺ事業に関連して取得した以下の固定資産が含まれる。この中には減損の兆候がみられるものが存在する。減損処理は，のれんを含むより大きな単位で行う。なお，以下の固定資産については，当期分の償却は実施しないこととする。

（単位：千円）

	建　物	車　両	土　地	のれん	合　計
取得原価	200,000	100,000	350,000	17,000	667,000
減損の兆候	あり	なし	あり		
割引前将来キャッシュ・フロー見積額	190,000	110,000	345,000		645,000
回収可能価額	188,000	115,000	340,000		643,000

6．固定資産の減価償却を次の要領で行う。なお，定率法で減価償却を行う場合の償却保証額については考慮する必要はない。

⑴　建物は，残存価額０（ゼロ），耐用年数20年の定額法により減価償却を行う。

⑵　備品は，すべて当期首より２年前に取得したものであり，定率法（償却率20％）により減価償却を行っている。なお，過年度の減価償却は適正に行われている。

7．ソフトウェアは，前々期首に自社利用目的のソフトウェアを計上したものであり，前期まで見込有効期限５年で償却していた。当期に利用可能期間の見直しを行い，当期首からの残存利用可能期間を２年に変更したため，未償却残高を見直し後の残存利用可能期間にわたり償却する。

8．開発費は，当期首より２年前に計上したものであり５年で均等償却している。

9．鉱業権は以前に500,000千円で取得したものであり，償却方法は生産高比例法により行っている。推定埋蔵量は500,000トン，前期末までの採掘量は120,000トンおよび当期末までの採掘量は150,000トンである。

10．社債は当期首に額面金額100,000千円（償還期限：５年）を払込金額96,000千円で発行した際に計上したものである。額面金額と払込金額の差額に償却原価法（定額法）を適用する。

11．翌期に輸入予定の商品代金の決済にかかるリスクをヘッジする目的で，決済日を×5年４月10日とする2,000千ドルの為替予約（ドル買い）を行ったが未処理である。予約時の先物為替相場は１ドルあたり101円，決算時の先物為替相場は１ドルあたり103円である。なお，この為替予約取引については繰延ヘッジ会計を適用し，為替予約の時価評価により生じる評価差額については税効果会計を適用する。

12．法人税等の当期確定税額は57,000千円である。なお，将来減算一時差異（その他有価証券の評価差額を除く）の当期解消高は5,000千円，当期発生高は87,500千円であり，税効果会計を適用する。

理解度チェック

総合問題5 ★★☆

次の東京商事株式会社の×7年度（会計期間は３月31日を決算日とする１年）における資料にもとづき，答案用紙の貸借対照表を完成しなさい。なお，税効果会計および消費税は考慮外とする。また，計算上端数が生じる場合には千円未満を四捨五入すること。

（資料Ⅰ）決算整理前残高試算表

決算整理前残高試算表

×8年３月31日　（単位：千円）

借方科目	金額	貸方科目	金額
現金預金	329,100	支払手形	88,200
受取手形	126,000	買掛金	118,000
売掛金	176,000	仮受金	1,860
繰越商品	132,000	リース債務	各自推定
仮払金	6,000	長期借入金	44,000
仮払法人税等	65,000	社債	98,000
建物	480,000	退職給付引当金	115,000
土地	500,000	貸倒引当金	3,200
リース資産	各自推定	建物減価償却累計額	59,000
ソフトウェア	45,000	リース資産減価償却累計額	各自推定
開発費	2,400	資本金	600,000
投資有価証券	30,000	資本準備金	80,000
長期貸付金	50,000	利益準備金	50,000
自己株式	3,640	別途積立金	120,000
仕入	1,607,000	繰越利益剰余金	97,000
販売費	328,600	新株予約権	2,000
一般管理費	210,760	売上	2,617,000
支払利息	1,778	受取利息配当金	2,100
社債利息	1,400		
	各自推定		各自推定

（資料Ⅱ）期末整理事項等

１．商品売買等

(1)　商品に関する資料は次のとおりであり，先入先出法・切放し法を適用する。

①　期首商品棚卸高：1,100個・原価@120千円

②　当期仕入高：上半期仕入分6,000個・原価@122千円，下半期仕入分7,000個・原価@125千円

③　販売数量：12,800個

④　期末実地棚卸高：1,250個・正味売却価額@123千円

(2)　売掛金6,000千円につき，得意先の承諾を得て電子記録債権の発生記録をしたが，未処理である。

２．決算日現在，当社の当座預金残高と銀行発行の当座勘定照合表を照らし合わせたところ，以下の不一致の原因が判明した。

(1)　買掛金の支払いのために振り出した小切手の未取付　2,000千円

(2)　販売費の支払いのために振り出した小切手の未渡し　4,000千円

(3)　手形代金の当座振込みの当社への通知漏れ　3,000千円

3．貸倒引当金

(1) 売上債権（電子記録債権を含む）の期末残高（すべて一般債権）について２％の貸倒実績率により貸倒引当金を設定する。

(2) 長期貸付金はすべて当期首にＡ社に対して約定利子率年３％（毎期３月末払い），期間３年の一括返済の条件で貸し付けたものである。当期３月末利払い後にＡ社より条件緩和の申し出があり，次期以後の利払いをすべて免除することとした。この貸付金は貸倒懸念債権に該当し，キャッシュ・フロー見積法により貸倒引当金を設定する。

4．投資有価証券はすべて当期首に取得した固定利付国債30,000千円である。なお，利付国債の期末時価29,000千円であり，期末評価は全部純資産直入法による。

5．上記４の固定利付国債の金利変動による価格変動リスクをヘッジするため，取得と同時に固定支払・変動受取の金利スワップ契約を締結している。金利スワップの期末時価は900千円である。なお，この金利スワップ取引については繰延ヘッジ会計を適用する。

6．当期末に建物のうち270,000千円（期首減価償却累計額：45,000千円）と土地のうち200,000千円に減損の兆候がみられ，減損損失を認識すべきと判定された。減損会計を適用するにあたって建物と土地をグルーピングした。建物と土地をあわせた使用価値合計は332,800千円，正味売却価額合計は321,500千円である。減損損失は建物と土地の帳簿価額にもとづいて各資産に配分する。なお，貸借対照表上の表示は原則的な方法による。また，建物はすべて定額法（耐用年数：30年，残存価額：ゼロ）により減価償却する。

7．リース資産，リース資産減価償却累計額およびリース債務は，前期首に所有権移転ファイナンス・リース取引で取得した備品（見積現金購入価額：21,779千円）に係るものであり，当期のリース料支払額を仮払金で処理している。なお，リース期間は４年，リース料は6,000千円（年額）を毎年３月31日に後払いする契約である。また，リース資産はすべて定額法（経済的耐用年数：５年，残存価額：ゼロ）により減価償却する。リース料総額の現在価値が見積現金購入価額と等しくなる利子率は年４％，当社の追加借入利子率は年５％であり，それぞれを利子率とする各期間の年金現価係数は次のとおりである。

	１年	２年	３年	４年	５年
４％	0.9615	1.8861	2.7751	3.6299	4.4518
５％	0.9524	1.8594	2.7232	3.5460	4.3295

8．ソフトウェアは前期首に自社利用のソフトウェア制作費を資産計上したものである。当初の見込有効期間は５年であったが，当期首に利用可能期間の見直しを行い，当期首からの残存利用可能期間を３年に変更した。

9．開発費は当期首より３年前に計上したものであり，５年で均等償却している。

10．長期借入金44,000千円（400千ドル）について，×8年３月１日に決済日を×9年６月30日とする為替予約を行ったが未処理であった。予約時の直物為替相場は１ドル113円，先物為替相場は１ドル120円である。なお，この為替取引の会計処理は振当処理で行い，直先差額は月割計算で配分し，すべて固定項目として処理する。

11．社債および新株予約権は当期首に額面金額100,000千円の転換社債型新株予約権付社債（償還期限：５年）を払込金額100,000千円（社債の対価：98,000千円，新株予約権の対価：2,000千円）で発行した際に計上したものであり，区分法により処理している。このうち額面金額60,000千円の転換社債型新株予約権付社債について×7年９月30日に新株予約権の行使請求を受けたため，新株を発行して交付したが，金利調整差額の償却（定額法）とともに未処理である。なお，増加する資本の全額を資本金とする。

12. 退職給付に関して当期の勤務費用は12,500千円，利息費用は6,500千円，期待運用収益は4,800千円である。なお，期首未認識過去勤務費用6,300千円（前期に給付水準の引上げにより生じたものである）は発生年度から平均残存勤務期間10年で定額法により費用処理している。また，当期に新たな差異は発生していない。
13. 自己株式は当期中に6,000株を１株600円で取得したものであり，証券会社への支払手数料40千円は自己株式の取得原価に含めて処理している。また，当期中に自己株式のうち3,000株を１株620円で処分したが，処分の対価の全額を仮受金として処理しているのみである。
14. 法人税等の当期確定税額は132,000千円である。

MEMO

理解度チェック □□□

総合問題6　★★☆

東京商事株式会社における×4年度（会計期間は３月31日を決算日とする１年）の以下の資料にもとづいて，答案用紙の損益計算書を完成しなさい。なお，指示があるものについては，税効果会計（実効税率は30％）を適用する。また，当期首における為替相場は１ドル110円，当期末における為替相場は１ドル106円，期中平均相場は１ドル108円である。

（資料Ⅰ）決算整理前残高試算表

決算整理前残高試算表

×5年３月31日　　（単位：千円）

借方科目	金額	貸方科目	金額
現金預金	148,026	支払手形	40,432
受取手形	240,000	買掛金	30,400
売掛金	186,000	短期借入金	26,000
売買目的有価証券	各自推定	貸倒引当金	3,720
商品	62,400	仮受金	64,200
仮払金	159,600	社債	各自推定
建物	600,000	退職給付引当金	38,448
備品	120,000	繰延税金負債	各自推定
土地	480,000	建物減価償却累計額	90,000
ソフトウェア	41,880	備品減価償却累計額	76,800
満期保有目的債券	各自推定	資本金	600,000
子会社株式	12,000	資本準備金	50,000
長期貸付金	24,000	利益準備金	26,000
繰延税金資産	30,600	圧縮積立金	119,000
自己株式	60,000	繰越利益剰余金	129,744
売上原価	1,562,400	新株予約権	3,600
販売費	96,644	売上	2,607,060
一般管理費	150,720	受取利息配当金	4,800
支払利息	4,080	有価証券運用損益	600
社債利息	690	有価証券利息	720
	各自推定		各自推定

（資料Ⅱ）期末整理事項等

1．現金の実際有高が60千円過剰であることが発見され，そのうち販売費480千円および受取利息配当金360千円が計上もれであることが判明した。残額は原因不明である。

2．現金預金の中にはドル建ての預金12,000千円（120千ドル）が含まれている。

3．掛による売上高30,000千円（対応する売上原価は18,000千円）が未処理であった。商品販売の会計処理は売上原価対立法を採用している。また，商品の期末棚卸高のうち4,800千円分について，見積売価は4,560千円，見積販売費用が360千円であった。商品評価損は，売上原価に含めて表示する。

4．売上債権（受取手形および売掛金）はすべて一般債権であり，期末残高に対して２％の貸倒引当金を補充法により設定する。長期貸付金24,000千円は前期中に貸し付けたものであるが，相手先が深刻な経営難の状態に陥り会社更生法の適用を受けていたことが新たに判明したことから，破産更生債権等に該当すると判断し，財務内容評価法により貸倒引当金を設定する。当該長期貸付金については，処分見込額4,800千円の土地が担保に供されており，また，前期末に480千円の貸倒引当金が設定されていた。

5．有価証券は，すべて当期首に取得したものであり，その内訳は次のとおりである。

銘　柄	分　類	取得原価	時　価	備　考
A社株式	売買目的有価証券	276千ドル	264千ドル	—
B社株式	売買目的有価証券	120千ドル	168千ドル	—
C社株式	子会社株式	12,000千円	—	（注1）
D社社債	満期保有目的債券	190千ドル	210千ドル	（注2）

（注1）C社の発行済株式総数の60％を保有しているが，C社の財政状態は著しく悪化し，その純資産額は6,000千円となっている。

（注2）D社社債（クーポン利子率：年2.8％，利払日：3月と9月の各末日，満期日：×9年3月31日）の額面総額240千ドルと取得原価との差額は，すべて金利調整差額と認められるため，定額法により償却する。なお，クーポン利息の処理は適正に行われている。

6．有形固定資産

(1) 建物は，×1年4月1日に国から補助金200,000千円を受け入れて取得したものであり，定額法（耐用年数：20年，残存価額：ゼロ）により減価償却を行っている。なお，補助金相当額の圧縮記帳は積立金方式によっており，圧縮積立金には税効果会計を適用し，固定資産の耐用年数にわたって取り崩す。

(2) 備品は200％定率法（耐用年数：5年，残存価額：ゼロ，保証率：0.10800，改定償却率：0.500）により減価償却する。

7．自社利用目的のソフトウェアは無形固定資産に計上し，5年間にわたり，残存価額ゼロとする定額法により償却している。試算表のソフトウェアのうち36,000千円は×4年11月1日に計上したものである。その他は×2年10月1日に計上されたものである。

8．社債は×2年4月1日に額面総額84,000千円，払込金額1口100円につき94円，利率年1％，利払日3月末日および9月末日，期間5年の条件で発行したものである。過年度の償却原価法（定額法）は適正に行われている。×4年9月末日に社債のうち額面金額30,000千円を額面100円につき92円（裸相場）で買入償還したが，買入価額を仮払金として処理しているのみである。当期におけるクーポン利息の処理は適正に行われている。

9．当期に年金掛金1,980千円と退職一時金2,880千円を支払った際に一般管理費として処理している。また，当期の勤務費用2,352千円，利息費用2,928千円，期待運用収益300千円，引当不足の数理計算上の差異の費用処理額220千円を退職給付費用として計上する。

10．新株予約権のうち，1,800千円について権利行使され，64,200千円払込まれたが，仮受金として処理をしているのみである。なお，当該権利行使に対して，当社が保有するすべての自己株式を新株予約権者に移転している。また，新株予約権のうち1,200千円の行使期限が当期中に満了したが，未処理である。

11．一般管理費の前払額480千円および支払利息の未払額240千円を経過勘定として処理する。

12．法人税等252,000千円を計上する。なお，仮払金のうち社債の買入価額（（資料Ⅱ）8参照）を除く金額は，法人税等の仮払分である。

13．前期末の将来減算一時差異は102,000千円であり，当期に12,000千円解消し，新たに26,000千円発生した。また，将来加算一時差異は，圧縮積立金に起因するもののみであった。

MEMO

よくわかる簿記シリーズ

合格《ごうかく》トレーニング　日商《にっしょう》簿記《ぼき》１級《きゅう》商業《しょうぎょう》簿記《ぼき》・会計学《かいけいがく》Ⅱ　Ver.18.0

2002年２月１日　初　版　第１刷発行
2023年12月25日　第21版　第１刷発行

編著者　ＴＡＣ株式会社
（簿記検定講座）
発行者　多田敏男
発行所　ＴＡＣ株式会社　出版事業部
（ＴＡＣ出版）
〒101－8383
東京都千代田区神田三崎町３－２－18
電 話 03（5276）9492（営業）
FAX 03（5276）9674
https://shuppan.tac-school.co.jp
組　版　朝日メディアインターナショナル株式会社
印　刷　株式会社　ワコー
製　本　株式会社　常川製本

ISBN 978－4－300－10668－6
N.D.C. 336

簿記検定講座のご案内

選べる学習メディアでご自身に合うスタイルでご受講ください！

通学講座

3級コース | 3・2級コース | 2級コース | 1級コース | 1級上級・アドバンスコース

教室講座

通って学ぶ

定期的な日程で通学する学習スタイル。常に講師と接することができるという教室講座の最大のメリットがありますので、疑問点はその日のうちに解決できます。また、勉強仲間との情報交換も積極的に行えるのが特徴です。

ビデオブース講座

通って学ぶ
予約制

ご自身のスケジュールに合わせて、TACのビデオブースで学習するスタイル。日程を自由に設定できるため、忙しい社会人に人気の講座です。

直前期教室出席制度
直前期以降、教室受講に振り替えることができます。

無料体験入学
ご自身の目で、耳で体験し納得してご入学いただくために、無料体験入学をご用意しました。

無料講座説明会
もっとTACのことを知りたいという方は、無料講座説明会にご参加ください。

無　料

予約不要※

※ビデオブース講座の無料体験入学は要予約。
無料講座説明会は一部校舎では要予約。

通信講座

3級コース | 3・2級コース | 2級コース | 1級コース | 1級上級・アドバンスコース

Web通信講座

スマホやタブレットにも対応
見て学ぶ

教室講座の生講義をブロードバンドを利用し動画で配信します。ご自身のペースに合わせて、24時間いつでも何度でも繰り返し受講することができます。また、講義動画はダウンロードして2週間視聴可能です。有効期間内は何度でもダウンロード可能です。

※Web通信講座の配信期間は、お申込コースの目標月の翌月末までです。

TAC WEB SCHOOL ホームページ
URL https://portal.tac-school.co.jp/

※お申込み前に、左記のサイトにて必ず動作環境をご確認ください。

DVD通信講座

見て学ぶ

講義を収録したデジタル映像をご自宅にお届けします。講義の臨場感をクリアな画像でご自宅にて再現することができます。

※DVD-Rメディア対応のDVDプレーヤーでのみ受講が可能です。
パソコンやゲーム機での動作保証はいたしておりません。

資料通信講座（1級のみ）

テキスト・添削問題を中心として学習します。

Webでも無料配信中！　スマホ タブレット　パソコン

「TAC動画チャンネル」

- 講座説明会　※収録内容の変更のため、配信されない期間が生じる場合がございます。
- 1回目の講義（前半分）が視聴できます

詳しくは、TACホームページ
「TAC動画チャンネル」をクリック！

TAC動画チャンネル　簿記　検索

コースの詳細は、簿記検定講座パンフレット・TACホームページをご覧ください。

パンフレットのご請求・お問い合わせは、TACカスタマーセンターまで

通話無料　0120-509《ゴウカク》-117《イイナ》

受付時間　月～金 9:30～19:00
土・日・祝 9:30～18:00

※携帯電話からもご利用になれます。

TAC簿記検定講座ホームページ
TAC 簿記　検索

簿記検定講座

お手持ちの教材がそのまま使用可能！

【テキストなしコース】のご案内

TAC簿記検定講座のカリキュラムは市販の教材を使用しておりますので、こちらのテキストを使ってそのまま受講することができます。独学では分かりにくかった論点や本試験対策も、TAC講師の詳しい解説で理解度も120％UP！ 本試験合格に必要なアウトプット力が身につきます。独学との差を体感してください。

左記の各メディアが【テキストなしコース】でお得に受講可能！

こんな人にオススメ！

- テキストにした書き込みをそのまま活かしたい！
- これ以上テキストを増やしたくない！
- とにかく受講料を安く抑えたい！

※お申込前に必ずお手持ちのバージョンをご確認ください。場合によっては最新のものに買い直していただくことがございます。詳細はお問い合わせください。

お手持ちの教材をフル活用!!

合格テキスト

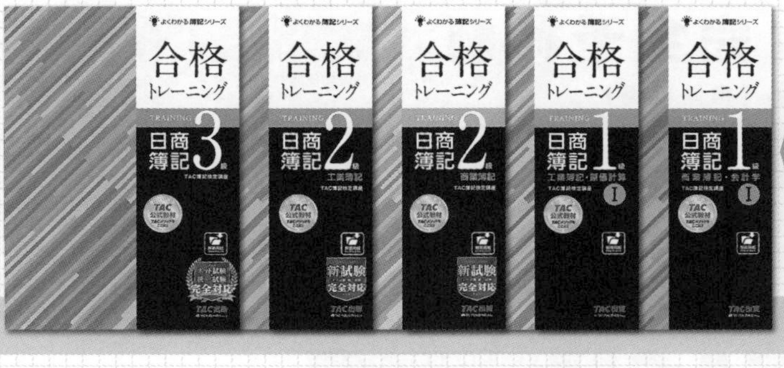

合格トレーニング

会計業界の就職サポートは
安心のTAC
TACキャリアエージェントなら
BIG4・国内大手法人
就職支援実績多数!
税理士学習中の方
日商簿記学習中の方
会計士／USCPA学習中の方
会計業界で就業中の方で転職をお考えの方
会計業界でのお仕事に興味のある方
「残業なしで勉強時間を確保したい…」
「簿記３級から始められる仕事はあるの？」
といったご相談も大歓迎です！
スキマ時間に
PC・スマホ・タブレットで
WEB面談実施中!
忙しくて時間の取れない方、遠方にお住まいの方、ぜひご利用ください。
詳細はこちら!
https://tacnavi.com/accountant/web-mendan/
完全予約制
ご相談は無料です。会計業界を知り尽くしたプロのコンサルタントにご相談ください。
※相談時間は原則としてお一人様60分とさせていただきます。
【相談会場】
東京オフィス 03-3518-6775
大阪オフィス 06-6371-5851
名古屋オフィス（登録会場） 0120-757-655
shoukai@tac-school.co.jp
メールでご予約の際は、件名に「相談希望のオフィス」をご入力ください。
(例:相談希望 東京)
TAC 会計士・税理士専門の転職サポートサービス
キャリアエージェント

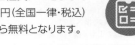

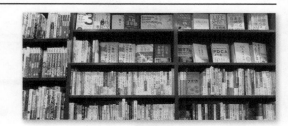

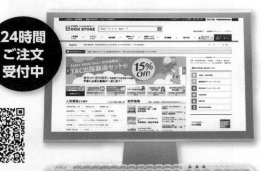

日商簿記検定試験対策書籍のご案内

TAC出版の日商簿記検定試験対策書籍は、学習の各段階に対応していますので、あなたのステップに応じて、合格に向けてご活用ください！

3タイプのインプット教材

1

簿記を専門的な知識にしていきたい方向け

満点合格を目指し 次の級への土台を築く

「合格テキスト」

「合格トレーニング」

- 大判のB5判、3級～1級累計300万部超の、信頼の定番テキスト&トレーニング！ TACの教室でも使用している公式テキストです。3級のみオールカラー。
- 出題論点はすべて網羅しているので、簿記をきちんと学んでいきたい方にぴったりです！

◆3級　□2級 商簿、2級 工簿　■1級 商・会 各3点、1級 工・原 各3点

2

スタンダードにメリハリつけて学びたい方向け

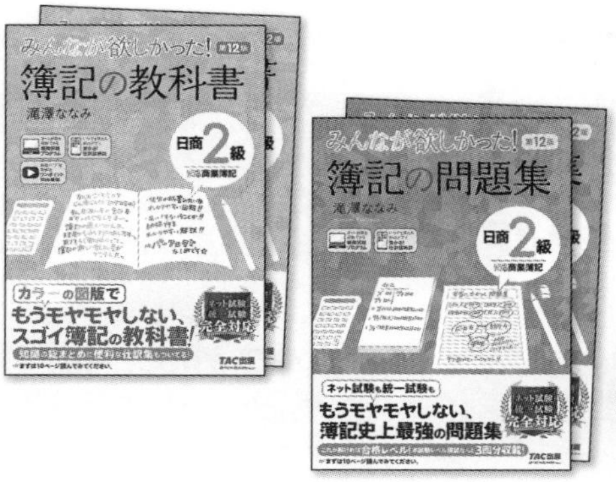

教室講義のような わかりやすさでしっかり学べる

「簿記の教科書」

「簿記の問題集」

滝澤 ななみ 著

- A5判、4色オールカラーのテキスト(2級・3級のみ)&模擬試験つき問題集！
- 豊富な図解と実例つきのわかりやすい説明で、もうモヤモヤしない!!

◆3級　□2級 商簿、2級 工簿　■1級 商・会 各3点、1級 工・原 各3点

DVDの併用で、さらに理解が深まります！

『簿記の教科書DVD』

- 「簿記の教科書」3、2級の準拠DVD。わかりやすい解説で、合格力が短時間で身につきます！

◆3級　□2級 商簿、2級 工簿

3

気軽に始めて、早く全体像をつかみたい方向け

初学者でも楽しく続けられる！

「スッキリわかる」

テキスト／問題集一体型

滝澤 ななみ 著（1級は商・会のみ）

- 小型のA5判によるテキスト／問題集一体型。これ一冊でOKの、圧倒的に人気の教材です。
- 豊富なイラストとわかりやすいレイアウト！ かわいいキャラの「ゴエモン」と一緒に楽しく学べます。

◆3級　□2級 商簿、2級 工簿　■1級 商・会 4点、1級 工・原 4点

シリーズ待望の問題集が誕生！

「スッキリとける本試験予想問題集」

滝澤 ななみ 監修　TAC出版開発グループ 編著

- 本試験タイプの予想問題9回分を掲載

◆3級　□2級

DVDの併用で、さらに理解が深まります！

『スッキリわかる 講義DVD』

- 「スッキリわかる」3、2級の準拠DVD。超短時間でも要点はのがさず解説。3級10時間、2級14時間+10時間で合格へひとっとび。

◆3級　□2級 商簿、2級 工簿

コンセプト問題集

得点力をつける!

『みんなが欲しかった! やさしすぎる解き方の本』

B5判　滝澤 ななみ 著

- 授業で解き方を教わっているような新感覚問題集。再受験にも有効。

◆3級　□2級

本試験対策問題集

本試験タイプの問題集

『合格するための本試験問題集』

（1級は過去問題集）

B5判

- 12回分（1級は14回分）の問題を収載。ていねいな「解答への道」、各問対策が充実。

◆3級　□2級　■1級

知識のヌケをなくす!

『まるっと完全予想問題集』

（1級は網羅型完全予想問題集）

A4判

- オリジナル予想問題（3級10回分、2級12回分、1級8回分）で本試験の重要出題パターンを網羅。
- 実力養成にも直前の本試験対策にも有効。

◆3級　□2級　■1級

直前予想

『○年度試験をあてるTAC予想模試＋解き方テキスト』

（1級は第○回をあてるTAC直前予想模試）

A4判

- TAC講師陣による4回分の予想問題で最終仕上げ。
- 2級・3級は、第1部解き方テキスト編、第2部予想模試編の2部構成。
- 年3回（1級は年2回）、各試験に向けて発行します。

◆3級　□2級　■1級

あなたに合った合格メソッドをもう一冊!

仕訳 **『究極の仕訳集』**

B6変型判

- 悩む仕訳をスッキリ整理。ハンディサイズ、一問一答式で基本の仕訳を一気に覚える。

◆3級　□2級

仕訳 **『究極の計算と仕訳集』**

B6変型判　境 浩一朗 著

- 1級商会で覚えるべき計算と仕訳がすべてつまった1冊!

■1級 商・会

理論 **『究極の会計学理論集』**

B6変型判

- 会計学の理論問題を論点別に整理、手軽なサイズが便利です。

■1級 商・会、全経上級

電卓 **『カンタン電卓操作術』**

A5変型判　TAC電卓研究会 編

- 実践的な電卓の操作方法について、丁寧に説明します!

（PCアイコン）：ネット試験の演習ができる模擬試験プログラムつき（2級・3級）

（スマホアイコン）：スマホで使える仕訳Webアプリつき（2級・3級）

・2023年8月現在　・刊行内容、表紙等は変更することがあります　・とくに記述がある商品以外は、TAC簿記検定講座編です

書籍の正誤に関するご確認とお問合せについて

書籍の記載内容に誤りではないかと思われる箇所がございましたら、以下の手順にてご確認とお問合せをしてくださいますよう、お願い申し上げます。

なお、正誤のお問合せ以外の**書籍内容に関する解説および受験指導などは、一切行っておりません。**
そのようなお問合せにつきましては、お答えいたしかねますので、あらかじめご了承ください。

1 「Cyber Book Store」にて正誤表を確認する

TAC出版書籍販売サイト「Cyber Book Store」の
トップページ内「正誤表」コーナーにて、正誤表をご確認ください。

CYBER TAC出版書籍販売サイト BOOK STORE

URL:https://bookstore.tac-school.co.jp/

2 1の正誤表がない、あるいは正誤表に該当箇所の記載がない ⇒ 下記①、②のどちらかの方法で文書にて問合せをする

★ご注意ください★

お電話でのお問合せは、お受けいたしません。

①、②のどちらの方法でも、お問合せの際には、「お名前」とともに、
「対象の書籍名(○級・第○回対策も含む)およびその版数(第○版・○○年度版など)」
「お問合せ該当箇所の頁数と行数」
「誤りと思われる記載」
「正しいとお考えになる記載とその根拠」
を明記してください。
なお、回答までに1週間前後を要する場合もございます。あらかじめご了承ください。

① ウェブページ「Cyber Book Store」内の「お問合せフォーム」より問合せをする

【お問合せフォームアドレス】

https://bookstore.tac-school.co.jp/inquiry/

② メールにより問合せをする

【メール宛先　TAC出版】

syuppan-h@tac-school.co.jp

※土日祝日はお問合せ対応をおこなっておりません。
※正誤のお問合せ対応は、該当書籍の改訂版刊行月末日までといたします。

乱丁・落丁による交換は、該当書籍の改訂版刊行月末日までといたします。なお、書籍の在庫状況等により、お受けできない場合もございます。
また、各種本試験の実施の延期、中止を理由とした本書の返品はお受けいたしません。返金もいたしかねますので、あらかじめご了承くださいますようお願い申し上げます。

TACにおける個人情報の取り扱いについて
■お預かりした個人情報は、TAC(株)で管理させていただき、お問合せへの対応、当社の記録保管にのみ利用いたします。お客様の同意なしに業務委託先以外の第三者に開示、提供することはございません(法令等により開示を求められた場合を除く)。その他、個人情報保護管理者、お預かりした個人情報の開示等及びTAC(株)への個人情報の提供の任意性については、当社ホームページ(https://www.tac-school.co.jp)をご覧いただくか、個人情報に関するお問い合わせ窓口(E-mail:privacy@tac-school.co.jp)までお問合せください。

(2022年7月現在)

別冊①

解答編

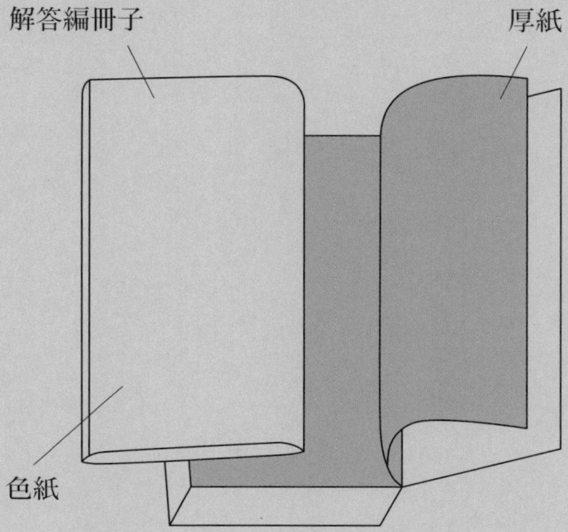

〈解答編ご利用時の注意〉

厚紙から，冊子を取り外します。

※　冊子と厚紙が，のりで接着されています。乱暴に扱いますと，破損する危険性がありますので，丁寧に抜き取るようにしてください。

※　抜き取る際の損傷についてのお取替えはご遠慮願います。

解 答 編

合格トレーニング

日商簿記 1 級 商業簿記 会計学 II

解答編　CONTENTS

Theme 01 税金・税効果会計

問題1-1

(1) 損益計算書（一部）

損 益 計 算 書
自×2年4月1日　至×3年3月31日（単位：千円）

⋮		⋮
税引前当期純利益		（ 200,000 ）
法人税、住民税及び事業税	（ 64,350 ）	
法人税等調整額	（△ 4,350 ）	（ 60,000 ）
当期純利益		（ 140,000 ）

(2) 貸借対照表（一部）

貸 借 対 照 表
×3年3月31日現在　（単位：千円）

⋮		Ⅰ 流動負債	
Ⅱ 固定資産		⋮	
⋮		未払法人税等	（ 34,350 ）
繰延税金資産	（ 15,150 ）		

解答への道

1．法人税等の計上

（単位：千円）

（法人税等）(＊)	64,350	（仮払法人税等）	30,000
		（未払法人税等）	34,350

(＊) 税引前当期純利益……200,000千円
前期商品評価損の損金算入額……△ 1,000千円
前期貸倒引当金の損金算入額……△ 3,000千円
当期貸倒引当金の損金不算入額……＋ 4,500千円
減価償却費の償却限度超過額の損金不算入額……＋ 12,000千円
退職給付費用の損金不算入額……＋ 2,000千円
課税所得……214,500千円×30%＝64,350千円

2．将来減算一時差異の整理

（資料2）における将来減算一時差異の解消および発生の状況をまとめると次のようになる。

（単位：千円）

一時差異	期首	解消	発生	期末
商品評価損の損金不算入額	1,000	1,000	──	──
貸倒引当金の損金不算入額	3,000	3,000	4,500	4,500
減価償却費の繰入限度超過額	12,000	──	12,000	24,000
退職給付費用の損金不算入額	20,000	──	2,000	22,000
合計	36,000	4,000	18,500	50,500
法定実効税率	×30%	×30%	×30%	×30%
繰延税金資産	10,800	1,200	5,550	15,150

3．税効果会計の仕訳

(1) 商品評価損の損金算入額（前期分＝将来減算一時差異の解消）

（単位：千円）

（法人税等調整額）(＊)	300	（繰延税金資産）	300

(＊) 1,000千円×30%＝300千円

(2) 貸倒引当金の損金不算入額

① 前期分（将来減算一時差異の解消）

（単位：千円）

（法人税等調整額）(＊)	900	（繰延税金資産）	900

(＊) 3,000千円×30%＝900千円

② 当期分（将来減算一時差異の発生）

（単位：千円）

（繰延税金資産）(＊)	1,350	（法人税等調整額）	1,350

(＊) 4,500千円×30%＝1,350千円

(3) 減価償却費の繰入限度超過額（当期分＝将来減算一時差異の発生）

（単位：千円）

（繰延税金資産）(＊)	3,600	（法人税等調整額）	3,600

(＊) 12,000千円×30%＝3,600千円

(4) 退職給付費用の損金不算入額（当期分＝将来減算一時差異の発生）

（単位：千円）

（繰延税金資産）(＊)	600	（法人税等調整額）	600

(＊) 2,000千円×30%＝600千円

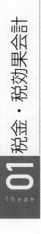

問題1-2

〔問１〕

損 益 計 算 書

自×1年４月１日　至×2年３月31日　（単位：千円）

⋮		
法人税，住民税及び事業税	（ 75,000 ）	
法人税等調整額	（ 3,300 ）	（ 78,300 ）

貸 借 対 照 表

×2年3月31日現在　（単位：千円）

⋮		⋮	
Ⅱ 固 定 資 産		Ⅱ 固 定 負 債	
⋮		⋮	
繰延税金資産	（ ── ）	繰延税金負債	（ 3,900 ）

〔問２〕

損 益 計 算 書

自×1年４月１日　至×2年３月31日　（単位：千円）

⋮		
法人税，住民税及び事業税	（ 75,000 ）	
法人税等調整額	（ 3,300 ）	（ 78,300 ）

貸 借 対 照 表

×2年3月31日現在　（単位：千円）

⋮		⋮	
Ⅱ 固 定 資 産		Ⅱ 固 定 負 債	
⋮		⋮	
繰延税金資産	（ ── ）	繰延税金負債	（ 3,900 ）

解答への道

〔問１〕

税効果会計の仕訳は，いくつかの方法が考えられるが，ここでは「解消発生方式」と「差額補充方式」の仕訳を示しておく。

1．解消発生方式の場合

(1) 解消の仕訳

① 将来減算一時差異

（単位：千円）

（法 人 税 等 調 整 額）（＊）	9,000	（繰 延 税 金 資 産）	9,000

（＊）30,000千円×30％＝9,000千円

② 将来加算一時差異

（単位：千円）

（繰 延 税 金 負 債）（＊）	6,600	（法 人 税 等 調 整 額）	6,600

（＊）22,000千円×30％＝6,600千円

(2) 発生の仕訳

① 将来減算一時差異

（単位：千円）

（繰 延 税 金 資 産）（＊）	7,500	（法 人 税 等 調 整 額）	7,500

（＊）25,000千円×30％＝7,500千円

② 将来加算一時差異

（単位：千円）

（法 人 税 等 調 整 額）（＊）	8,400	（繰 延 税 金 負 債）	8,400

（＊）28,000千円×30％＝8,400千円

法人税等調整額

(1) ①	9,000	(1) ②	6,600
(2) ②	8,400	(2) ①	7,500
		3,300	

(3) 繰延税金資産と繰延税金負債の相殺

繰延税金資産

前期末残高	15,000	解 消 額	9,000
発 生 額	7,500	13,500	

繰延税金負債

解 消 額	6,600	前期末残高	15,600
17,400		発 生 額	8,400

13,500 ← 相 殺 → 17,400

（単位：千円）

（繰 延 税 金 負 債）	13,500	（繰 延 税 金 資 産）	13,500

2．差額補充方式の場合

(1) 将来減算一時差異

（単位：千円）

（法 人 税 等 調 整 額）（＊）	1,500	（繰 延 税 金 資 産）	1,500

（＊）（25,000千円－30,000千円）×30％＝△1,500千円〈繰延税金資産の減少〉

(2) 将来加算一時差異

（単位：千円）

（法 人 税 等 調 整 額）（＊）	1,800	（繰 延 税 金 負 債）	1,800

（＊）（28,000千円－22,000千円）×30％＝1,800千円〈繰延税金負債の増加〉

法人税等調整額

(1)	1,500	3,300	
(2)	1,800		

(3) 繰延税金資産と繰延税金負債の相殺

繰延税金資産

前期末残高	15,000	減 少 額	1,500
		13,500	

繰延税金負債

17,400		前期末残高	15,600
		増 加 額	1,800

13,500 ← 相 殺 → 17,400

（単位：千円）

（繰 延 税 金 負 債）	13,500	（繰 延 税 金 資 産）	13,500

〔問2〕

税効果会計の仕訳は，いくつかの方法が考えられるが，ここでは「洗替方式」と「差額補充方式」の仕訳を示しておく。

1．洗替方式の場合

(1) 期首分の戻入れの仕訳

① 将来減算一時差異

（単位：千円）

（法人税等調整額）（＊）	15,000	（繰延税金資産）	15,000

（＊）50,000千円×30%＝15,000千円

② 将来加算一時差異

（単位：千円）

（繰延税金負債）（＊）	15,600	（法人税等調整額）	15,600

（＊）52,000千円×30%＝15,600千円

(2) 期末分の繰入れの仕訳

① 将来減算一時差異

（単位：千円）

（繰延税金資産）（＊）	13,500	（法人税等調整額）	13,500

（＊）45,000千円×30%＝13,500千円

② 将来加算一時差異

（単位：千円）

（法人税等調整額）（＊）	17,400	（繰延税金負債）	17,400

（＊）58,000千円×30%＝17,400千円

法人税等調整額

(1) ①	15,000	(1) ②	15,600
(2) ②	17,400	(2) ①	13,500
		3,300	

(3) 繰延税金資産と繰延税金負債の相殺

繰延税金資産

前期末残高	15,000	戻入額	15,000
繰入額	13,500	13,500	

繰延税金負債

戻入額	15,600	前期末残高	15,600
17,400		繰入額	17,400

13,500 ← 相殺 → 17,400

（単位：千円）

（繰延税金負債）	13,500	（繰延税金資産）	13,500

2．差額補充方式の場合

(1) 将来減算一時差異

（単位：千円）

（法人税等調整額）（＊）	1,500	（繰延税金資産）	1,500

（＊）(45,000千円－50,000千円)×30%＝△1,500千円〈繰延税金資産の減少〉

(2) 将来加算一時差異

（単位：千円）

（法人税等調整額）（＊）	1,800	（繰延税金負債）	1,800

（＊）(58,000千円－52,000千円)×30%＝1,800千円〈繰延税金負債の増加〉

法人税等調整額

(1)	1,500		
(2)	1,800		

(1)＋(2) 3,300

(3) 繰延税金資産と繰延税金負債の相殺

繰延税金資産

前期末残高	15,000	減少額	1,500
		13,500	

繰延税金負債

17,400		前期末残高	15,600
		増加額	1,800

13,500 ← 相殺 → 17,400

（単位：千円）

（繰延税金負債）	13,500	（繰延税金資産）	13,500

問題1-3

問1

前期末における繰延税金資産の金額（純額）： 6, 300 千円

当期末における繰延税金資産の金額（純額）： 9, 600 千円

問2

損　益　計　算　書(一部)　（単位：千円）

税引前当期純利益		100, 000
法人税，住民税及び事業税	（ 39, 900 ）	
法人税等調整額	（△ 3, 300 ）	（ 36, 600 ）
当期純利益		（ 63, 400 ）

解答への道

1．前期末および当期末における繰延税金資産の金額（貸借対照表に計上される純額）

(1) 将来減算一時差異

	前期末	増加額または減少額	当期末
将来減算一時差異	24, 000千円	+16, 000千円	40, 000千円
実効税率	×35%	——	×30%
繰延税金資産	8, 400千円		12, 000千円

(2) 将来加算一時差異

	前期末	増加額または減少額	当期末
将来加算一時差異	6, 000千円	+2, 000千円	8, 000千円
実効税率	×35%	——	×30%
繰延税金負債	2, 100千円		2, 400千円

(3) 貸借対照表に計上される繰延税金資産の金額（純額）

① 前期末

8, 400千円〈前期末の繰延税金資産〉－2, 100千円〈前期末の繰延税金負債〉＝6, 300千円

② 当期末

12, 000千円〈当期末の繰延税金資産〉－2, 400千円〈当期末の繰延税金負債〉＝9, 600千円

2．税効果会計の仕訳

(1) 将来減算一時差異

（単位：千円）

（繰延税金資産）（＊）	3, 600	（法人税等調整額）	3, 600

（＊）12, 000千円－8, 400千円＝＋3, 600千円〈繰延税金資産の増加額〉

(2) 将来加算一時差異

（単位：千円）

（法人税等調整額）（＊）	300	（繰延税金負債）	300

（＊）2, 400千円－2, 100千円＝＋300千円〈繰延税金負債の増加額〉

3．損益計算書の金額

(1) 法人税，住民税及び事業税

100, 000千円〈税引前当期純利益〉＋14, 000千円〈損金不算入額〉＝114, 000千円〈課税所得〉

114, 000千円×35%〈当期の実効税率〉＝39, 900千円〈法人税，住民税及び事業税〉

(2) 法人税等調整額

3, 600千円〈解説2.(1)〉－300千円〈解説2.(2)〉

＝3, 300千円〈貸方の法人税等調整額＝法人税，住民税及び事業税の減算調整〉

問題1-4

当期の法人税等調整額	△ 3, 000 千円
当期末の繰延税金資産	27, 000 千円
当期末の評価性引当額	4, 800 千円

（注）法人税等調整額が貸方残高の場合には，金額の前に△印を付すこと

解答への道

1．本来の繰延税金資産の計上

繰越欠損金は，将来減算一時差異に準じるものとして取り扱う。

（単位：千円）

（繰延税金資産）（＊）	7, 800	（法人税等調整額）	7, 800

（＊）66, 000千円〈当期末の将来減算一時差異〉＋40, 000千円〈繰越欠損金〉＝106, 000千円
106, 000千円×30%〈将来の実効税率〉＝31, 800千円
31, 800千円－24, 000千円〈前期末における繰延税金資産〉＝7, 800千円〈増加額〉

2．回収可能な繰延税金資産への修正

（単位：千円）

（法人税等調整額）（＊）	4, 800	（繰延税金資産）	4, 800

（＊）106, 000千円 ＞ 90, 000千円 ∴ 90, 000千円〈将来の課税所得と相殺可能な一時差異等〉
90, 000千円×30%〈将来の実効税率〉＝27, 000千円〈回収可能な繰延税金資産＝B/S〉
27, 000千円－31, 800千円〈本来の繰延税金資産〉＝△4, 800千円〈評価性引当額〉

∴ 法人税等調整額：△7, 800千円＋4, 800千円＝△3, 000千円〈貸方〉

問題1-5

	○または×	理由
(1)	×	一時差異とは，財務諸表上の資産および負債の金額と課税所得計算上の資産および負債の金額との差額をいう。
(2)	○	
(3)	○	
(4)	×	繰延税金資産は，投資その他の資産に計上される。
(5)	○	

解答への道

(1) 一時差異とは，貸借対照表および連結貸借対照表に計上されている資産および負債の金額と課税所得計算上の資産および負債の金額の差異をいう。

(2) 将来減算一時差異とは，当該一時差異が解消するときにその期の課税所得を減額する効果をもつものをいう。

(3) 将来加算一時差異とは，当該一時差異が解消するときにその期の課税所得を増額する効果をもつものをいう。

(4) 繰延税金資産は，投資その他の資産として貸借対照表に計上される。

(5) 法人税等について税率の変更があった場合には，過年度に計上された繰延税金資産および繰延税金負債を新たな税率にもとづき再計算する。

Theme 02 現金預金

問題2-1

貸借対照表
×2年3月31日現在 (単位：円)

Ⅰ 流動資産		Ⅰ 流動負債	
現金預金	(279,000)	買掛金	(90,000)
売掛金	(165,000)	未払金	(45,000)
貸倒引当金	(△ 3,300)		
未収収益	(1,500)		
Ⅱ 固定資産			
⋮			
3．投資その他の資産			
長期定期預金	(60,000)		

解答への道

1．現金

実際有高が過剰なため，帳簿残高を実際残高に合わせるために「現金預金」を3,000円増額させる。

(単位：円)

(現金預金)	3,000	(売掛金)	9,000
(販売費)	4,500		
(雑損)(＊)	1,500		

(＊) 貸借差額

2．当座預金

(単位：円)

(1)	仕訳なし			
(2)	仕訳なし			
(3)	(現金預金)	30,000	(未払金)	30,000
(4)	(現金預金)	45,000	(売掛金)	45,000
(5)	(支払利息)	9,000	(現金預金)	9,000

銀行勘定調整表 (単位：円)

当座預金帳簿残高	174,000	銀行残高証明書残高	231,000
(3)未渡小切手	＋ 30,000	(1)時間外預入	＋ 36,000
(4)振込未達	＋ 45,000	(2)未取付小切手	△ 27,000
(5)引落未達	△ 9,000		
修正後残高	240,000	修正後残高	240,000

3．定期預金

満期日（×3年4月30日）が，決算日の翌日から起算して1年を超えるため「長期定期預金（投資その他の資産)」とする。また，期中の最終利払日（10月末日）の翌日から決算日まで（5か月分）の未収利息を見越計上する。

（単位：円）

（長期定期預金）	60,000	（現金預金）	60,000
（未収収益）（＊）	1,500	（受取利息）	1,500

（＊）60,000円×6％×$\frac{5か月}{12か月}$＝1,500円

∴　B/S現金預金（流動資産）：270,000円〈前T/B〉＋3,000円＋30,000円＋45,000円－9,000円－60,000円＝279,000円

4．貸倒引当金

（単位：円）

（貸倒引当金繰入）（＊）	2,300	（貸倒引当金）	2,300

（＊）(219,000円－9,000円－45,000円)×2％＝3,300円〈設定額〉
3,300円－1,000円＝2,300円〈繰入額〉

問題2-2

(1)　貸借対照表（一部）

貸借対照表
×3年3月31日現在　（単位：円）

Ⅰ 流動資産			Ⅰ 流動負債	
現金預金		（141,625）	買掛金	（198,900）
受取手形	（43,300）		（未払金）	（1,100）
売掛金	（138,700）			
計	（182,000）			
貸倒引当金	（△3,640）	（178,360）		
（未収収益）		（425）		
Ⅱ 固定資産				
⋮				
3．投資その他の資産				
（長期定期預金）		（30,000）		

(2)

科目	金額
雑損	50円

（注）科目の記載欄には雑益または雑損と記入すること。

解答への道

1．現　金（以下の丸数字は問題文と対応）

②　A商店振出の先日付小切手
先日付小切手は，約束手形と同様の性格をもっているため，受取手形勘定に振り替える。

（単位：円）

（受取手形）	2,000	（現金預金）	2,000

③④　配当金領収証，期限到来後社債利札
現金勘定で処理されるが未記帳である。

（単位：円）

（現金預金）	1,750	（受取配当金）	1,750
（現金預金）	1,300	（有価証券利息）	1,300

帳簿残高

出納帳	31,500
②先日付小切手	2,000
③配当金領収証	1,750
④利札	1,300

帳簿残高　32,550

実際有高

①通貨	25,750
②他人振出小切手	3,700
③配当金領収証	1,750
④利札	1,300

実際有高　32,500

∴　雑損　50

（単位：円）

（雑損）	50	（現金預金）	50

2．当座預金（以下の丸数字は問題文と対応）

② 買掛金の未渡小切手

相手方に小切手を渡していないため，当座預金は減少していない。よって，当社の帳簿を加算する。

（単位：円）

（現　金　預　金）	1, 075	（買　　掛　　金）	1, 075

③ 諸費用の未渡小切手

修繕費（諸費用）は，費用の取消しとはせずに未払金勘定で処理する。

（単位：円）

（現　金　預　金）	1, 100	（未　　払　　金）	1, 100

⑤ 連絡未通知

（単位：円）

（現　金　預　金）	2, 200	（受　取　手　形）	2, 200

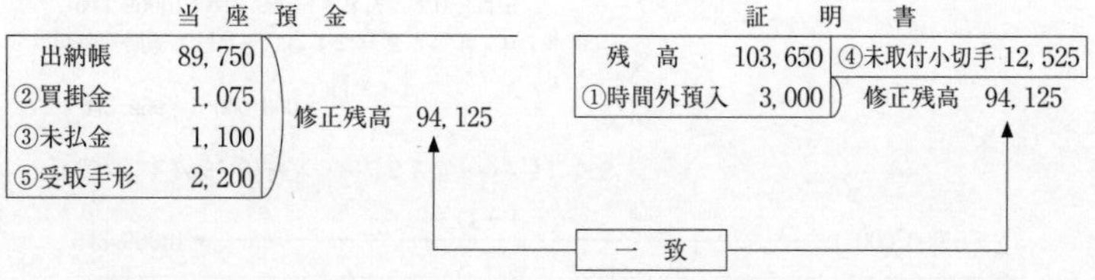

3．定期預金

(1) 科目の振替え

（単位：円）

（長 期 定 期 預 金）	30, 000	（現　金　預　金）	30, 000

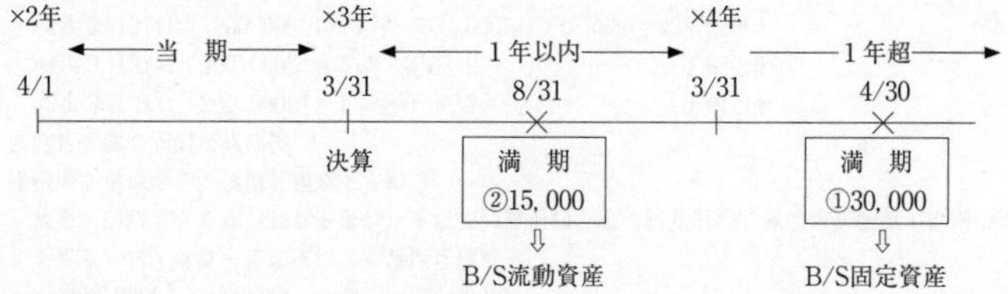

(2) 未収収益の計上

月割計算で計上する。

（単位：円）

（未　収　収　益）	425	（受　取　利　息）	425

① 長期定期預金

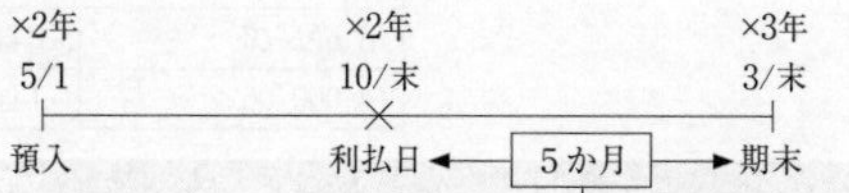

$$30,000円 \times 3\% \times \frac{5か月}{12か月} = 375円$$

② 定期預金（現金預金）

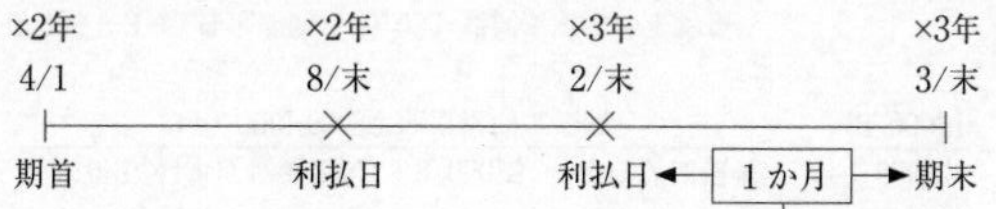

$$15,000円 \times 4\% \times \frac{1か月}{12か月} = 50円$$

4．貸倒引当金

（単位：円）

（貸 倒 引 当 金 繰 入）	3, 640	（貸　倒　引　当　金）	3, 640

受取手形　(43, 500円＋2, 000円－2, 200円)×2％＝　866円

売 掛 金　138, 700円×2％　＝ 2, 774円

3, 640円〈貸倒引当金〉

Theme 03 金銭債権・貸倒引当金

問題3-1

(1)

(単位：円)

$$942,596 = 1,000,000 \times \frac{1}{(1+r)^2}$$

(2)

970,874 円

解答への道

1．実効利子率の計算過程

手形の将来キャッシュ・フローの割引現在価値が，手形の買取価額とイコールになるような割引率が実効利子率となる。

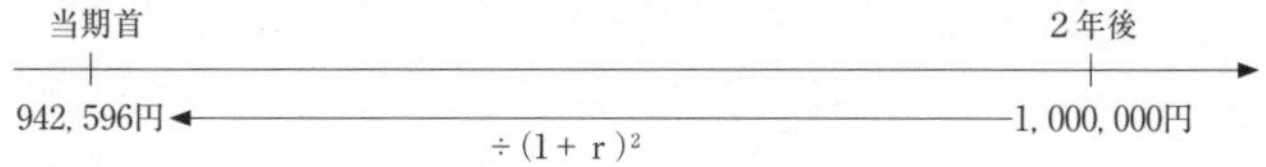

上記のことから，方程式を立てると以下のようになる。

$$942,596 = 1,000,000 \times \frac{1}{(1+r)^2}$$

2．償却原価法（利息法）による評価（発生より1年後）

942,596円＋942,596円×3％≒970,874円
（942,596円×3％≒28,278円）

問題3-2

1,520 円

解答への道

1．貸倒実績率の算定（貸倒損失となった債権の発生年度を区別する方法）

貸倒損失		債権の期末残高		貸倒実績率
800円（×2年度）	÷	50,000円（×1年度）	＝	0.016（×1年度）
1,560円（×3年度）	÷	60,000円（×2年度）	＝	0.026（×2年度）
1,050円（×4年度）	÷	70,000円（×3年度）	＝	0.015（×3年度）
				0.057

0.057÷3年〈算定期間〉＝0.019〈過去3算定年度に係る貸倒実績率の平均値〉

2．貸倒見積高の算定

80,000円〈×4年度発生債権の期末残高〉×0.019＝1,520円〈貸倒見積高〉

問題3-3

5,120 円

解答への道

1．貸倒実績率の算定（貸倒損失となった債権の発生年度を区別しない方法）

$$\frac{1,880円〈×2年度貸倒損失〉+2,200円〈×3年度貸倒損失〉}{120,000円〈×1年度債権期末残高〉} = \frac{4,080円}{120,000円} = 0.034$$

$$\frac{2,200円〈×3年度貸倒損失〉+1,570円〈×4年度貸倒損失〉}{130,000円〈×2年度債権期末残高〉} = \frac{3,770円}{130,000円} = 0.029$$

$$\frac{1,570円〈×4年度貸倒損失〉+3,050円〈×5年度貸倒損失〉}{140,000円〈×3年度債権期末残高〉} = \frac{4,620円}{140,000円} = 0.033$$

0.096

0.096÷3年〈算定期間〉＝0.032〈貸倒実績率の平均値〉

2．貸倒見積高の算定

160,000円〈×5年度債権期末残高〉×0.032＝5,120円〈貸倒見積高〉

問題3-4

問1	90,000 円
問2	27,749 円
問3	200,000 円

解答への道

〔問1〕財務内容評価法による貸倒見積高

担保，債務保証などにより回収が確実とされる額を控除した残額にもとづいて貸倒見積高を計算する。

(400,000円－100,000円)×30％＝90,000円

〔問2〕キャッシュ・フロー見積法による貸倒見積高

将来，回収される額（利息を含む）を当初の適用利子率で割り引いた割引現在価値を債権の帳簿価額から控除して貸倒見積高を求める。

(1) 回収見込額の割引現在価値

×3年3月31日：500,000円×2％×0.9615 ＝9,615円

×4年3月31日：500,000円×2％×0.9246 ＝9,246円

×5年3月31日：(500,000円×2％＋500,000円)×0.8890＝453,390円

合　計　472,251円

(2) 貸倒見積高

500,000円－472,251円＝27,749円

〔問3〕破産更生債権等に対する貸倒見積高（財務内容評価法）

担保，債務保証などにより回収が確実とされる額を控除した残額を貸倒見積高とする。

600,000円－400,000円＝200,000円

問題3-5

(1) 売掛金（一般債権）

（単位：円）

（貸倒引当金）	400	（貸倒損失）	400

(2) 短期貸付金（一般債権）

（単位：円）

（貸倒引当金）	160	（貸倒損失）	160

(3) 短期貸付金（貸倒懸念債権）

（単位：円）

（貸倒引当金）	500	（貸倒損失）	1,000
（繰越利益剰余金）	500		

解答への道

(1) 売掛金（一般債権）

① 期中処理（誤った仕訳）

（単位：円）

（貸倒損失）	500	（売掛金）	500

② 正しい仕訳

貸倒引当金の設定額を取り崩し，不足額は当期の状況変化によるものなので当期の貸倒損失（P/L販売費及び一般管理費）とする。

（単位：円）

（貸倒引当金）	400	（売掛金）	500
（貸倒損失）	100		

③ 決算整理仕訳

（単位：円）

（貸倒引当金）	400	（貸倒損失）	400

(2) 短期貸付金（一般債権）

① 期中処理（誤った仕訳）

（単位：円）

（貸倒損失）	300	（短期貸付金）	300

② 正しい仕訳

貸倒引当金の設定額を取り崩し，不足額は当期の状況変化によるものなので当期の貸倒損失（P/L営業外費用）とする。

（単位：円）

（貸倒引当金）	160	（短期貸付金）	300
（貸倒損失）	140		

③ 決算整理仕訳

（単位：円）

（貸倒引当金）	160	（貸倒損失）	160

(3) 短期貸付金（貸倒懸念債権）

① 期中処理（誤った仕訳）

（単位：円）

（貸倒損失）	1,000	（短期貸付金）	1,000

② 正しい仕訳

貸倒引当金の設定額を取り崩し，不足額は前期の見積り誤りによるものなので修正再表示する。

（単位：円）

（貸倒引当金）	500	（短期貸付金）	1,000
（繰越利益剰余金）	500		

③ 決算整理仕訳

（単位：円）

（貸倒引当金）	500	（貸倒損失）	1,000
（繰越利益剰余金）	500		

問題3-6

損益計算書
自×2年4月1日　至×3年3月31日　(単位：千円)

⋮

Ⅲ　販売費及び一般管理費
　貸倒損失　(3,000)
⋮
Ⅴ　営業外費用
　貸倒損失　(4,000)

解答への道

1．売掛金に対する貸倒引当金

(1)　期中処理（誤った仕訳）

(単位：千円)

(貸倒損失)	4,400	(売掛金)	4,400

(2)　正しい仕訳

前期発生高1,400千円は貸倒引当金を取り崩して充当し，当期発生高は当期の貸倒損失（販売費及び一般管理費）とする。

(単位：千円)

(貸倒引当金)	1,400	(売掛金)	4,400
(貸倒損失)	3,000		

(3)　決算整理仕訳

(単位：千円)

(貸倒引当金)	1,400	(貸倒損失)	1,400

2．短期貸付金に対する貸倒損失

(単位：千円)

(貸倒損失)	4,000	(短期貸付金)	4,000

問題3-7

(A)　損益計算書（一部）および貸借対照表（一部）

損益計算書
自×1年4月1日　至×2年3月31日　(単位：円)

⋮

Ⅲ　販売費及び一般管理費
　(貸倒引当金繰入)　(3,150)
Ⅳ　営業外収益
　(受取利息)　(1,800)
　(償却債権取立益)　(500)
Ⅴ　営業外費用
　(貸倒引当金繰入)　(2,209)

貸借対照表
×2年3月31日現在　(単位：円)

Ⅰ　流動資産		
売掛金	(180,000)	
短期貸付金	(20,000)	
貸倒引当金	(△ 4,000)	
Ⅱ　固定資産		
⋮		
3．投資その他の資産		
長期貸付金	(20,000)	
貸倒引当金	(△ 1,859)	

(B)　翌期の仕訳

(単位：円)

(貸倒引当金)	907	(受取利息)	907

解答への道

(A) 当期の仕訳

(1) 前期貸倒債権の当期回収

① 期中仕訳（誤った仕訳）

（単位：円）

（現金預金）	500	（仮受金）	500

② 正しい仕訳

（単位：円）

（現金預金）	500	（償却債権取立益）	500

③ 決算整理仕訳

（単位：円）

（仮受金）	500	（償却債権取立益）	500

(2) 売掛金と短期貸付金（一般債権）に対する貸倒引当金の設定

（単位：円）

（貸倒引当金繰入）	3,500	（貸倒引当金）（＊）	3,500

（＊）(180,000円＋20,000円)×2％＝4,000円〈B/S貸倒引当金〉
4,000円－500円〈T/B〉＝3,500円〈正味の繰入額〉

$$\therefore\ 3{,}500円\times\frac{180{,}000円}{180{,}000円+20{,}000円}=3{,}150円〈販売費及び一般管理費〉$$

$$3{,}500円\times\frac{20{,}000円}{180{,}000円+20{,}000円}=350円〈営業外費用〉$$

(3) 長期貸付金（貸倒懸念債権）に対する貸倒引当金の繰入れ

（単位：円）

（貸倒引当金繰入）	1,859	（貸倒引当金）（＊）	1,859

（＊）20,000円÷1.05÷1.05≒18,141円〈見積キャッシュ・フローの割引現在価値〉
20,000円－18,141円＝1,859円〈貸倒見積高〉

(B) 長期貸付金に対する貸倒引当金の翌期の仕訳

（単位：円）

（貸倒引当金）（＊）	907	（受取利息）	907

（＊）20,000円÷1.05≒19,048円〈翌期末の見積キャッシュ・フローの割引現在価値〉
20,000円－19,048円＝952円〈翌期末の貸倒見積高〉
1,859円－952円＝907円〈貸倒見積高の減少〉

（注）貸倒見積高の減少は，時間の経過にともなう割引効果の実現としての性格を有しているため原則として「受取利息」として処理するが，例外として「貸倒引当金戻入」として処理することも認められる。

問題3-8

決算整理後残高試算表

×6年3月31日　（単位：円）

受取手形	(20,000)	貸倒引当金	(9,100)
売掛金	(240,000)	繰越利益剰余金	(60,000)
貸倒損失	(8,800)		
(貸倒引当金繰入)	(1,000)		

解答への道

1．過去の誤謬の訂正

過去の財務諸表における誤謬が発見された場合には，修正再表示する。修正再表示とは，過去の財務諸表における誤謬の訂正を財務諸表に反映することをいう。帳簿上は，当期よりも前の期間に関する修正再表示による累積的影響額を，当期首の資産，負債および純資産の額に反映させる。よって，本問の誤謬の内容が，前期末における貸倒引当金の設定不足であるため，当期首の貸倒引当金および繰越利益剰余金（前期の貸倒引当金繰入）の額を訂正する仕訳を行う。

なお，本問では，当社が当期中に貸倒引当金を一切取り崩していないことから，貸倒引当金の決算整理前残高10,000円は，訂正前の当期首残高を示していることがわかる。

（単位：円）

（繰越利益剰余金）（＊） 前期の貸倒引当金繰入	2,000	（貸倒引当金）	2,000

（＊）10,000円〈訂正前当期首残高〉÷2.5％×3％＝12,000円〈訂正後当期首残高〉
12,000円－10,000円＝2,000円〈訂正額〉

2．貸倒損失の修正

前期発生分の売掛金に対しては，前期末に貸倒引当金を設定しているため，当期中に貸し倒れたさいには，貸倒損失として処理するのではなく，貸倒引当金を取り崩す。

（単位：円）

（貸倒引当金）	3,900	（貸倒損失）	3,900

3．当期の貸倒引当金の設定

（単位：円）

（貸倒引当金繰入）（＊）	1,000	（貸倒引当金）	1,000

（＊）(20,000円〈受取手形〉＋240,000円〈売掛金〉)×3.5％＝9,100円〈設定額〉
9,100円－(12,000円－3,900円)＝1,000円〈繰入〉

問題3-9

決算整理後残高試算表

×6年3月31日　(単位：千円)

売掛金	(15,000)	貸倒引当金	(2,150)
長期貸付金	(18,500)		
貸倒引当金繰入額	(2,050)		
貸倒損失	(1,500)		

解答への道

1．売掛金（一般債権）～貸倒実績率法

(単位：千円)

(貸倒引当金繰入額)(＊)	50	(貸倒引当金)	50

(＊) 15,000千円×1％＝150千円〈設定額〉
150千円－100千円〈前T/B貸倒引当金〉＝50千円〈繰入額〉

2．長期貸付金（貸倒懸念債権）～キャッシュ・フロー見積法

(単位：千円)

(貸倒引当金繰入額)(＊)	2,000	(貸倒引当金)	2,000

(＊) 10,609千円÷1.03^2＝10,000千円〈割引現在価値〉
12,000千円－10,000千円＝2,000千円〈設定額＝繰入額〉

∴　後T/B貸倒引当金：150千円＋2,000千円＝2,150千円
後T/B貸倒引当金繰入額：50千円＋2,000千円＝2,050千円

3．長期貸付金（破産更生債権等）～財務内容評価法

答案用紙に「破産更生債権等」がないため，科目の振替えは行わない。また，貸倒見込額を債権金額から直接控除する場合には，「貸倒引当金繰入額」に代えて「貸倒損失」で処理する場合がある。なお，本問の場合，解答用紙に「貸倒損失」があるため，「貸倒引当金繰入額」に代えて「貸倒損失」で処理する。

(単位：千円)

(貸倒損失)(＊)	1,500	(長期貸付金)	1,500

(＊) 8,000千円〈債権額〉－6,500千円〈担保評価額〉＝1,500千円

∴　後T/B長期貸付金：20,000千円〈前T/B〉－1,500千円＝18,500千円

問題3-10

(A) 当期の損益計算書（一部）および貸借対照表（一部）

損益計算書

自×1年4月1日　至×2年3月31日　(単位：円)

⋮　⋮

Ⅲ　販売費及び一般管理費
　(貸倒引当金繰入)　(8,200)

⋮　⋮

Ⅴ　営業外費用
　(手形売却損)　(500)

貸借対照表

×2年3月31日現在　(単位：円)

Ⅰ 流動資産		Ⅰ 流動負債	
受取手形	(80,000)	(保証債務)	(400)
売掛金	(200,000)		
貸倒引当金	(△ 12,800)		

(B) 翌期の割引手形決済の仕訳

(単位：円)

(保証債務)	400	(保証債務取崩益)	400

解答への道

(A) 当期の仕訳

(1) 期中割引の修正

① 期中処理（誤った仕訳）

(単位：円)

(現金預金)	19,900	(仮受金)	19,900

② 正しい処理

(単位：円)

(現金預金)	19,900	(受取手形)	20,000
(手形売却損)(＊2)	500	(保証債務)(＊1)	400

(＊1) 20,000円×2％＝400円
(＊2) 100円〈割引料〉＋400円〈保証債務費用〉＝500円〈手形売却損〉

③ 決算整理仕訳

(単位：円)

(仮受金)	19,900	(受取手形)	20,000
(手形売却損)	500	(保証債務)	400

(2) 貸倒引当金の設定

① 貸倒懸念債権

(単位：円)

(貸倒引当金繰入)	7,500	(貸倒引当金)(＊)	7,500

(＊)(5,000円＋10,000円)×50％＝7,500円

② 一般債権

(単位：円)

(貸倒引当金繰入)(＊)	700	(貸倒引当金)	700

(＊)(100,000円－20,000円－5,000円＋200,000円－10,000円)×2％＝5,300円
　　　(100,000円－20,000円－5,000円：受取手形)(200,000円－10,000円：売掛金)

5,300円－4,600円＝700円

P/L貸倒引当金繰入：7,500円＋700円＝8,200円

問題3-11

(単位：千円)

(現金預金)	1,060	(リコース義務)	60
(買戻権)	45	(長期貸付金)	1,000
(回収サービス業務資産)	50	(債権売却益)	95

解答への道

1．譲渡資産の売却価額（譲渡価額）の計算

1,060千円〈譲渡した価額〉＋45千円〈買戻権の時価〉－60千円〈リコース義務の時価〉＝1,045千円〈譲渡価額〉

2．残存部分の原価の決定

	時価	簿価の按分額	
譲渡債権部分	1,045	950(＊1)	← 譲渡債権の売却原価
回収サービス業務資産部分	55	50(＊2)	
合計	1,100	1,000	

(＊1) $1,000千円 \times \frac{1,045千円}{1,100千円} = 950千円$

(＊2) $1,000千円 \times \frac{55千円}{1,100千円} = 50千円$

3．譲渡損益の計算

1,045千円〈譲渡価額〉－950千円〈譲渡債権の売却原価〉＝95千円〈譲渡益〉

問題3-12

「金融商品に関する会計基準　14」

受取手形，売掛金，貸付金その他の債権の貸借対照表価額は，［取得価額］から貸倒見積高に基づいて算定された［貸倒引当金］を控除した金額とする。ただし，債権を［債権金額］より低い価額又は高い価額で取得した場合において，［取得価額］と［債権金額］との差額の性格が［金利の調整］と認められるときは，［償却原価法］に基づいて算定された価額から貸倒見積高に基づいて算定された［貸倒引当金］を控除した金額としなければならない。

「企業会計原則注解【注17】」

貸倒引当金又は減価償却累計額は，その債権又は有形固定資産が属する［科目］ごとに［控除する］形式で表示することを原則とするが，次の方法によることも妨げない。

(1) 二以上の科目について，貸倒引当金又は減価償却累計額を［一括して］記載する方法

(2) 債権又は有形固定資産について，貸倒引当金又は減価償却累計額を［控除した残額］のみを記載し，当該貸倒引当金又は減価償却累計額を［注記］する方法

	○または×	理由
(1)	×	取得価額と債権金額との差額が金利の調整と認められるときは，償却原価法により算定された金額から貸倒引当金を控除した金額とする。
(2)	×	貸倒引当金を一括して記載する方法や，控除した残額のみを記載し注記する方法によることも認められる。
(3)	○	
(4)	×	償却原価法は，加算だけでなく減算する場合もある。

解答への道

(1) 受取手形，売掛金，貸付金その他の債権の貸借対照表価額は，取得価額から貸倒引当金を控除した額とするが，債権を債権金額よりも高い価額または低い価額で取得した場合において，その差額が金利の調整と認められるときには，償却原価法にもとづいて算定された金額（償却原価）から貸倒引当金を控除した金額としなければならない。

(2) 貸倒引当金は，その債権が属する科目ごとに控除する形式で表示すること（科目別間接控除方式）を原則とするが，一括して記載する方法（一括間接控除方式）や控除した残額を記載し注記する方法（直接控除注記方式）も認められる。

(3) 償却原価法の適用は，取得価額と債権金額との差額の性格が金利の調整と認められる場合に限られる。

(4) 償却原価法とは，取得価額と債権金額の差額に相当する金額を弁済期または償還期にいたるまで毎期一定の方法で取得価額に加減する方法をいう。

Theme 04 有価証券

問題4-1

損益計算書
自×2年4月1日　至×3年3月31日　（単位：円）

⋮	
Ⅳ　営業外収益	
（有価証券利息）	（　8,337）
⋮	
Ⅴ　営業外費用	
（有価証券運用損）	（　4,000）
（投資有価証券評価損）	（　10,200）
⋮	
Ⅶ　特別損失	
（子会社株式評価損）	（　117,800）
（投資有価証券評価損）	（　121,800）
⋮	
法人税等調整額	（△　3,060）

貸借対照表
×3年3月31日現在　（単位：円）

Ⅰ　流動資産		⋮	
⋮		Ⅱ　固定負債	
有価証券	（　328,000）	繰延税金負債	（　1,740）
⋮		⋮	
Ⅱ　固定資産		Ⅱ　評価・換算差額等	
⋮		1. その他有価証券評価差額金	（　11,200）
3．投資その他の資産		⋮	
投資有価証券	（　610,937）		
子会社株式	（　330,000）		

解答への道

1．A社株式（売買目的有価証券〈B/S 有価証券〉，時価法）

(1)　当期末の評価替え

（単位：円）

（有価証券）	8,000	（有価証券運用損益）（＊）	8,000

（＊）208,000円－200,000円＝8,000円〈評価益〉

2．B社株式（売買目的有価証券〈B/S 有価証券〉，時価法）

(1)　当期末の評価替え

（単位：円）

（有価証券運用損益）（＊）	12,000	（有価証券）	12,000

（＊）120,000円－132,000円＝△12,000円〈評価損〉

3．C社株式（その他有価証券〈B/S 投資有価証券〉，時価法，部分純資産直入法）

(1)　科目の振替え

（単位：円）

（投資有価証券）	192,000	（有価証券）	192,000

(2)　当期末の評価替え

（単位：円）

（投資有価証券）（＊1）	16,000	（繰延税金負債）（＊2）	4,800
		（その他有価証券評価差額金）（＊3）	11,200

（＊1）208,000円－192,000円＝16,000円〈評価益＝評価差額金〉
（＊2）16,000円×30%＝4,800円
（＊3）16,000円－4,800円＝11,200円

4．D社株式（その他有価証券〈B/S 投資有価証券〉，時価法，部分純資産直入法）

(1)　科目の振替え

（単位：円）

（投資有価証券）	197,200	（有価証券）	197,200

(2)　当期末の評価替え

（単位：円）

（投資有価証券評価損益）（＊1）	10,200	（投資有価証券）	10,200
（繰延税金資産）（＊2）	3,060	（法人税等調整額）	3,060

（＊1）187,000円－197,200円＝△10,200円〈評価損〉
（＊2）10,200円×30%＝3,060円

(3)　繰延税金資産と繰延税金負債の相殺

繰延税金資産と繰延税金負債は，表示区分ごとに相殺して貸借対照表に表示する。

（単位：円）

（繰延税金負債）	3,060	（繰延税金資産）	3,060

5．E社株式（子会社株式，原価法）

(1)　科目の振替え

（単位：円）

（子会社株式）	216,000	（有価証券）	216,000

6．F社株式（子会社株式，強制評価減）

⑴ 科目の振替え

（単位：円）

（子会社株式）	231,800	（有価証券）	231,800

⑵ 当期末の評価替え

（単位：円）

（子会社株式評価損）（＊）	117,800	（子会社株式）	117,800

（＊）114,000円－231,800円＝△117,800円〈評価損〉

7．G社株式（その他有価証券〈B/S 投資有価証券〉，実価法）

⑴ 科目の振替え

（単位：円）

（投資有価証券）	239,400	（有価証券）	239,400

⑵ 当期末の評価替え

（単位：円）

（投資有価証券評価損）（＊）	121,800	（投資有価証券）	121,800

（＊）784,000円×15％＝117,600円〈実質価額〉
117,600円－239,400円＝△121,800円〈評価損〉

8．H社社債（満期保有目的債券〈B/S 投資有価証券〉，償却原価法，利息法）

⑴ 科目の振替え

（単位：円）

（投資有価証券）	98,000	（有価証券）	98,000

⑵ 償却額の計上

（単位：円）

（投資有価証券）	337	（有価証券利息）（＊）	337

（＊）98,000円×8.5％×$\frac{6か月}{12か月}$＝4,165円〈利息配分額＝4月1日～9月30日〉

4,165円－100,000円×8％×$\frac{6か月}{12か月}$＝165円〈償却額＝4月1日～9月30日〉

(98,000円＋165円)×8.5％×$\frac{6か月}{12か月}$≒4,172円〈利息配分額＝10月1日～3月31日〉

4,172円－100,000円×8％×$\frac{6か月}{12か月}$＝172円〈償却額＝10月1日～3月31日〉

165円＋172円＝337円〈償却額合計〉

上記の仕訳を集計して，損益計算書および貸借対照表を作成する。なお，有価証券運用損益は，科目ごとに相殺した正味の金額で記載する。

問題4-2

決算整理後残高試算表

×2年3月31日　　（単位：千円）

売買目的有価証券	（ 150,000 ）	有価証券運用損益	（ 32,000 ）

解答への道

売買目的有価証券の処理方法は，切放方式と洗替方式の2つがあるが，いずれの場合も結果は同じになる。ここでは切放方式による場合を示す。

1．×1年4月1日（当期首）における仕訳

（単位：千円）

仕訳なし

2．×1年9月15日（購入時）における仕訳

（単位：千円）

（売買目的有価証券）（＊）	72,000	（現金預金）	72,000

（＊）@120千円×600株＝72,000千円
(90,000千円＋72,000千円)÷(1,000株＋600株)＝@101.25千円〈平均単価〉
162,000千円〈帳簿価額〉　1,600株〈保有株式数〉

3．×2年2月22日（売却時）における仕訳

（単位：千円）

（現金預金）（＊2）	44,000	（売買目的有価証券）（＊1）	40,500
		（有価証券運用損益）（＊3）	3,500

（＊1）@101.25千円〈平均単価〉×400株＝40,500千円
（＊2）@110千円〈売却単価〉×400株＝44,000千円
（＊3）貸借差額

4．×2年3月31日（当期末）における仕訳

（単位：千円）

（売買目的有価証券）（＊）	28,500	（有価証券運用損益）	28,500

（＊）(@125千円〈期末時価〉－@101.25千円〈平均単価〉)×(1,600株－400株)＝28,500千円

売買目的有価証券（単位：千円）

前期繰越	90,000	売却	40,500
購入	72,000	150,000	
期末評価替	28,500		

有価証券運用損益（単位：千円）

	32,000	売却益	3,500
		期末評価替	28,500

〔参考〕洗替方式による場合

1．×1年4月1日（当期首）における仕訳

（単位：千円）

（売買目的有価証券）（＊）	10,000	（有価証券運用損益）	10,000

（＊）@100千円×1,000株〈100,000千円〈取得原価〉〉−@90千円×1,000株〈90,000千円〈前期末時価〉〉＝10,000千円

2．×1年9月15日（購入時）における仕訳

（単位：千円）

（売買目的有価証券）（＊）	72,000	（現金預金）	72,000

（＊）@120千円×600株＝72,000千円
（100,000千円〈取得原価〉＋72,000千円）〈172,000千円〈帳簿価額〉〉÷（1,000株＋600株）〈1,600株〈保有株式数〉〉＝@107.5千円〈平均単価〉

3．×2年2月22日（売却時）における仕訳

（単位：千円）

（現金預金）（＊2）	44,000	（売買目的有価証券）（＊1）	43,000
		（有価証券運用損益）（＊3）	1,000

（＊1）@107.5千円〈平均単価〉×400株＝43,000千円
（＊2）@110千円〈売却単価〉×400株＝44,000千円
（＊3）貸借差額

4．×2年3月31日（当期末）における仕訳

（単位：千円）

（売買目的有価証券）（＊）	21,000	（有価証券運用損益）	21,000

（＊）（@125千円〈期末時価〉−@107.5千円〈平均単価〉）×（1,600株−400株）＝21,000千円

売買目的有価証券（単位：千円）

借方		貸方	
前期繰越	90,000	売却	43,000
期首評価替	10,000		
購入	72,000		
期末評価替	21,000		

（借方のうち期首評価替・購入・期末評価替の差引合計 150,000）

有価証券運用損益（単位：千円）

借方		貸方	
		期首評価替	10,000
		売却益	1,000
		期末評価替	21,000

（貸方合計 32,000）

問題4-3

決算整理後残高試算表
×2年3月31日　（単位：円）

有価証券	（90,000）	有価証券運用損益	（20,000）

解答への道

(1) 売却時の処理
総記法で処理しているため，売却額で有価証券勘定を減額する。

（単位：円）

（仮受金）	30,000	（有価証券）	30,000

(2) 決算時の処理
有価証券の帳簿価額（修正後）が，期末の時価になるように差額で有価証券運用損益を計上する。

（単位：円）

（有価証券）（＊）	20,000	（有価証券運用損益）	20,000

（＊）100,000円〈前T/B〉−30,000円＝70,000円〈修正後の帳簿価額〉
90,000円〈時価〉−70,000円＝20,000円〈運用益〉

問題4-4

(1) 定額法を採用した場合

決算整理後残高試算表
×2年3月31日　（単位：千円）

満期保有目的債券	（9,790）	有価証券利息	（390）
（未収収益）	（50）		

(2) 利息法を採用した場合

決算整理後残高試算表
×2年3月31日　（単位：千円）

満期保有目的債券	（9,789）	有価証券利息	（389）
（未収収益）	（50）		

解答への道

1．定額法を採用した場合

(1) 社債取得時

端数利息を社債の購入時に支払っているので注意する。

（単位：千円）

（満期保有目的債券）（＊1）	9,700	（現　金　預　金）	9,750
（有価証券利息）（＊2）	50		

（＊1）10,000千円〈額面金額〉×$\frac{@97円}{@100円}$＝9,700千円〈取得原価〉

（＊2）10,000千円〈額面金額〉×3％×$\frac{2か月}{12か月}$＝50千円〈端数利息〉

(2) クーポン利息

① 7月31日

取得後の経過月数は4か月だが，クーポン利息の受取額は半年分になるので注意する。

取得時の端数利息と相殺すれば，4か月分の有価証券利息となる。

（単位：千円）

（現　金　預　金）（＊3）	150	（有価証券利息）	150

（＊3）10,000千円〈額面金額〉×3％×$\frac{6か月}{12か月}$＝150千円〈クーポン利息〉

② 1月31日

（単位：千円）

（現　金　預　金）（＊4）	150	（有価証券利息）	150

（＊4）10,000千円〈額面金額〉×3％×$\frac{6か月}{12か月}$＝150千円〈クーポン利息〉

③ 3月31日

2月分，3月分の利息を未収収益として計上する。

（単位：千円）

（未　収　収　益）（＊5）	50	（有価証券利息）	50

（＊5）10,000千円〈額面金額〉×3％×$\frac{2か月}{12か月}$＝50千円〈未収収益〉

(3) 償却原価法（定額法）

（単位：千円）

（満期保有目的債券）（＊6）	90	（有価証券利息）	90

（＊6）（10,000千円〈額面金額〉－9,700千円〈取得原価〉）×$\frac{12か月}{40か月}$＝90千円〈定額法による償却額〉

2．利息法を採用した場合

(1) 社債取得時

（単位：千円）

（満期保有目的債券）（＊1）	9,700	（現　金　預　金）	9,750
（有価証券利息）（＊2）	50		

（＊1）10,000千円〈額面金額〉×$\frac{@97円}{@100円}$＝9,700千円〈取得原価〉

（＊2）10,000千円〈額面金額〉×3％×$\frac{2か月}{12か月}$＝50千円〈端数利息〉

(2) クーポン利息および償却原価法（利息法）

① 7月31日

取得後の経過月数は4か月だが，クーポン利息の受取額は半年分になる。しかし，取得時の端数利息と相殺すれば4か月分の有価証券利息が計上される。また，償却原価の金額は利息法の場合，4か月分を計算するので注意する。

（単位：千円）

（現　金　預　金）（＊3）	150	（有価証券利息）	150
（満期保有目的債券）（＊4）	29	（有価証券利息）	29

（＊3）10,000千円〈額面金額〉×3％×$\frac{6か月}{12か月}$＝150千円〈クーポン利息〉

（＊4）10,000千円〈額面金額〉×3％×$\frac{4か月}{12か月}$＝100千円〈4か月分のクーポン利息〉

9,700千円〈取得原価〉×4％×$\frac{6か月}{12か月}$×$\frac{4か月}{6か月}$≒129千円

129千円－100千円＝29千円〈償却額〉

② 1月31日

（単位：千円）

（現　金　預　金）（＊5）	150	（有価証券利息）	150
（満期保有目的債券）（＊6）	45	（有価証券利息）	45

（＊5）10,000千円〈額面金額〉×3％×$\frac{6か月}{12か月}$＝150千円〈クーポン利息〉

（＊6）（9,700千円〈取得原価〉＋29千円）×4％×$\frac{6か月}{12か月}$≒195千円

195千円－150千円＝45千円〈償却額〉

③ 3月31日

2月分，3月分の利息を未収収益として計上する。

（単位：千円）

（未　収　収　益）（＊7）	50	（有価証券利息）	50
（満期保有目的債券）（＊8）	15	（有価証券利息）	15

（＊7）10,000千円〈額面金額〉×3％×$\frac{2か月}{12か月}$＝50千円〈未収収益〉

（＊8）（9,700千円〈取得原価〉＋29千円＋45千円）×4％×$\frac{6か月}{12か月}$×$\frac{2か月}{6か月}$≒65千円

65千円－50千円＝15千円〈償却額〉

問題4-5

(1) 全部純資産直入法を採用した場合

① ×1年９月30日

(単位：千円)

(その他有価証券)	200,000	(現金預金)	200,000

② ×1年12月31日

(単位：千円)

(その他有価証券)	100,000	(現金預金)	100,000

③ ×2年３月31日

(単位：千円)

(その他有価証券)	20,000	(繰延税金負債)	6,000
		(その他有価証券評価差額金)	14,000
(繰延税金資産)	1,500	(その他有価証券)	5,000
(その他有価証券評価差額金)	3,500		

④ ×2年４月１日（前期末の振替仕訳）

(単位：千円)

(繰延税金負債)	6,000	(その他有価証券)	20,000
(その他有価証券評価差額金)	14,000		
(その他有価証券)	5,000	(繰延税金資産)	1,500
		(その他有価証券評価差額金)	3,500

⑤ ×3年３月31日

(単位：千円)

(その他有価証券)	50,000	(繰延税金負債)	15,000
		(その他有価証券評価差額金)	35,000
(繰延税金資産)	3,900	(その他有価証券)	13,000
(その他有価証券評価差額金)	9,100		

損益計算書

自×2年４月１日　至×3年３月31日（単位：千円）

⋮

Ⅴ 営業外費用

(——) (——)

⋮

法人税等調整額 (——)

貸借対照表

×3年３月31日現在　(単位：千円)

⋮		⋮	
Ⅱ 固定資産		Ⅱ 固定負債	
⋮		繰延税金負債	(11,100)
3．投資その他の資産		⋮	
投資有価証券	(337,000)	Ⅱ 評価・換算差額等	
		1. その他有価証券評価差額金	(25,900)

(2) 部分純資産直入法を採用した場合

① ×1年９月30日

(単位：千円)

(その他有価証券)	200,000	(現金預金)	200,000

② ×1年12月31日

(単位：千円)

(その他有価証券)	100,000	(現金預金)	100,000

③ ×2年３月31日

(単位：千円)

(その他有価証券)	20,000	(繰延税金負債)	6,000
		(その他有価証券評価差額金)	14,000
(その他有価証券評価損益)	5,000	(その他有価証券)	5,000
(繰延税金資産)	1,500	(法人税等調整額)	1,500

④ ×2年４月１日（前期末の振替仕訳）

(単位：千円)

(繰延税金負債)	6,000	(その他有価証券)	20,000
(その他有価証券評価差額金)	14,000		
(その他有価証券)	5,000	(その他有価証券評価損益)	5,000
(法人税等調整額)	1,500	(繰延税金資産)	1,500

⑤ ×3年３月31日

(単位：千円)

(その他有価証券)	50,000	(繰延税金負債)	15,000
		(その他有価証券評価差額金)	35,000
(その他有価証券評価損益)	13,000	(その他有価証券)	13,000
(繰延税金資産)	3,900	(法人税等調整額)	3,900

損 益 計 算 書

自×2年4月1日　至×3年3月31日（単位：千円）

⋮

Ⅴ 営 業 外 費 用

（その他有価証券評価損）　（　8,000）

⋮

法人税等調整額　（△ 2,400）

貸 借 対 照 表

×3年3月31日現在　（単位：千円）

⋮		⋮	
Ⅱ 固 定 資 産		Ⅱ 固 定 負 債	
⋮		繰延税金負債	（　11,100）
3．投資その他の資産		⋮	
投資有価証券	（　337,000）	Ⅱ 評価・換算差額等	
		1．その他有価証券評価差額金	（　35,000）

解答への道

1．全部純資産直入法を採用した場合

① ×1年9月30日

（単位：千円）

（その他有価証券）	200,000	（現　金　預　金）	200,000

② ×1年12月31日

（単位：千円）

（その他有価証券）	100,000	（現　金　預　金）	100,000

③ ×2年3月31日

全部純資産直入法の場合は，評価益，評価損ともに「その他有価証券評価差額金」勘定で処理する。

（単位：千円）

（その他有価証券）（＊1）	20,000	（繰延税金負債）（＊2）	6,000
		（その他有価証券評価差額金）（＊3）	14,000
（繰延税金資産）（＊5）	1,500	（その他有価証券）（＊4）	5,000
（その他有価証券評価差額金）（＊6）	3,500		

（＊1）220,000千円〈A社株式時価〉－200,000千円〈A社株式取得原価〉＝20,000千円〈評価益〉
（＊2）20,000千円×30％＝6,000千円
（＊3）20,000千円－6,000千円＝14,000千円
（＊4）95,000千円〈B社株式時価〉－100,000千円〈B社株式取得原価〉＝△5,000千円〈評価損〉
（＊5）5,000千円×30％＝1,500千円
（＊6）5,000千円－1,500千円＝3,500千円

決算整理後残高試算表

×2年3月31日　（単位：千円）

その他有価証券	315,000	繰延税金負債	6,000
繰延税金資産	1,500	その他有価証券評価差額金	10,500

④ ×2年4月1日（前期末の振替仕訳）

期 首 試 算 表

×2年4月1日　（単位：千円）

その他有価証券	315,000	繰延税金負債	6,000
繰延税金資産	1,500	その他有価証券評価差額金	10,500

その他有価証券は洗替法によるので，期首において振替仕訳を行う。

（単位：千円）

（繰延税金負債）	6,000	（その他有価証券）	20,000
（その他有価証券評価差額金）	14,000		
（その他有価証券）	5,000	（繰延税金資産）	1,500
		（その他有価証券評価差額金）	3,500

⑤ ×3年3月31日

決算整理前残高試算表

×3年3月31日　（単位：千円）

その他有価証券	300,000		

（単位：千円）

（その他有価証券）（＊7）	50,000	（繰延税金負債）（＊8）	15,000
		（その他有価証券評価差額金）（＊9）	35,000
（繰延税金資産）（＊11）	3,900	（その他有価証券）（＊10）	13,000
（その他有価証券評価差額金）（＊12）	9,100		

（＊7）250,000千円〈A社株式時価〉－200,000千円〈A社株式取得原価〉＝50,000千円〈評価益〉
（＊8）50,000千円×30％＝15,000千円
（＊9）50,000千円－15,000千円＝35,000千円
（＊10）87,000千円〈B社株式時価〉－100,000千円〈B社株式取得原価〉＝△13,000千円〈評価損〉
（＊11）13,000千円×30％＝3,900千円
（＊12）13,000千円－3,900千円＝9,100千円

その他有価証券評価差額金（A社株式）

期首振戻	14,000	前期繰越	14,000
	35,000	期末評価替	35,000

その他有価証券評価差額金（B社株式）

前期繰越	3,500	期首振戻	3,500
期末評価替	9,100		9,100

決算整理後残高試算表

×3年3月31日現在　（単位：千円）

その他有価証券	337,000	繰延税金負債	15,000
繰延税金資産	3,900	その他有価証券評価差額金	25,900

⑥ 繰延税金資産と繰延税金負債の相殺

繰延税金資産と繰延税金負債は，表示区分ごとに相殺して貸借対照表に表示する。

（単位：千円）

（繰延税金負債）	3,900	（繰延税金資産）	3,900

2．部分純資産直入法を採用した場合

① ×1年９月30日

（単位：千円）

（その他有価証券）	200,000	（現金預金）	200,000

② ×1年12月31日

（単位：千円）

（その他有価証券）	100,000	（現金預金）	100,000

③ ×2年３月31日

部分純資産直入法の場合は，評価益の場合は「その他有価証券評価差額金」勘定で処理し，評価損の場合は「その他有価証券評価損益」勘定で処理する。

（単位：千円）

（その他有価証券）（＊１）	20,000	（繰延税金負債）（＊２）	6,000
		（その他有価証券評価差額金）（＊３）	14,000
（その他有価証券評価損益）（＊４）	5,000	（その他有価証券）	5,000
（繰延税金資産）（＊５）	1,500	（法人税等調整額）	1,500

（＊１）220,000千円〈A社株式時価〉－200,000千円〈A社株式取得原価〉＝20,000千円〈評価益〉
（＊２）20,000千円×30％＝6,000千円
（＊３）20,000千円－6,000千円＝14,000千円
（＊４）95,000千円〈B社株式時価〉－100,000千円〈B社株式取得原価〉＝△5,000千円〈評価損〉
（＊５）5,000千円×30％＝1,500千円

決算整理後残高試算表
×2年３月31日　（単位：千円）

その他有価証券	315,000	繰延税金負債	6,000
繰延税金資産	1,500	その他有価証券評価差額金	14,000
その他有価証券評価損益	5,000	法人税等調整額	1,500

④ ×2年４月１日（前期末の振替仕訳）

期首試算表
×2年４月１日　（単位：千円）

その他有価証券	315,000	繰延税金負債	6,000
繰延税金資産	1,500	その他有価証券評価差額金	14,000

その他有価証券は洗替法によるので，期首において振替仕訳を行う。

（単位：千円）

（繰延税金負債）	6,000	（その他有価証券）	20,000
（その他有価証券評価差額金）	14,000		
（その他有価証券）	5,000	（その他有価証券評価損益）	5,000
（法人税等調整額）	1,500	（繰延税金資産）	1,500

⑤ ×3年３月31日

決算整理前残高試算表
×3年３月31日　（単位：千円）

その他有価証券	300,000	その他有価証券評価損益	5,000
法人税等調整額	1,500		

（単位：千円）

（その他有価証券）（＊６）	50,000	（繰延税金負債）（＊７）	15,000
		（その他有価証券評価差額金）（＊８）	35,000
（その他有価証券評価損益）（＊９）	13,000	（その他有価証券）	13,000
（繰延税金資産）（＊10）	3,900	（法人税等調整額）	3,900

（＊６）250,000千円〈A社株式時価〉－200,000千円〈A社株式取得原価〉＝50,000千円〈評価益〉
（＊７）50,000千円×30％＝15,000千円
（＊８）50,000千円－15,000千円＝35,000千円
（＊９）87,000千円〈B社株式時価〉－100,000千円〈B社株式取得原価〉＝△13,000千円〈評価損〉
（＊10）13,000千円×30％＝3,900千円

その他有価証券評価差額金（A社株式）

期首振戻	14,000	前期繰越	14,000
	35,000	期末評価替	35,000

その他有価証券評価損益（B社株式）

期末評価替	13,000	期首振戻	5,000
			8,000

決算整理後残高試算表
×3年３月31日現在　（単位：千円）

その他有価証券	337,000	繰延税金負債	15,000
繰延税金資産	3,900	その他有価証券評価差額金	35,000
その他有価証券評価損益	8,000	法人税等調整額	2,400

⑥ 繰延税金資産と繰延税金負債の相殺

繰延税金資産と繰延税金負債は，表示区分ごとに相殺して貸借対照表に表示する。

（単位：千円）

（繰延税金負債）	3,900	（繰延税金資産）	3,900

問題4-6

決算整理後残高試算表

×6年3月31日　(単位：千円)

その他有価証券	(12,080)	繰延税金負債	(60)
		その他有価証券評価差額金	(140)
		有価証券利息	(360)
		その他有価証券売却益	(4,800)

解答への道

1．A社株式（その他有価証券）

(1) 再振替仕訳

(単位：千円)

(繰延税金負債)(＊2)	1,800	(その他有価証券)(＊1)	6,000
(その他有価証券評価差額金)(＊3)	4,200		

(＊1) 36,000千円〈前期末時価〉－30,000千円〈取得原価〉＝6,000千円〈前期評価差益〉
(＊2) 6,000千円×30％＝1,800千円
(＊3) 6,000千円－1,800千円＝4,200千円

(2) 売却時の修正

(単位：千円)

(仮受金)	34,800	(その他有価証券)	30,000
		(その他有価証券売却益)(＊)	4,800

(＊) 34,800千円－30,000千円＝4,800千円〈売却益〉

2．B社社債（その他有価証券）

(1) 再振替仕訳

(単位：千円)

(繰延税金負債)(＊2)	90	(その他有価証券)(＊1)	300
(その他有価証券評価差額金)(＊3)	210		

(＊1) (12,000千円－11,520千円)÷4年＝120千円〈毎期の償却額〉
11,520千円＋120千円×2年＝11,760千円〈前期末償却原価〉
12,060千円〈前期末時価〉－11,760千円＝300千円〈前期評価差益〉
(＊2) 300千円×30％＝90千円
(＊3) 300千円－90千円＝210千円

(2) 償却原価法の適用

(単位：千円)

(その他有価証券)	120	(有価証券利息)	120

∴ 後T/B有価証券利息：240千円〈前T/B〉＋120千円＝360千円

(3) 期末評価（時価が高いため純資産直入）

(単位：千円)

(その他有価証券)(＊1)	200	(繰延税金負債)(＊2)	60
		(その他有価証券評価差額金)(＊3)	140

(＊1) 11,760千円〈前期末償却原価〉＋120千円＝11,880千円〈当期末償却原価〉
12,080千円〈当期末時価〉－11,880千円＝200千円〈当期評価差益〉
(＊2) 200千円×30％＝60千円
(＊3) 200千円－60千円＝140千円

問題4-7

決算整理後残高試算表

×6年3月31日　　(単位：千円)

投資有価証券	(46,000)	繰延税金負債	(1,380)
		その他有価証券評価差額金	(3,220)
		投資有価証券売却益	(8,840)

解答への道

1．再振替仕訳

(単位：千円)

(繰延税金負債)	1,800	(投資有価証券)(＊)	6,000
(その他有価証券評価差額金)	4,200		

(＊) 1,800千円＋4,200千円＝6,000千円

2．売却益の修正

本来期首に行うべき再振替仕訳が未処理であったため，再振替前の高い帳簿価額により売却益が計算されている。よって，売却益を修正する。

(単位：千円)

(投資有価証券)(＊)	3,000	(投資有価証券売却益)	3,000

(＊) 6,000千円÷2＝3,000千円

∴　後T/B投資有価証券売却益：5,840千円〈前T/B〉＋3,000千円＝8,840千円

3．期末評価（時価が高いため純資産直入）

(単位：千円)

(投資有価証券)(＊1)	4,600	(繰延税金負債)(＊2)	1,380
		(その他有価証券評価差額金)(＊3)	3,220

(＊1) 44,400千円〈前T/B〉－6,000千円＋3,000千円＝41,400千円〈期末原価〉
46,000千円〈期末時価〉－41,400千円＝4,600千円〈評価差益〉
(＊2) 4,600千円×30%＝1,380千円
(＊3) 4,600千円－1,380千円＝3,220千円

問題4-8

損益計算書

自×2年4月1日　至×3年3月31日　　(単位：円)

⋮	
Ⅳ 営業外収益	
(有価証券利息)	(2,083)
⋮	
Ⅴ 営業外費用	
(有価証券運用損)	(4,000)
(その他有価証券評価損)	(6,800)
⋮	
Ⅶ 特別損失	
(子会社株式評価損)	(117,800)
(関連会社株式評価損)	(121,800)
⋮	
法人税等調整額	(△ 2,040)

貸借対照表

×3年3月31日現在　　(単位：円)

Ⅰ 流動資産		⋮	
売買目的有価証券	(208,000)	Ⅱ 固定負債	
未収収益	(2,000)	繰延税金負債	(1,740)
Ⅱ 固定資産		⋮	
⋮		Ⅱ 評価・換算差額等	
3．投資その他の資産		1．その他有価証券評価差額金	(11,200)
子会社株式	(114,000)	⋮	
関連会社株式	(117,600)		
満期保有目的債券	(98,083)		
その他有価証券	(395,000)		

解答への道

1．A社株式（売買目的有価証券，時価法，洗替方式）

(1) 科目の振替え

(単位：円)

(売買目的有価証券)	212,000	(有価証券)	212,000

(2) 前期末評価損益の再振替

(単位：円)

(有価証券運用損益)(＊)	12,000	(売買目的有価証券)	12,000

(＊) 212,000円－200,000円＝12,000円〈評価益〉

(3) 当期末の評価替え

(単位：円)

(売買目的有価証券)	8,000	(有価証券運用損益)(＊)	8,000

(＊) 208,000円－200,000円＝8,000円〈評価益〉

2．B社株式（その他有価証券，時価法，部分純資産直入法，洗替方式）

(1) 科目の振替え

(単位：円)

(その他有価証券)	198,400	(有価証券)	198,400

(2) 前期末評価差額金の再振替

(単位：円)

(繰延税金負債)(＊2)	1,920	(その他有価証券)(＊1)	6,400
(その他有価証券評価差額金)(＊3)	4,480		

(＊1) 198,400円－192,000円＝6,400円〈評価益＝評価差額金〉
(＊2) 6,400円×30%＝1,920円
(＊3) 6,400円－1,920円＝4,480円

(3) 当期末の評価替え

(単位：円)

(その他有価証券)(＊1)	16,000	(繰延税金負債)(＊2)	4,800
		(その他有価証券評価差額金)(＊3)	11,200

(＊1) 208,000円－192,000円＝16,000円〈評価益＝評価差額金〉
(＊2) 16,000円×30%＝4,800円
(＊3) 16,000円－4,800円＝11,200円

3．C社株式（その他有価証券，時価法，部分純資産直入法，洗替方式）

(1) 科目の振替え

(単位：円)

(その他有価証券)	193,800	(有価証券)	193,800

(2) 前期末評価損益の再振替

(単位：円)

(その他有価証券)(＊1)	3,400	(その他有価証券評価損益)	3,400
(法人税等調整額)(＊2)	1,020	(繰延税金資産)	1,020

(＊1) 193,800円－197,200円＝△3,400円〈評価損〉
(＊2) 3,400円×30%＝1,020円

(3) 当期末の評価替え

(単位：円)

(その他有価証券評価損益)(＊1)	10,200	(その他有価証券)	10,200
(繰延税金資産)(＊2)	3,060	(法人税等調整額)	3,060

(＊1) 187,000円－197,200円＝△10,200円〈評価損〉
(＊2) 10,200円×30%＝3,060円

4．D社株式（子会社株式，強制評価減）

(1) 科目の振替え

(単位：円)

(子会社株式)	231,800	(有価証券)	231,800

(2) 当期末の評価替え

(単位：円)

(子会社株式評価損)(＊)	117,800	(子会社株式)	117,800

(＊) 114,000円－231,800円＝△117,800円〈評価損〉

5．E社株式（関連会社株式，実価法）

(1) 科目の振替え

(単位：円)

(関連会社株式)	239,400	(有価証券)	239,400

(2) 当期末の評価替え

(単位：円)

(関連会社株式評価損)(＊)	121,800	(関連会社株式)	121,800

(＊) 588,000円×20%＝117,600円〈実質価額〉
117,600円－239,400円＝△121,800円〈評価損〉

6．F社社債（満期保有目的債券，償却原価法，利息法）

(1) 科目の振替え

(単位：円)

(満期保有目的債券)	98,000	(有価証券)	98,000

(2) 未収収益の計上（利払日≠決算日のため）

(単位：円)

(未収収益)(＊)	2,000	(有価証券利息)	2,000

(＊) 100,000円×8％×$\frac{3か月}{12か月}$＝2,000円〈1月1日～3月31日〉

(3) 償却額の計上

(単位：円)

(満期保有目的債券)	83	(有価証券利息)(＊)	83

(＊) 98,000円×8.5%×$\frac{3か月}{12か月}$≒2,083円〈利息配分額＝1月1日～3月31日〉

2,083円－2,000円＝83円〈償却額＝1月1日～3月31日〉

上記の仕訳を集計して，損益計算書および貸借対照表を作成する。なお，評価損益は，科目ごとに相殺した正味の金額で記載する。

問題4-9

(1) 売買目的有価証券		1,022,000	円
(2) その他有価証券		1,010,000	円
(3) 満期保有目的債券		96,228	円
(4) 子会社株式		270,000	円
(5) その他有価証券評価差額金	（ 借 または ㊢ ）	308,000	円

解答への道

1．売買目的有価証券（時価評価）

A社株式　@1,900円×500株＝　950,000円
B社株式　@　360円×200株＝　72,000円
1,022,000円

（単位：円）

（売買目的有価証券）(＊)	342,000	（有価証券運用損益）	342,000

（＊）1,022,000円〈時価〉－(@1,200円×500株＋@400円×200株)〈簿価〉＝342,000円

2．その他有価証券（時価評価・全部純資産直入法）

C社株式　@1,700円×400株＝　680,000円
D社株式　@1,100円×300株＝　330,000円
1,010,000円

(1)　C社株式の仕訳

（単位：円）

（その他有価証券）(＊1)	440,000	（繰延税金負債）(＊2)	132,000
		（その他有価証券評価差額金）(＊3)	308,000

（＊1）(@1,700円〈時価〉－@600円〈簿価〉)×400株＝440,000円
（＊2）440,000円×30%〈実効税率〉＝132,000円
（＊3）440,000円－132,000円＝308,000円

(2)　D社株式の仕訳

D社株式は強制評価減を適用するため，「その他有価証券評価差額金」は計上せずに，「その他有価証券評価損」（P/L特別損失）を計上する。

（単位：円）

（その他有価証券評価損）(＊)	540,000	（その他有価証券）	540,000

（＊）(@1,100円〈時価〉－@2,900円〈簿価〉)×300株＝△540,000円

3．満期保有目的債券（償却原価法・利息法）

本問ではE社社債の簿価が不明のため，将来キャッシュ・フローを実効利子率4％で割り引いた現在価値により，償却原価（B/S価額）を計算する。

@1,000円×100口＝100,000円〈額面金額〉
100,000円×2％＝2,000円〈クーポン利息〉

×6年3月31日：2,000円÷1.04≒　1,923円
×7年3月31日：(100,000円＋2,000円)÷1.04^2≒　94,305円
96,228円

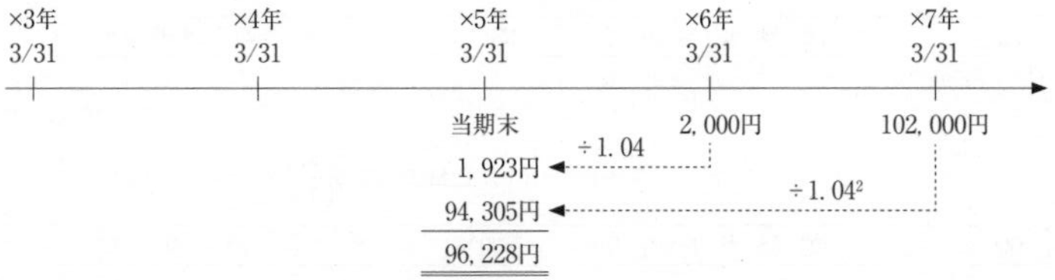

【参　考】

前期末の簿価まで戻って当期の仕訳を示すと，以下のとおりである。

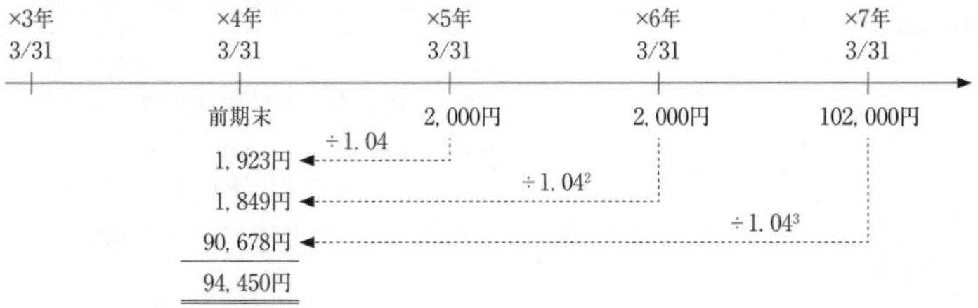

(1)　利払日（×5年3月31日）

（単位：円）

（現金預金）(＊)	2,000	（有価証券利息）	2,000

（＊）100,000円×2％＝2,000円

(2)　決算日（×5年3月31日）～償却原価法

（単位：円）

（満期保有目的債券）(＊)	1,778	（有価証券利息）	1,778

（＊）94,450円〈前期末簿価〉×4％〈実効利子率〉－2,000円〈クーポン利息〉＝1,778円〈当期償却額〉

4．子会社株式（取得原価で評価）

@1,800円〈簿価〉×150株＝270,000円

（単位：円）

仕　訳　な　し

問題4-10

1．売買目的有価証券からその他有価証券への変更

(単位：円)

(売買目的有価証券)	2,000	(有価証券運用損益)	2,000
(その他有価証券)	22,000	(売買目的有価証券)	22,000

2．満期保有目的債券からその他有価証券への変更

(単位：円)

(満期保有目的債券)	200	(有価証券利息)	200
(その他有価証券)	19,400	(満期保有目的債券)	19,400

3．子会社株式からその他有価証券への変更

(単位：円)

(現金)	55,000	(子会社株式)	50,000
		(子会社株式売却益)	5,000
(その他有価証券)	10,000	(子会社株式)	10,000

4．その他有価証券から売買目的有価証券への変更

(単位：円)

(その他有価証券)	3,000	(その他有価証券評価損益)	3,000
(売買目的有価証券)	23,000	(その他有価証券)	23,000

5．その他有価証券から子会社株式への変更

(1) 全部純資産直入法の場合

(単位：円)

(子会社株式)	60,000	(現金)	60,000
(子会社株式)	20,000	(その他有価証券)	20,000

(2) 部分純資産直入法の場合

(単位：円)

(子会社株式)	60,000	(現金)	60,000
(その他有価証券評価損益)	2,000	(その他有価証券)	2,000
(子会社株式)	18,000	(その他有価証券)	18,000

問題4-11

(A) 約定日基準

(1) 買手側（A社）

(単位：円)

①	(売買目的有価証券)	10,000	(未払金)	10,000
②	(売買目的有価証券)	2,000	(有価証券評価損益)	2,000
③	(有価証券評価損益)	2,000	(売買目的有価証券)	2,000
④	(未払金)	10,000	(現金預金)	10,000

(2) 売手側（B社）

(単位：円)

①	(未収入金)	10,000	(売買目的有価証券)	9,000
			(有価証券売却損益)	1,000
②		仕訳	なし	
③		仕訳	なし	
④	(現金預金)	10,000	(未収入金)	10,000

(B) 修正受渡日基準

(1) 買手側（A社）

(単位：円)

①		仕訳	なし	
②	(売買目的有価証券)	2,000	(有価証券評価損益)	2,000
③	(有価証券評価損益)	2,000	(売買目的有価証券)	2,000
④	(売買目的有価証券)	10,000	(現金預金)	10,000

(2) 売手側（B社）

(単位：円)

①	(売買目的有価証券)	1,000	(有価証券売却損益)	1,000
②		仕訳	なし	
③		仕訳	なし	
④	(現金預金)	10,000	(売買目的有価証券)	10,000

(注) 仕訳が不要の場合には，「仕訳なし」と記入すること。

解答への道

(A) 約定日基準

約定日基準では，約定日に買手であるA社は有価証券の発生を認識し，売手であるB社は有価証券の消滅を認識する。

(B) 修正受渡日基準（例外法）

修正受渡日基準では，買手であるA社は約定日から受渡日までの時価の変動のみを認識し，売手であるB社は約定日に売却損益のみを認識する。

問題4-12

「金融商品に関する会計基準 Ⅳ」一部抜粋

2　有価証券

(1)　売買目的有価証券

15. 時価の変動により利益を得ることを目的として保有する有価証券（以下,「売買目的有価証券」という。）は, 時価 をもって貸借対照表価額とし, 評価差額は 当期の損益 として処理する。

(2)　満期保有目的の債券

16. 満期まで所有する意図をもって保有する社債その他の債券（以下,「満期保有目的の債券」という。）は, 取得原価 をもって貸借対照表価額とする。ただし, 債券を債券金額より低い価額又は高い価額で取得した場合において, 取得価額と債券金額との差額の性格が 金利の調整 と認められるときは, 償却原価法 に基づいて算定された価額をもって貸借対照表価額としなければならない。

(3)　子会社株式及び関連会社株式

17. 子会社株式及び関連会社株式は, 取得原価 をもって貸借対照表価額とする。

(4)　その他有価証券

18. 売買目的有価証券, 満期保有目的の債券, 子会社株式及び関連会社株式以外の有価証券（以下,「その他有価証券」という。）は, 時価 をもって貸借対照表価額とし, 評価差額は 洗い替え方式 に基づき, 次のいずれかの方法により処理する。

(1)　評価差額の合計額を純資産の部に計上する。

(2)　時価が取得原価を上回る銘柄に係る評価差額は純資産の部に計上し, 時価が取得原価を下回る銘柄に係る評価差額は 当期の損失 として処理する。

　なお, 純資産の部に計上されるその他有価証券の評価差額については, 税効果会計を適用しなければならない。

(5)　市場価格のない株式等の取扱い

19. 市場価格のない株式は, 取得原価をもって貸借対照表価額とする。市場価格のない株式とは, 市場において取引されていない株式とする。また, 出資金など株式と同様に持分の請求権を生じさせるものは, 同様の取扱いとする。これらを合わせて「市場価格のない株式等」という。

(6)　時価が著しく下落した場合

20. 満期保有目的の債券, 子会社株式及び関連会社株式並びにその他有価証券のうち, 市場価格のない株式等以外のものについて時価が 著しく下落 したときは, 回復する見込 があると認められる場合を除き, 時価 をもって貸借対照表価額とし, 評価差額は 当期の損失 として処理しなければならない。

21. 市場価格のない株式等については, 発行会社の財政状態の悪化により 実質価額 が著しく低下したときは, 相当の減額 をなし, 評価差額は 当期の損失 として処理しなければならない。

22. 第20項及び第21項の場合には, 当該時価及び実質価額を翌期首の取得原価とする。

(7)　有価証券の表示区分

23. 売買目的有価証券及び一年内に満期の到来する社債その他の債券は 流動資産 に属するものとし, それ以外の有価証券は 投資その他の資産 に属するものとする。

	○または×	理　由
(1)	×	有価証券の取得原価は, 平均原価法により算定され, 個別法, 先入先出法は適用されない。
(2)	○	
(3)	×	その他有価証券の評価差額は, 全部純資産直入法または部分純資産直入法により処理される。
(4)	×	子会社株式および関連会社株式は, 取得原価をもって貸借対照表価額とする。
(5)	×	取得価額と債券金額との差額が金利の調整と認められるときは, 償却原価法により評価される。
(6)	×	売買目的有価証券以外の有価証券の時価が著しく下落し, かつ, 回復する見込みがあると認められる場合を除いて時価で評価される。
(7)	○	

解答への道

(1) 有価証券の取得原価の算定では, 棚卸資産と異なり, 個別法, 先入先出法は適用されず, 平均原価法（移動平均法または総平均法）のみが適用される。

(2)〜(7)「金融商品に関する会計基準 Ⅳ」参照。

Theme
05 外貨換算会計

問題5-1

損益計算書
自×1年4月1日　至×2年3月31日　(単位：円)

⋮

Ⅳ 営業外収益
- (受取利息)　(960)
- (為替差益)　(1.280)

⋮

Ⅴ 営業外費用
- (支払利息)　(2.160)

貸借対照表
×2年3月31日現在　(単位：円)

Ⅰ 流動資産		Ⅰ 流動負債	
現金	(50,800)	買掛金	(155,520)
売掛金	(159,000)	前受金	(14,040)
前払金	(11,600)	未払費用	(2,160)
未収収益	(960)	⋮	
⋮		Ⅱ 固定負債	
Ⅱ 固定資産		長期借入金	(72,000)
⋮			
3. 投資その他の資産			
長期定期預金	(96,000)		

解答への道

1．現金（貨幣項目→決算時の為替相場で換算替え）

(単位：円)

(現金)	800	(為替差損益)(＊)	800

(＊) 160ドル×@120円＝19,200円
19,200円－18,400円＝800円〈為替差益〉

∴　B/S現金：50,000円＋800円＝50,800円

2．売掛金（貨幣項目→決算時の為替相場で換算替え）

(単位：円)

(為替差損益)(＊)	1,000	(売掛金)	1,000

(＊) 500ドル×@120円＝60,000円
60,000円－61,000円＝△1,000円〈為替差損〉

∴　B/S売掛金：160,000円－1,000円＝159,000円

3．前払金（非貨幣項目→換算替え不要）

(単位：円)

仕訳なし

4．長期定期預金（貨幣項目→決算時の為替相場で換算替え）

(単位：円)

(長期定期預金)	1,600	(為替差損益)(＊1)	1,600
(未収収益)(＊2)	960	(受取利息)	960

(＊1) 800ドル×@120円＝96,000円〈B/S長期定期預金〉
96,000円－94,400円＝1,600円〈為替差益〉

(＊2) 800ドル×3％×$\frac{4か月}{12か月}$＝8ドル
8ドル×@120円＝960円〈未収収益〉

5．買掛金（貨幣項目→決算時の為替相場で換算替え）

(単位：円)

(買掛金)	480	(為替差損益)(＊)	480

(＊) 480ドル×@120円＝57,600円
58,080円－57,600円＝480円〈為替差益〉

∴　B/S買掛金：156,000円－480円＝155,520円

6．前受金（非貨幣項目→換算替え不要）

(単位：円)

仕訳なし

7．長期借入金（貨幣項目→決算時の為替相場で換算替え）

(単位：円)

(為替差損益)	600	(長期借入金)(＊1)	600
(支払利息)	2,160	(未払費用)(＊2)	2,160

(＊1) 600ドル×@120円＝72,000円〈B/S長期借入金〉
71,400円－72,000円＝△600円〈為替差損〉

(＊2) 600ドル×6％×$\frac{6か月}{12か月}$＝18ドル
18ドル×@120円＝2,160円〈未払費用〉

問題5-2

1．輸出時

（単位：円）

（当　座　預　金）	（＊2）　19,000	（売　　　　　上）	（＊1）　30,000
（手 形 売 却 損）	（＊3）　1,000		
（売　　掛　　金）	（＊4）　10,000		

2．決済時

（単位：円）

（当　座　預　金）	（＊2）　10,500	（売　　掛　　金）	（＊1）　10,000
		（為 替 差 損 益）	（＊3）　500

解答への道

1．輸出時

（＊1）300ドル×@100円〈HR^1〉＝30,000円

（＊2）190ドル×@100円〈HR^1〉＝19,000円

（＊3）10ドル×@100円〈HR^1〉＝1,000円

（＊4）(300ドル－200ドル)×@100円〈HR^1〉＝10,000円

　　100ドル

2．決済時

（＊1）100ドル×@100円〈HR^1〉＝10,000円

（＊2）100ドル×@105円〈HR^2〉＝10,500円

（＊3）10,500円－10,000円＝500円〈為替差益〉

問題5-3

損　益　計　算　書

自×1年4月1日　至×2年3月31日　（単位：円）

⋮

Ⅳ　営 業 外 収 益

　（有 価 証 券 利 息）　（　1,000）

⋮

Ⅴ　営 業 外 費 用

　（有価証券運用損）　（　4,200）

　（為　替　差　損）　（　5,650）

⋮

Ⅶ　特　別　損　失

　（子会社株式評価損）　（　50,100）

　（関連会社株式評価損）　（　33,500）

貸　借　対　照　表

×2年3月31日現在　（単位：円）

Ⅰ　流　動　資　産		⋮	
有　価　証　券	（　26,100）	Ⅱ　評価・換算差額等	
⋮		1．その他有価証券評価差額金	（△　2,590）
Ⅱ　固　定　資　産			
⋮			
3．投資その他の資産			
投 資 有 価 証 券	（　51,300）		
子 会 社 株 式	（　31,500）		
関 連 会 社 株 式	（　18,000）		
繰 延 税 金 資 産	（　1,110）		

解答への道

1．A社株式（売買目的有価証券〈B/S有価証券〉，時価法）

(1)　ボックス

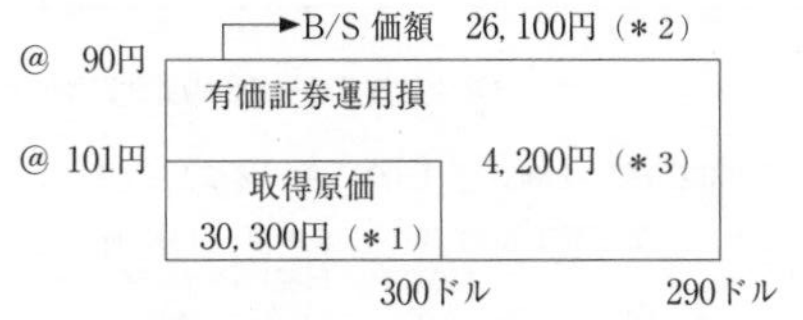

（＊1）@101円×300ドル＝30,300円

（＊2）@90円×290ドル＝26,100円

（＊3）26,100円－30,300円＝△4,200円〈評価損〉

(2) 時価の評価替え

(単位：円)

(有価証券運用損)(＊3)	4, 200	(売買目的有価証券)	4, 200

2．B社社債（満期保有目的債券〈B/S投資有価証券〉，償却原価法〈定額法〉）

(1) ボックス

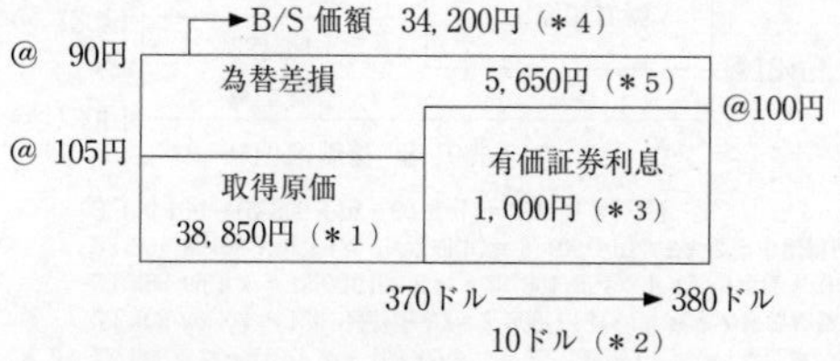

（＊1）@105円×370ドル＝38, 850円
（＊2）(400ドル－370ドル)÷3年〈償還期間〉＝10ドル
（＊3）@100円×10ドル＝1, 000円
（＊4）@90円×380ドル＝34, 200円
（＊5）34, 200円－(38, 850円＋1, 000円)＝△5, 650円〈為替差損〉

(2) 償却原価法（定額法）と時価の評価替え

(単位：円)

(満期保有目的債券)(＊3)	1, 000	(有価証券利息)	1, 000
(為替差損)(＊5)	5, 650	(満期保有目的債券)	5, 650

3．C社株式（子会社株式，強制評価減）

(1) ボックス

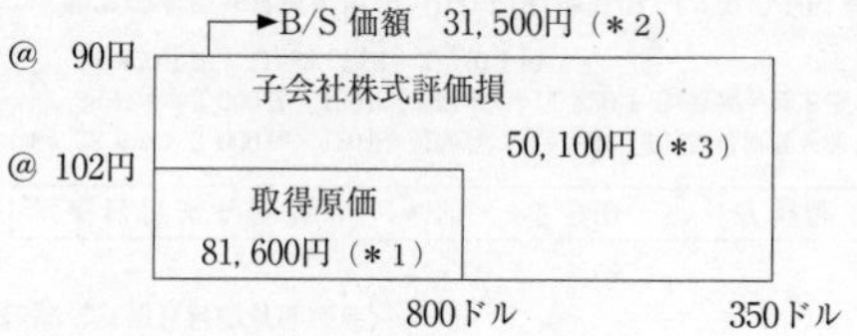

（＊1）@102円×800ドル＝81, 600円
（＊2）@90円×350ドル＝31, 500円
（＊3）31, 500円－81, 600円＝△50, 100円〈評価損〉

(2) 時価の評価替え

(単位：円)

(子会社株式評価損)(＊3)	50, 100	(子会社株式)	50, 100

4．D社株式（関連会社株式，実価法）

(1) ボックス

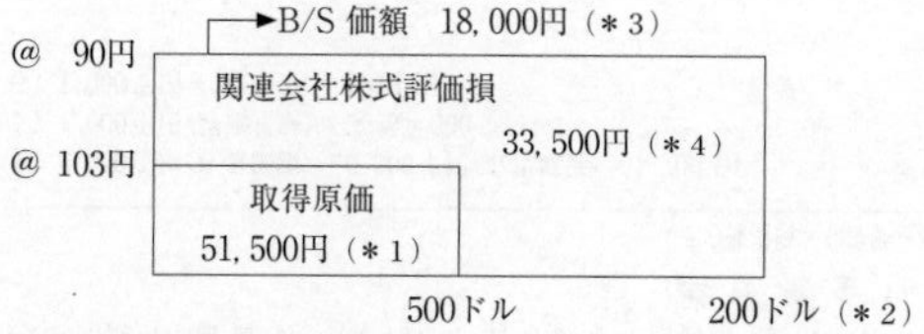

（＊1）@103円×500ドル＝51, 500円
（＊2）4, 000ドル〈諸資産〉－3, 000ドル〈諸負債〉＝1, 000ドル〈純資産額〉
1, 000ドル×20%＝200ドル
（＊3）@90円×200ドル＝18, 000円
（＊4）18, 000円－51, 500円＝△33, 500円〈評価損〉

(2) 時価の評価替え

(単位：円)

(関連会社株式評価損)(＊4)	33, 500	(関連会社株式)	33, 500

5．E社株式（その他有価証券〈B/S投資有価証券〉，時価法，全部純資産直入法）

(1) ボックス

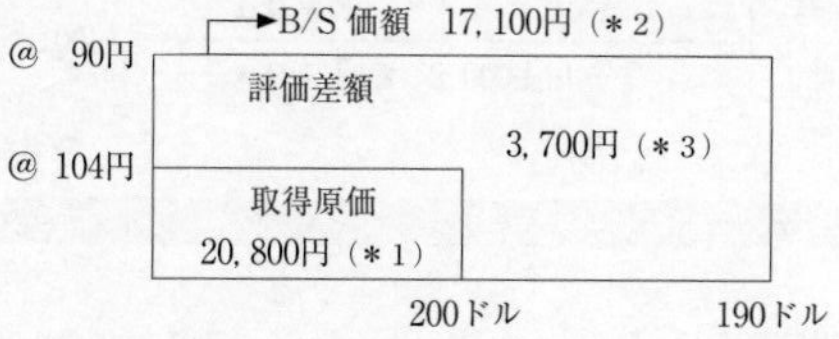

（＊1）@104円×200ドル＝20, 800円
（＊2）@90円×190ドル＝17, 100円
（＊3）17, 100円－20, 800円＝△3, 700円〈評価差額〉

(2) 時価の評価替え

(単位：円)

(繰延税金資産)(＊4)	1, 110	(その他有価証券)(＊3)	3, 700
(その他有価証券評価差額金)(＊5)	2, 590		

（＊4）3, 700円×30%＝1, 110円
（＊5）3, 700円－1, 110円＝2, 590円

問題5-4

決算整理後残高試算表
×6年3月31日　　(単位：千円)

売買目的有価証券	(14,820)	有価証券利息	(125)
満期保有目的債券	(3,106)	有価証券運用損益	(3,100)
		為替差損益	(237)

解答への道

1．A社株式（売買目的有価証券）

(単位：千円)

(売買目的有価証券)(*)	2,940	(有価証券運用損益)	2,940

(*) 33ドル×3,000株×120円〈当期首〉= 11,880千円〈取得原価 = 前T/B〉
38ドル×3,000株×130円〈当期末〉= 14,820千円〈時価 = B/S価額〉
14,820千円 − 11,880千円 = 2,940千円

∴　後T/B有価証券運用損益：160千円〈前T/B〉+ 2,940千円 = 3,100千円〈貸方〉

2．B社社債（満期保有目的債券）

本問では，ドル建ての状態での端数処理の指示がないため，端数処理をしないで解答する。

(単位：千円)

(満期保有目的債券)(*1)	60	(有価証券利息)	60
(満期保有目的債券)(*2)	237	(為替差損益)	237

(*1) 25,000ドル×2% = 500ドル〈クーポン利息〉
22,500ドル×4.2% − 500ドル = 445ドル〈×3年度の償却額〉
(22,500ドル + 445ドル)×4.2% − 500ドル = 463.69ドル〈×4年度の償却額〉
(22,500ドル + 445ドル + 463.69ドル)×4.2% − 500ドル = 483.16498ドル〈×5年度の償却額〉
483.16498ドル×124円〈期中平均〉≒ 60千円

∴　後T/B有価証券利息：65千円〈前T/B〉+ 60千円 = 125千円

(*2) 22,500ドル + 445ドル + 463.69ドル = 23,408.69ドル〈×4年度末の償却原価〉
23,408.69ドル×120円〈前期末〉≒ 2,809千円〈×4年度末の帳簿価額 = 前T/B〉
23,408.69ドル + 483.16498ドル = 23,891.85498ドル〈×5年度末の償却原価〉
23,891.85498ドル×130円〈当期末〉≒ 3,106千円〈×5年度末の帳簿価額〉
3,106千円 − (2,809千円 + 60千円) = 237〈為替差益〉

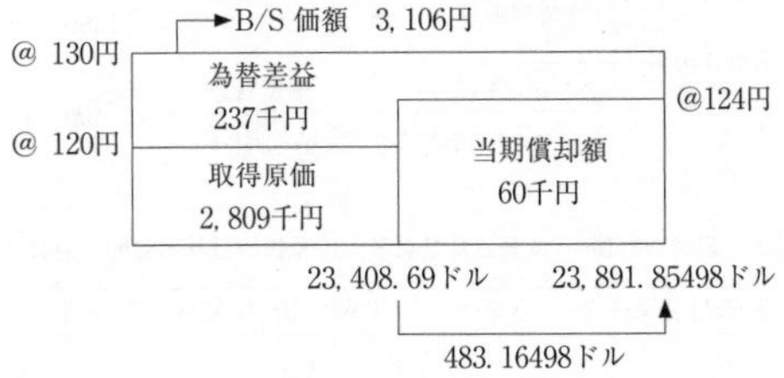

問題5-5

損益計算書
自×1年4月1日　至×2年3月31日　(単位：千円)

⋮

Ⅳ　営業外収益
　(為替差益)　(700)

貸借対照表
×2年3月31日現在　(単位：千円)

⋮		⋮	
Ⅱ　固定資産		Ⅱ　固定負債	
⋮		繰延税金負債	(300)
3．投資その他の資産		⋮	
その他有価証券	(8,000)	Ⅱ　評価・換算差額等	
		1．その他有価証券評価差額金	(700)

解答への道

1．金額の算定

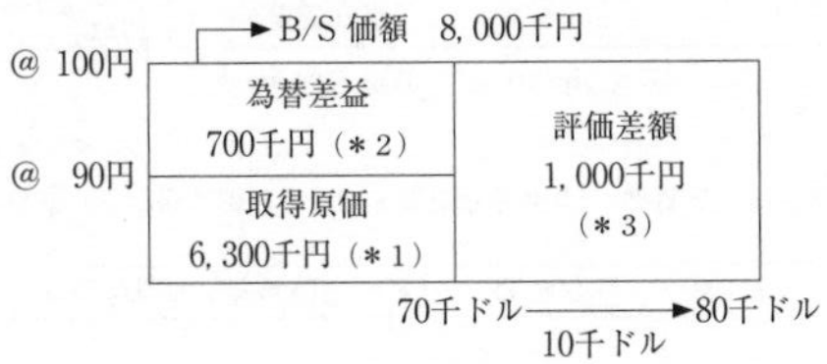

(*1) @90円×70千ドル = 6,300千円〈取得原価〉
(*2) (@100円 − @90円)×70千ドル = 700千円〈為替差益〉
(*3) @100円×(80千ドル − 70千ドル) = 1,000千円〈評価差額〉

2．評価替えの仕訳

(単位：千円)

(その他有価証券)(*4)	1,700	(為替差益)(*2)	700
		(繰延税金負債)(*5)	300
		(その他有価証券評価差額金)(*6)	700

(*4) 8,000千円〈B/S価額〉− 6,300千円〈取得原価〉= 1,700千円
(*5) 1,000千円〈評価差額〉×30% = 300千円
(*6) 1,000千円 − 300千円 = 700千円

問題5-6

	○または×	理　　　由
(1)	×	「外貨建取引等会計処理基準」では，外貨建取引の換算につき貨幣・非貨幣法の考え方を採用している。
(2)	○	
(3)	×	「外貨建取引等会計処理基準」では，為替換算差額等，その変動が企業会計に与えている暫定的な影響をも認識するという考え方を採用している。
(4)	×	為替差益または為替差損は，損益計算書上，営業外収益または営業外費用の区分に純額で表示する。
(5)	×	償却原価法を適用する場合の償却額は，期中平均相場により円換算した額による。
(6)	○	
(7)	×	子会社株式および関連会社株式については，取得時の為替相場による円換算額を付する。
(8)	○	

解答への道

(1) 外貨建取引の換算は，「外貨建取引等会計処理基準」においては，貨幣・非貨幣法の考え方を採用している。

(2) 一取引基準：外貨建取引とその取引に係る代金の円決済取引とを連続した１つの取引とみなして会計処理を行う考え方（為替換算損益・為替決済損益を計上しない）

↓

仕入原価または売上高はその最終的な決済額によって決定すべき

二取引基準：本問（「外貨建取引等会計処理基準」の立場）（為替換算損益・為替決済損益を計上する）

↓

商品売買による損益と，その代金決済による損益とは明確に区別すべき

(3) 為替換算差額の認識について，保守主義（本問問題文）と開示主義（本問解答）の２つの考え方があるが，「外貨建取引等会計処理基準」では開示主義の考え方を採用している。これは，最近，企業内容の開示の観点から，公表財務諸表において企業の財務内容の判断に必要なすべての情報の開示を強調する考え方が高まってきていることによる。

(4) 総額主義の原則（損益計算書原則）の例外の１つである。

(5) 満期保有目的の外貨建債券については，決算時の為替相場による円換算額を付するが，償却原価法を適用した場合の償却額は期中平均相場により換算される。

(6) 売買目的有価証券およびその他有価証券については，外国通貨による時価を決算時の為替相場により円換算した額を付する。

(7) 子会社株式および関連会社株式については，取得時の為替相場による円換算額を付する。

(8) 外貨建有価証券について時価の著しい下落または実質価額の著しい低下により評価額の引下げが求められる場合には，当該外貨建有価証券の時価または実質価額は，外国通貨による時価または実質価額を決算時の為替相場により円換算した額による。

問題5-7

	×1年度為替換算損益	×2年度為替決済損益	×2年度商品販売損益
一取引基準	―― 円	―― 円	244,000 円
二取引基準	16,000 円	△24,000 円	252,000 円

（注１）損失の場合には，金額の前に△印を付けること。
（注２）記入すべき該当金額がない場合には，その欄の中に ―― （線）を記入すること。

解答への道

1．一取引基準

(1) ×1年度

① ×2年３月20日（輸入日）

（単位：円）

（仕　　　入）（＊1）	1,008,000	（買　掛　金）	1,008,000

（＊1）@126円×8,000ドル＝1,008,000円

② ×2年３月31日（決算日）

（単位：円）

（買　掛　金）（＊2）	16,000	（仕　　　入）	16,000
（繰 越 商 品）（＊3）	992,000	（仕　　　入）	992,000

（＊2）（@126円－@124円）×8,000ドル＝16,000円
（＊3）@124円×8,000ドル＝992,000円　または　1,008,000円－16,000円＝992,000円

(2) ×2年度

① ×2年４月５日（決済日）

（単位：円）

（買　掛　金）	992,000	（現 金 預 金）（＊4）	1,016,000
（仕　　　入）（＊5）	24,000		

（＊4）@127円×8,000ドル＝1,016,000円
（＊5）1,016,000円－992,000円＝24,000円

② ×2年４月25日（販売日）

売 上 高　1,260,000円
売 上 原 価　1,016,000円　←@127円×8,000ドル
商品販売益　244,000円

2．二取引基準

(1) ×1年度

① ×2年3月20日（輸入日）

（単位：円）

（仕　　　入）	（＊1）1,008,000	（買　掛　金）	1,008,000

（＊1）@126円×8,000ドル＝1,008,000円

② ×2年3月31日（決算日）

（単位：円）

（買　掛　金）	（＊2）　16,000	（為　替　差　益） 為替換算益	16,000
（繰　越　商　品）	（＊3）1,008,000	（仕　　　入）	1,008,000

（＊2）（@126円－@124円）×8,000ドル＝16,000円
（＊3）@126円×8,000ドル＝1,008,000円

(2) ×2年度

① ×2年4月5日（決済日）

（単位：円）

（買　掛　金）	992,000	（現　金　預　金）	（＊4）1,016,000
（為　替　差　損） 為替決済損	（＊5）　24,000		

（＊4）@127円×8,000ドル＝1,016,000円
（＊5）1,016,000円－992,000円＝24,000円

② ×2年4月25日（販売日）

売上高	1,260,000円	
売上原価	1,008,000円	←@126円×8,000ドル
商品販売益	252,000円	

Theme

06 デリバティブ取引

問題6-1

(1) 買手

① 契約時（×2年2月1日）

（単位：円）

（先物取引差入証拠金）	6,000	（現　　　金）	6,000

② 決算時（×2年3月31日）

（単位：円）

（先物取引差金）	（＊1）　2,000	（先　物　損　益）	2,000

③ 決済時（×2年4月30日）

（単位：円）

（現　　　金）	6,000	（先物取引差入証拠金）	6,000
（現　　　金）	（＊2）　3,000	（先物取引差金）	2,000
		（先　物　損　益）	（＊3）　1,000

(2) 売手

① 契約時（×2年2月1日）

（単位：円）

（先物取引差入証拠金）	6,000	（現　　　金）	6,000

② 決算時（×2年3月31日）

（単位：円）

（先　物　損　益）	（＊4）　2,000	（先物取引差金）	2,000

③ 決済時（×2年4月30日）

（単位：円）

（現　　　金）	（＊5）　3,000	（先物取引差入証拠金）	6,000
（先物取引差金）	2,000		
（先　物　損　益）	（＊6）　1,000		

解答への道

1．買手

（＊1）（@94円〈仮の売値〉－@92円〈買値〉）×1,000口＝2,000円〈×1年度の先物利益〉
（＊2）（@95円〈売値〉－@92円〈買値〉）×1,000口＝3,000円〈全体の先物利益＝受取額〉
（＊3）3,000円－2,000円＝1,000円〈×2年度の先物利益〉

2．売手

（＊4）（@92円〈売値〉－@94円〈仮の買値〉）×1,000口＝△2,000円〈×1年度の先物損失〉
（＊5）（@92円〈売値〉－@95円〈買値〉）×1,000口＝△3,000円〈全体の先物損失＝支払額〉
6,000円－3,000円＝3,000円
（＊6）△3,000円－△2,000円＝△1,000円〈×2年度の先物損失〉

問題6-2

(1) 全部純資産直入法，繰延ヘッジ会計

損　益　計　算　書

自×2年4月1日　至×3年3月31日　(単位：円)

⋮	
Ⅳ 営業外収益	
(　　　　)	(　──　)
⋮	
Ⅴ 営業外費用	
(　　　　)	(　──　)
⋮	
法人税等調整額	(　──　)

貸　借　対　照　表

×3年3月31日現在　(単位：円)

Ⅰ 流動資産		⋮	
有価証券	(　94,000)	Ⅱ 評価・換算差額等	
先物取引差金	(　1,000)	1．その他有価証券評価差額金	(△　700)
		2．繰延ヘッジ損益	(　700)

(2) 全部純資産直入法，時価ヘッジ会計

損　益　計　算　書

自×2年4月1日　至×3年3月31日　(単位：円)

⋮	
Ⅳ 営業外収益	
(先物利益)	(　1,000)
⋮	
Ⅴ 営業外費用	
(その他有価証券評価損)	(　1,000)

貸　借　対　照　表

×3年3月31日現在　(単位：円)

Ⅰ 流動資産		⋮	
有価証券	(　94,000)	Ⅱ 評価・換算差額等	
先物取引差金	(　1,000)	1．その他有価証券評価差額金	(　──　)
		2．繰延ヘッジ損益	(　──　)

解答への道

(1) 全部純資産直入法，繰延ヘッジ会計

① 購入時および契約時

(単位：円)

(その他有価証券)(＊)	95,000	(現金預金)	95,000

(＊) @95円〈原価〉×1,000口＝95,000円〈原価〉

② 決算時

その他有価証券は1年以内に償還予定であるため，貸借対照表上「有価証券」として表示する。なお，繰延税金資産と繰延税金負債は，貸借対照表上相殺して表示する。

(単位：円)

(繰延税金資産)(＊2)	300	(その他有価証券)(＊1)	1,000
(その他有価証券評価差額金)(＊3)	700		
(先物取引差金)(＊4)	1,000	(繰延税金負債)(＊5)	300
		(繰延ヘッジ損益)(＊6)	700

(＊1) (@94円〈現物時価〉－@95円〈原価〉)×1,000口＝△1,000円〈評価損〉
(＊2) 1,000円×30％＝300円
(＊3) 1,000円－300円＝700円
(＊4) (@98円〈売値〉－@97円〈先物時価〉)×1,000口＝1,000円〈先物利益〉
(＊5) 1,000円×30％＝300円
(＊6) 1,000円－300円＝700円

(2) 全部純資産直入法，時価ヘッジ会計

① 購入時および契約時

(単位：円)

(その他有価証券)(＊)	95,000	(現金預金)	95,000

(＊) @95円〈原価〉×1,000口＝95,000円〈原価〉

② 決算時

時価ヘッジ会計を適用する場合は，その他有価証券の評価方法に係わらず，その他有価証券の評価差額は当期の損益として処理を行う。

(単位：円)

(その他有価証券評価損益)(＊1)	1,000	(その他有価証券)	1,000
(先物取引差金)(＊2)	1,000	(先物損益)	1,000

(＊1) (@94円〈現物時価〉－@95円〈原価〉)×1,000口＝△1,000円〈評価損〉
(＊2) (@98円〈売値〉－@97円〈先物時価〉)×1,000口＝1,000円〈先物利益〉

問題6-3

(1)

（単位：円）

①	(現金預金)	(＊1)	118,000	(短期借入金)		118,000
②	(短期借入金)	(＊2)	2,000	(為替差損益)	(＊3)	1,000
				(前受収益)	(＊4)	1,000
③	(前受収益)		200	(為替差損益)	(＊5)	200
	(支払利息)		2,400	(未払費用)	(＊6)	2,400

(2)

（単位：円）

①	(短期貸付金)		118,000	(現金預金)	(＊7)	118,000
②	(為替差損益)	(＊9)	1,000	(短期貸付金)	(＊8)	2,000
	(前払費用)	(＊10)	1,000			
③	(為替差損益)	(＊11)	200	(前払費用)		200
	(未収収益)	(＊12)	2,320	(受取利息)		2,320

解答への道

(1) 借入後に為替予約（振当処理）

① 借入日

（＊1）@118円〈SR〉×1,000ドル＝118,000円〈短期借入金〉

② 予約日

（＊2）@116円〈FR〉×1,000ドル＝116,000円
116,000円－118,000円＝△2,000〈為替予約差額＝短期借入金の減少〉

（＊3）@117円〈SR〉×1,000ドル＝117,000円
117,000円－118,000円＝△1,000円〈直々差額＝短期借入金の減少＝為替差益〉

（＊4）116,000円－117,000円＝△1,000円〈直先差額＝短期借入金の減少＝前受収益〉

③ 決算日

（＊5）1,000円×$\frac{2か月}{10か月}$＝200円〈直先差額のうち当期配分額〉

（＊6）1,000ドル×6％×$\frac{4か月}{12か月}$×@120円〈SR〉＝2,400円〈未払費用〉

(2) 貸付後に為替予約（振当処理）

① 貸付日

（＊7）@118円〈SR〉×1,000ドル＝118,000円〈短期貸付金〉

② 予約日

（＊8）@116円〈FR〉×1,000ドル＝116,000円
116,000円－118,000円＝△2,000〈為替予約差額＝短期貸付金の減少〉

（＊9）@117円〈SR〉×1,000ドル＝117,000円
117,000円－118,000円＝△1,000円〈直々差額＝短期貸付金の減少＝為替差損〉

（＊10）116,000円－117,000円＝△1,000円〈直先差額＝短期貸付金の減少＝前払費用〉

③ 決算日

（＊11）1,000円×$\frac{2か月}{10か月}$＝200円〈直先差額のうち当期配分額〉

（＊12）1,000ドル×6％×$\frac{4か月}{12か月}$×@116円〈FR〉＝2,320円〈未収収益〉

問題6-4

(1)

（単位：円）

①	(現金預金)	(＊1)	348,000	(長期借入金)	(＊2)	354,000
	(長期前払費用)	(＊3)	6,000			
②	(為替差損益)	(＊4)	1,750	(長期前払費用)		1,750
	(支払利息)		1,800	(未払費用)	(＊5)	1,800
③	(短期借入金)		354,000	(現金預金)	(＊6)	354,000
	(支払利息)		10,800	(現金預金)	(＊7)	10,800
	(為替差損益)	(＊8)	1,250	(前払費用)		1,250

(2)

（単位：円）

①	(仕入)		11,000	(買掛金)	(＊1)	11,000
②			仕訳	なし		
③	(買掛金)	(＊2)	11,000	(現金預金)		11,000

解答への道

(1) 借入れと同時に為替予約（振当処理）

① 借入日

（＊1）@116円〈SR〉×3,000ドル＝348,000円〈入金額〉
（＊2）@118円〈FR〉×3,000ドル＝354,000円〈長期借入金〉
（＊3）354,000円－348,000円＝6,000円〈直先差額＝長期借入金の増加額＝長期前払費用〉

② 決算日

（＊4）6,000円×$\frac{7か月}{24か月}$＝1,750円〈直先差額のうち当期配分額〉

（＊5）3,000ドル×6％×$\frac{1か月}{12か月}$×@120円〈SR〉＝1,800円〈未払費用〉

③ 決済日

（＊6）3,000ドル×@118円〈FR〉＝354,000円

（＊7）3,000ドル×6％×$\frac{6か月}{12か月}$×@120円〈SR〉＝10,800円〈半年分の支払利息〉

（＊8）6,000円×$\frac{5か月}{24か月}$＝1,250円〈直先差額のうち当期配分額〉

（注）長期借入金および長期前払費用は，前期末に短期借入金および前払費用に振り替えられている。

(2) 輸入時に為替予約（振当処理）

① 輸入日＝予約日

（＊1）@110円〈FR〉×100ドル＝11,000円〈買掛金＝仕入〉

② 決算日

仕訳なし

③ 決済日

（＊2）@110円〈FR〉×100ドル＝11,000円〈買掛金〉

問題6-5

決算整理後残高試算表

×6年3月31日　（単位：千円）

前払費用	(252)	買掛金	(34,238)
為替差損益	(511)		

解答への道

1．仕入取引（未処理）

（単位：千円）

(仕入)	2,860	(買掛金)(＊)	2,860

(＊) 26,000ドル×@110円〈3月8日のSR〉＝2,860千円

2．買掛金の為替予約（振当処理）

(1) 2月20日の取引分

（単位：千円）

(為替差損益)(＊2)	200	(買掛金)(＊1)	500
(前払費用)(＊3)	300		
(為替差損益)(＊4)	100	(前払費用)	100

(＊1) 10,800千円÷@108円〈2月20日のSR〉＝100,000ドル
@113円〈3月8日のFR〉×100,000ドル＝11,300千円
11,300千円－10,800千円＝500千円〈為替予約差額＝買掛金の増加〉

(＊2) @110円〈3月8日のSR〉×100,000ドル＝11,000千円
11,000千円－10,800千円＝200千円〈直々差額＝買掛金の増加＝為替差損〉

(＊3) 11,300千円－11,000千円＝300千円〈直先差額＝買掛金の増加＝前払費用〉

(＊4) 300千円×$\frac{1か月}{3か月}$＝100千円〈直先差額のうち当期配分額〉

(2) 3月8日の取引分

取引日と予約日が一致しているため直先差額のみを認識する。

（単位：千円）

(前払費用)	78	(買掛金)(＊1)	78
(為替差損益)(＊2)	26	(前払費用)	26

(＊1) @113円〈3月8日のFR〉×26,000ドル＝2,938千円
2,938千円－2,860千円＝78千円〈直先差額＝買掛金の増加＝前払費用〉

(＊2) 78千円×$\frac{1か月}{3か月}$＝26千円〈直先差額のうち当期配分額〉

∴　買掛金：30,800千円〈前T/B〉＋2,860千円＋500千円＋78千円＝34,238千円

∴　前払費用：300千円－100千円＋78千円－26千円＝252千円

∴　為替差損益：185千円〈前T/B〉＋200千円＋100千円＋26千円＝511千円〈差損〉

問題6-6

(1) 振当処理による場合

① ×1年度

決算整理後残高試算表　（単位：円）

仕入	(11,000)	買掛金	(10,700)
		前受収益	(160)
		為替差損益	(140)

② ×2年度

決算整理後残高試算表　（単位：円）

		為替差損益	(160)

(2) 独立処理による場合

① ×1年度

決算整理後残高試算表　（単位：円）

仕入	(11,000)	買掛金	(11,500)
為替予約	(500)	為替差損益	(——)

② ×2年度

決算整理後残高試算表　（単位：円）

		為替差損益	(300)

解答への道

1．振当処理による場合

(1) ×1年度の処理

① ×2年2月1日（輸入日）

（単位：円）

(仕入)(＊)	11,000	(買掛金)	11,000

(＊) @110円〈SR〉×100ドル＝11,000円

② ×2年3月1日（予約日）

（単位：円）

(買掛金)(＊1)	300	(為替差損益)(＊2)	100
		(前受収益)(＊3)	200

(＊1) @107円〈予約日のFR〉×100ドル＝10,700円
10,700円－11,000円＝△300円〈為替予約差額＝買掛金の減少〉

(＊2) @109円〈予約日のSR〉×100ドル＝10,900円
10,900円－11,000円＝△100円〈直々差額＝買掛金の減少＝為替差益〉

(＊3) 10,700円－10,900円＝△200円〈直先差額＝買掛金の減少＝前受収益〉

③ ×2年3月31日（決算日）

（単位：円）

(前受収益)(＊)	40	(為替差損益)	40

(＊) 200円×$\frac{1か月}{5か月}$＝40円〈直先差額の当期配分額〉

(2) ×2年度の処理（×2年7月31日〈決済日〉）

（単位：円）

（買　　掛　　金）	（＊1）	10,700	（現　金　預　金）		10,700
（前　受　収　益）	（＊2）	160	（為 替 差 損 益）		160

（＊1）@107円〈FR〉× 100ドル = 10,700円

（＊2）200円 × $\frac{4か月}{5か月}$ = 160円〈直先差額の当期配分額〉

2．独立処理による場合

(1) ×1年度の処理

① ×2年2月1日（輸入日）

（単位：円）

（仕　　　　入）	（＊）	11,000	（買　　掛　　金）		11,000

（＊）@110円〈SR〉× 100ドル = 11,000円

② ×2年3月1日（予約日）

（単位：円）

仕　訳　な　し

③ ×2年3月31日（決算日）

（単位：円）

（為 替 差 損 益）	（＊1）	500	（買　　掛　　金）		500
（為　替　予　約）		500	（為 替 差 損 益）	（＊2）	500

（＊1）@115円〈決算日のSR〉× 100ドル = 11,500円
11,500円 − 11,000円 = 500円〈買掛金の増加 = ヘッジ対象物の為替差損〉

（＊2）@107円〈予約日のFR〉× 100ドル = 10,700円〈買値〉
@112円〈決算日のFR〉× 100ドル − 10,700円 = 500円〈ヘッジ手段の為替差益〉

(2) ×2年度の処理（×2年7月31日〈決済日〉）

（単位：円）

（買　　掛　　金）	（＊1）	11,500	（現　金　預　金）	（＊2）	12,000
（為 替 差 損 益）	（＊3）	500			
（現　金　預　金）	（＊5）	12,000	（現　金　預　金）	（＊4）	10,700
			（為　替　予　約）		500
			（為 替 差 損 益）	（＊6）	800

（＊1）@115円〈決算日のSR〉× 100ドル = 11,500円
（＊2）@120円〈決済日のSR〉× 100ドル = 12,000円
（＊3）11,500円 − 12,000円 = △500円〈ヘッジ対象物の為替差損〉
（＊4）@107円〈予約日のFR〉× 100ドル = 10,700円〈買値〉
（＊5）@120円〈決済日のFR〉× 100ドル = 12,000円〈売値〉
（＊6）12,000円 − 10,700円 − 500円 = 800円〈ヘッジ手段の為替差益〉

問題6-7

（単位：円）

①		仕　訳　な　し				
②	（為　替　予　約）	（＊1）	200	（繰 延 税 金 負 債）	（＊2）	60
				（繰延ヘッジ損益）	（＊3）	140

（注）仕訳が不要の場合には，「仕訳なし」と記入すること。

解答への道

① 予約日
仕訳なし

② 決算日

（＊1）（@97円〈FR〉− @95円〈FR〉）× 100ドル = 200円

（＊2）200円 × 30% = 60円

（＊3）200円 − 60円 = 140円

問題6-8

1．A社（買戻条件付現先取引）

(1) 売却時

（単位：円）

（現　　　　金）	19,400	（短 期 借 入 金）	19,400

(2) 買戻時

（単位：円）

（短 期 借 入 金）	19,400	（現　　　　金）	19,500
（支　払　利　息）	100		

2．B社（売戻条件付現先取引）

(1) 取得時

（単位：円）

（短 期 貸 付 金）	19,400	（現　　　　金）	19,400

(2) 売戻時

（単位：円）

（現　　　　金）	19,500	（短 期 貸 付 金）	19,400
		（受　取　利　息）	100

問題6-9

① コール・オプション買建て（×1年2月1日）

（単位：円）

（オプション資産）	（＊1）	3,000	（現　　金）		3,000

② 決算時（×1年3月31日）

（単位：円）

（オプション資産）		2,800	（オプション差損益）	（＊2）	2,800

③ 反対売買による差金決済（×1年4月30日）

（単位：円）

（オプション資産）		3,200	（オプション差損益）	（＊3）	3,200
（現　　金）		6,000	（オプション資産）	（＊4）	6,000

解答への道

A社およびB社の各金額は以下のとおり求める。

（＊1）@0.75円〈オプション価格〉×4,000口＝3,000円
（＊2）（@1.45円－@0.75円）×4,000口＝2,800円〈オプション差損益〉
（＊3）（@2.25円－@1.45円）×4,000口＝3,200円〈オプション差損益〉
（＊4）2,800円＋3,200円＝6,000円

〔参考〕B社の仕訳を示すと以下のようになる。

① コール・オプション売建て（×1年2月1日）

（単位：円）

（現　　金）		3,000	（オプション負債）	（＊1）	3,000
（差入証拠金）		12,000	（現　　金）		12,000

② 決算時（×1年3月31日）

（単位：円）

（オプション差損益）	（＊2）	2,800	（オプション負債）		2,800

③ 反対売買による差金決済（×1年4月30日）

（単位：円）

（オプション差損益）	（＊3）	3,200	（オプション負債）		3,200
（オプション負債）	（＊4）	6,000	（現　　金）		6,000
（現　　金）		12,000	（差入証拠金）		12,000

問題6-10

(1) コール・オプション買建て（×1年2月1日）

（単位：千円）

（オプション資産）		3,000	（現　　金）		3,000

(2) 決済期日（×1年3月1日）

① 権利行使した場合

（単位：千円）

（現　　金）	（＊1）	20,000	（オプション資産）		3,000
			（オプション差損益）	（＊2）	17,000

② 権利放棄した場合

（単位：千円）

（オプション差損益）		3,000	（オプション資産）		3,000

解答への道

(1) コールオプション買建て
問題文より。

(2) 決済期日
（＊1）（14,000－12,000）×10単位×1,000円＝20,000千円
（＊2）20,000千円－3,000千円＝17,000千円

問題6-11

	(1)	(2)
①×1年度末の通貨オプション	1,420 円	1,420 円
②×1年度の為替差損益	－ 円	△240 円
③×2年度の売上高	23,540 円	24,000 円
④×2年度の為替差損益	△200 円	△420 円

（注）金額が記入されない場合には－を記入し，為替差損となる場合には金額の前に△印を付すこと。

解答への道

1．本源的価値，時間的価値などの整理
本問の条件にしたがって，オプション価格の内訳を本源的価値と時間的価値を整理すると次のとおりである。

	直物為替相場	行使価格	本源的価値	時間的価値	オプションの価格
契約日（×2年2月末日）	@120円	@120円	@ 0円	@3.3円	@ 3.3円
決算日（×2年3月末日）	@115円		@ 5円	@2.1円	@ 7.1円
輸出日（×2年4月末日）	@105円		@15円	@1.0円	@16.0円
決済日（×2年5月末日）	@100円		@20円	@0.0円	@20.0円

（注）本源的価値：行使価格－直物為替相場　または　オプション価格－時間的価値

2．会計処理

(1) 時間的価値を区別せずに，オプションの価格変動の全体を繰延処理する方法

① 契約日（×2年２月末日）

（単位：円）

（通貨オプション）（＊）	660	（現金預金）	660

（＊）@3.3円×200ドル＝660円〈オプション料〉

② 決算日（×2年３月末日）

（単位：円）

（通貨オプション）（＊）	760	（繰延ヘッジ損益）	760

（＊）（@7.1円－@3.3円）×200ドル＝760円〈オプション価格の増加〉

∴ ×1年度末の通貨オプション：660円＋760円＝1,420円

∴ ×1年度の為替差損益：０円

③ 輸出日（×2年４月末日）

（単位：円）

（売掛金）（＊1）	21,000	（売上）	21,000
（通貨オプション）（＊2）	1,780	（繰延ヘッジ損益）	1,780
（繰延ヘッジ損益）（＊3）	2,540	（売上）	2,540

（＊1）@105円×200ドル＝21,000円
（＊2）（@16.0円－@7.1円）×200ドル＝1,780円〈オプション価格の増加〉
（＊3）760円＋1,780円＝2,540円〈繰延ヘッジ損益の累計〉
（注）繰延ヘッジ損益を振り戻すときには，ヘッジ対象となる売上高に加減する。

∴ ×2年度の売上高：21,000円＋2,540円＝23,540円

④ 決済日（×2年５月末日）

（単位：円）

（現金預金）（＊1）	20,000	（売掛金）	21,000
（為替差損益）（＊2）	1,000		
（現金預金）（＊3）	4,000	（通貨オプション）（＊4）	3,200
		（為替差損益）（＊5）	800

（＊1）@100円×200ドル＝20,000円
（＊2）20,000円－21,000円＝△1,000円〈為替差損〉
（＊3）@20.0円×200ドル＝4,000円
（＊4）660円＋760円＋1,780円＝3,200円
　　または，@16.0円×200ドル＝3,200円
（＊5）4,000円－3,200円＝800円〈為替差益〉

∴ ×2年度の為替差損益：△1,000円＋800円＝△200円〈為替差損〉

(2) 時間的価値を区別し，本源的価値の変動のみを繰延処理する方法

① 契約日（×2年２月末日）

（単位：円）

（通貨オプション）（＊）	660	（現金預金）	660

（＊）@3.3円×200ドル＝660円〈オプション料〉

② 決算日（×2年３月末日）

（単位：円）

（通貨オプション）（＊1）	760	（繰延ヘッジ損益）（＊2）	1,000
（為替差損益）（＊3）	240		

（＊1）（@7.1円－@3.3円）×200ドル＝760円〈オプション価格の増加〉
（＊2）（@5.0円－@0.0円）×200ドル＝1,000円〈本源的価値の増加〉
（＊3）（@2.1円－@3.3円）×200ドル＝△240円〈時間的価値の減少〉

∴ ×1年度末の通貨オプション：660円＋760円＝1,420円

∴ ×1年度の為替差損益：△240円〈為替差損〉

③ 輸出日（４月末日）

（単位：円）

（売掛金）（＊1）	21,000	（売上）	21,000
（通貨オプション）（＊2）	1,780	（繰延ヘッジ損益）（＊3）	2,000
（為替差損益）（＊4）	220		
（繰延ヘッジ損益）（＊5）	3,000	（売上）	3,000

（＊1）@105円×200ドル＝21,000円
（＊2）（@16.0円－@7.1円）×200ドル＝1,780円〈オプション価格の増加〉
（＊3）（@15.0円－@5.0円）×200ドル＝2,000円〈本源的価値の増加〉
（＊4）（@1.0円－@2.1円）×200ドル＝△220円〈時間的価値の減少〉
（＊5）1,000円＋2,000円＝3,000円〈繰延ヘッジ損益の累計〉
（注）繰延ヘッジ損益を振り戻すときには，ヘッジ対象となる売上高に加減する。

∴ ×2年度の売上高：21,000円＋3,000円＝24,000円

④ 決済日（５月末日）

（単位：円）

（現金預金）（＊1）	20,000	（売掛金）	21,000
（為替差損益）（＊2）	1,000		
（現金預金）（＊3）	4,000	（通貨オプション）（＊4）	3,200
		（為替差損益）（＊5）	800

（＊1）@100円×200ドル＝20,000円
（＊2）20,000円－21,000円＝△1,000円〈為替差損〉
（＊3）@20.0円×200ドル＝4,000円
（＊4）660円＋760円＋1,780円＝3,200円
　　または，@16.0円×200ドル＝3,200円
（＊5）4,000円－3,200円＝800円〈為替差益〉

∴ ×2年度の為替差損益：△220円－1,000円＋800円＝△420円〈為替差損〉

問題6-12

(1) 原則処理の場合

① 契約日

(単位：円)

	仕訳	なし	

② 利払日

(単位：円)

(現　　　金)	2,050	(金利スワップ差益)	2,050

(注)「金利スワップ差益」は「受取利息」でもよい。

③ 決算日

(単位：円)

(金利スワップ資産)	2,200	(金利スワップ差益)	2,200

(2) ヘッジ会計（繰延ヘッジ会計）の場合

① 契約日

(単位：円)

	仕訳	なし	

② 利払日

(単位：円)

(現　　　金)	2,050	(金利スワップ差益)	2,050

(注)「金利スワップ差益」は「受取利息」でもよい。

③ 決算日

(単位：円)

(金利スワップ資産)	2,200	(繰延税金負債)	(＊1)　660
		(繰延ヘッジ損益)	(＊2)　1,540

解答への道

(＊1) 2,200円×30%＝660円
(＊2) 2,200円－660円＝1,540円

問題6-13

(1) 借入時（×1年10月1日）

(単位：円)

(当座預金)	100,000	(長期借入金)	100,000

(2) 利払時（×2年3月31日）

(単位：円)

(支払利息)	(＊1)　2,100	(現　　　金)	2,100
(現　　　金)	100	(支払利息)	(＊2)　100

(3) 利払時（×2年9月30日）

(単位：円)

(支払利息)	(＊3)　2,200	(現　　　金)	2,200
(現　　　金)	200	(支払利息)	(＊4)　200

解答への道

(1) 借入時

問題文より。

(2) 利払時（×2年3月31日）

(＊1) 100,000円×(3.9%＋0.3%)×$\frac{6か月}{12か月}$＝2,100円〈A銀行への支払利息〉

(＊2) 100,000円×(3.9%＋0.3%－4%)×$\frac{6か月}{12か月}$＝100円〈受取利息（対象の支払利息から控除）〉

(3) 利払時（×2年9月30日）

(＊3) 100,000円×(4.1%＋0.3%)×$\frac{6か月}{12か月}$＝2,200円〈A銀行への支払利息〉

(＊4) 100,000円×(4.1%＋0.3%－4%)×$\frac{6か月}{12か月}$＝200円〈受取利息（対象の支払利息から控除）〉

問題6-14

(1) ×1年4月1日

（単位：円）

（現 金 預 金）	（＊1） 120,000	（社 債）	（＊2） 100,000
		（長 期 前 受 収 益）	（＊3） 20,000

(2) ×2年3月31日

（単位：円）

（社 債 利 息）	（＊4） 11,500	（現 金 預 金）	11,500
（長 期 前 受 収 益）	（＊5） 4,000	（社 債 利 息）	4,000

(3) ×6年3月31日

（単位：円）

（社 債 利 息）	（＊6） 10,000	（現 金 預 金）	10,000
（社 債）	（＊7） 100,000	（現 金 預 金）	100,000
（前 受 収 益）	（＊8） 4,000	（社 債 利 息）	4,000

解答への道

(1) ×1年4月1日

（＊1）1,000ドル×@120円＝120,000円
（＊2）1,000ドル×@100円＝100,000円
（＊3）120,000円－100,000円＝20,000円〈スワップ差額〉

(2) ×2年3月31日

（＊4）1,000ドル×10%×@115円＝11,500円
（＊5）20,000円÷5年＝4,000円〈スワップ差額の配分額＝社債利息の調整〉

(3) ×6年3月31日

（＊6）1,000ドル×10%×@100円＝10,000円
（＊7）1,000ドル×@100円＝100,000円
（＊8）20,000円÷5年＝4,000円〈スワップ差額の配分額＝社債利息の調整〉

Theme 07 有形固定資産

問題7-1

減価償却方法	減価償却費の金額
定 額 法	300,000 円
定 率 法	360,000 円
級 数 法	400,000 円
生産高比例法	320,000 円

解答への道

1．定額法

1,500,000円÷5年＝300,000円
または，
1,500,000円×(1÷5年)＝300,000円
　　0.2(20%)

2．定率法

1÷5年×2＝0.4〈定率法償却率〉
第1期（1年目）　：1,500,000円×0.4＝600,000円
第2期（2年目，当期）：(1,500,000円－600,000円)×0.4＝360,000円

3．級数法

$$1{,}500{,}000円\times\frac{4}{5+4+3+2+1\ (=15)}=400{,}000円$$

4．生産高比例法

$$1{,}500{,}000円\times\frac{320時間}{1{,}500時間}=320{,}000円$$

問題7-2

年　度	減価償却費	貸借対照表価額
×1年度	25, 000円	75, 000円
×2年度	18, 750円	56, 250円
×3年度	14, 063円	42, 187円
×4年度	10, 547円	31, 640円
×5年度	7, 910円	23, 730円
×6年度	7, 926円	15, 804円
×7年度	7, 926円	7, 878円
×8年度	7, 877円	1円

解答への道

1．償却保証額の計算

100, 000円×0. 07909〈保証率〉＝7, 909円〈償却保証額〉

2．各年度における金額の算定

(1)　×1年度

100, 000円×0. 250〈償却率〉＝25, 000円〈調整前償却額〉

25, 000円〈調整前償却額〉 ＞ 7, 909円〈償却保証額〉　∴　均等償却に切り替えない

100, 000円－25, 000円＝75, 000円〈×1年度貸借対照表価額〉

(2)　×2年度

75, 000円〈×1年度貸借対照表価額〉×0. 250〈償却率〉＝18, 750円〈調整前償却額〉

18, 750円〈調整前償却額〉 ＞ 7, 909円〈償却保証額〉　∴　均等償却に切り替えない

75, 000円－18, 750円＝56, 250円〈×2年度貸借対照表価額〉

(3)　×3年度

56, 250円〈×2年度貸借対照表価額〉×0. 250〈償却率〉≒14, 063円〈調整前償却額〉

14, 063円〈調整前償却額〉 ＞ 7, 909円〈償却保証額〉　∴　均等償却に切り替えない

56, 250円－14, 063円＝42, 187円〈×3年度貸借対照表価額〉

(4)　×4年度

42, 187円〈×3年度貸借対照表価額〉×0. 250〈償却率〉≒10, 547円〈調整前償却額〉

10, 547円〈調整前償却額〉 ＞ 7, 909円〈償却保証額〉　∴　均等償却に切り替えない

42, 187円－10, 547円＝31, 640円〈×4年度貸借対照表価額〉

(5)　×5年度

31, 640円〈×4年度貸借対照表価額〉×0. 250〈償却率〉＝7, 910円〈調整前償却額〉

7, 910円〈調整前償却額〉 ＞ 7, 909円〈償却保証額〉　∴　均等償却に切り替えない

31, 640円－7, 910円＝23, 730円〈×5年度貸借対照表価額〉

(6)　×6年度

23, 730円〈×5年度貸借対照表価額〉×0. 250〈償却率〉≒5, 933円〈調整前償却額〉

5, 933円〈調整前償却額〉 ＜ 7, 909円〈償却保証額〉　∴　均等償却に切り替える

23, 730円〈×5年度貸借対照表価額＝改定取得価額〉×0. 334〈改定償却率〉≒7, 926円

23, 730円－7, 926円＝15, 804円〈×6年度貸借対照表価額〉

(7)　×7年度

昨年度に均等償却に切り替わっているため，当期の減価償却費も昨年度と同じ7, 926円となる。

15, 804円－7, 926円＝7, 878円〈×7年度貸借対照表価額〉

(8)　×8年度

最終年度のため，備忘価額の１円を残して減価償却を行う。

7, 878円〈×7年度貸借対照表価額〉－１円＝7, 877円

7, 878円－7, 877円＝１円〈×8年度貸借対照表価額〉

問題7-3

決算整理後残高試算表

×9年３月31日　(単位：千円)

建　　　物	(160, 000)	(建物減価償却累計額)	(32, 000)
車　　　両	(64, 000)	(車両減価償却累計額)	(37, 000)
備　　　品	(25, 000)	(備品減価償却累計額)	(16, 750)
(減価償却費)	(17, 750)		

解答への道

1．建　物

(1)　取得原価の推定

建物は取得（×1年４月１日）から当期首（×8年４月１日）まで７年が経過しており，決算整理前残高試算表に計上されている建物勘定の金額132, 000千円は期首未償却残高を表している。よって，取得原価をxとおくと，次の計算式が成り立つ。

$$\underbrace{x}_{\text{取得原価}} - \underbrace{x \times \frac{7年}{40年}}_{\text{期首減価償却累計額}} = \underbrace{132,000千円}_{\text{期首未償却残高}}$$

x＝160, 000千円

そこで，取得原価160, 000千円と期首未償却残高132, 000千円との差額28, 000千円を期首減価償却累計額として，その貸方に振り替える仕訳を行い，建物勘定の残高を取得原価とする。

(2)　当期減価償却費

160, 000千円÷40年＝4, 000千円

(3)　決算整理仕訳

(単位：千円)

(建　　　物)	28, 000	(建物減価償却累計額)	32, 000
(減 価 償 却 費)	4, 000		

2．車　両

(1)　定率法償却率の算定

$1 \div 8$年$\times 2 = 0.25$

(2)　取得原価の推定

車両は取得（×6年4月1日）から当期首（×8年4月1日）まで2年が経過しており，決算整理前残高試算表に計上されている車両勘定の金額36,000千円は期首未償却残高を表している。よって，取得原価をxとおくと，次の計算式が成り立つ。

$\underset{\text{取得原価}}{x} \times (1-0.25)^2 = \underset{\text{期首未償却残高}}{36,000\text{千円}}$

$x = 64,000$千円

そこで，取得原価64,000千円と期首未償却残高36,000千円との差額28,000千円を期首減価償却累計額として，その貸方に振り替える仕訳を行い，車両勘定の残高を取得原価とする。

(3)　当期減価償却費

(64,000千円－28,000千円)×0.25＝9,000千円

(4)　決算整理仕訳

（単位：千円）

（車　両）	28,000	（車両減価償却累計額）	37,000
（減価償却費）	9,000		

3．備　品

(1)　取得原価の推定

備品勘定の残高13,000千円のうち5,000千円は，当期中に取得した取得原価であり，その差額8,000千円が×5年4月1日に取得したもので，当期首（×8年4月1日）まで3年が経過している。よって，取得原価をxとおくと，次の計算式が成り立つ。

$\underset{\text{取得原価}}{x} - \underset{\text{期首減価償却累計額}}{x \times \frac{3\text{年}}{5\text{年}}} = \underset{\text{期首未償却残高}}{8,000\text{千円}}$

$x = 20,000$千円

そこで，取得原価20,000千円と期首未償却残高8,000千円との差額12,000千円を期首減価償却累計額として，その貸方に振り替える仕訳を行い，備品勘定の残高を従来分と当期中取得分の取得原価合計25,000千円とする。

(2)　当期減価償却費

従来分：20,000千円÷5年＝4,000千円

当期中取得分：5,000千円÷5年×$\frac{9\text{か月}}{12\text{か月}}$＝750千円

（合計）4,750千円

(3)　決算整理仕訳

（単位：千円）

（備　品）	12,000	（備品減価償却累計額）	16,750
（減価償却費）	4,750		

問題7-4

決算整理後残高試算表

×5年3月31日　（単位：円）

建　物	(240,000)	建物減価償却累計額	(32,000)
備　品	(50,000)	備品減価償却累計額	(21,875)
減価償却費	(17,375)		

解答への道

1．建　物

(1)　取得原価の推定（取得から前期末まで3年経過）

建物の取得原価をxとすると，以下の計算式を立てることができる。

$x \times \frac{3\text{年}}{30\text{年}}$＝24,000円〈前T/B建物減価償却累計額〉

$0.1x$＝24,000円

∴　x＝240,000円〈取得原価〉

(2)　減価償却費

240,000円÷30年＝8,000円

（単位：円）

（減価償却費）	8,000	（建物減価償却累計額）	8,000

∴　24,000円〈前T/B建物減価償却累計額〉＋8,000円＝32,000円〈後T/B建物減価償却累計額〉

2．備　品

(1)　取得原価の推定（取得から前期末まで1年経過）

備品の取得原価をxとすると，以下の計算式を立てることができる。

$x - x \times (1-0.25)$＝12,500円〈前T/B備品減価償却累計額〉

$0.25x$＝12,500円

∴　x＝50,000円〈取得原価〉

(2)　減価償却費

(50,000円－12,500円)×0.25＝9,375円

（単位：円）

（減価償却費）	9,375	（備品減価償却累計額）	9,375

∴　12,500円〈前T/B備品減価償却累計額〉＋9,375円＝21,875円〈後T/B備品減価償却累計額〉

8,000円＋9,375円＝17,375円〈後T/B減価償却費〉

問題7-5

(1) 決算整理仕訳

（単位：円）

（減　価　償　却　費）	12,500,000	（備品減価償却累計額）	12,500,000

(2) 損益計算書（一部）

損　益　計　算　書

自×8年4月1日　至×9年3月31日　（単位：円）

⋮

Ⅲ　販売費及び一般管理費

1.（減　価　償　却　費）　（12,500,000）

(3) 貸借対照表（一部）

貸　借　対　照　表

×9年3月31日現在　（単位：円）

⋮			
Ⅱ 固 定 資 産			
備　　　品	（ 80,000,000 ）		
減価償却累計額	（△42,500,000）	（ 37,500,000 ）	

解答への道

(80,000,000円－30,000,000円)÷4年＝12,500,000円

問題7-6

決算整理後残高試算表

×5年3月31日　（単位：円）

建　　　物	（ 6,660,000 ）	建物減価償却累計額	（ 2,586,125 ）
（修　繕　費）	（ 342,000 ）		
（減 価 償 却 費）	（ 177,125 ）		

解答への道

1．資本的支出，収益的支出の処理

建物はすべて同一日に取得したものであることから，1年間の減価償却費を求め，その金額により決算整理前残高試算表の「建物減価償却累計額」を割ることにより，取得から前期末までの経過年数を求めることができる。

また，当初の耐用年数から経過年数を差し引くことにより，当期首からの残存耐用年数が求められる。

6,570,000円〈T/B建物〉÷30年＝219,000円〈1年間の減価償却費〉

2,409,000円〈T/B建物減価償却累計額〉÷219,000円＝11年〈取得から前期末までの経過耐用年数〉

30年〈当初の耐用年数〉－11年＝19年〈当期首からの残存耐用年数〉

よって，支出後の耐用年数は19年＋5年〈延長耐用年数〉＝24年となることから，改修工事時の仕訳は以下のようになる。

（単位：円）

（修　　繕　　費）（＊2）	342,000	（現　金　預　金）	432,000
（建　　　　　物）（＊1）	90,000		

（＊1）432,000円〈支出額〉× $\frac{5年}{24年}$ ＝90,000円〈資本的支出〉

（＊2）432,000円－90,000円＝342,000円〈収益的支出〉

2．減価償却費の計上（定額法）

（単位：円）

（減　価　償　却　費）（＊）	177,125	（建物減価償却累計額）	177,125

（＊）既　存　分：(6,570,000円－2,409,000円)÷24年＝173,375円
　　　　　　　　4,161,000円〈未償却残高〉

資本的支出分：90,000円÷24年＝3,750円

減価償却費：173,375円＋3,750円＝177,125円

問題7-7

（単位：円）

（減価償却費）	200,000	（備品減価償却累計額）	200,000

解答への道

1 ÷ (8年 − 3年) × 200% ＝ 0.4〈定率法償却率〉
　　5年(残存耐用年数)

(800,000円 − 300,000円) × 0.4 ＝ 200,000円〈当期の減価償却費〉

問題7-8

（単位：円）

（減価償却費）	8,000	（備品減価償却累計額）	8,000

解答への道

(100,000円 − 36,000円) ÷ (10年 − 2年) ＝ 8,000円
　　　　　　　　　　　　8年(残存耐用年数)

問題7-9

(1)	平均耐用年数	5.95 年
(2)	減価償却費	369,748 円

解答への道

1．平均耐用年数の計算

	取得原価		減価償却費
事務机およびいす	100,000円 × 4組 ＝	400,000円	400,000円 ÷ 8年 ＝ 50,000円
電子計算機		1,200,000円	1,200,000円 ÷ 6年 ＝ 200,000円
その他の事務機器	200,000円 × 3台 ＝	600,000円	600,000円 ÷ 5年 ＝ 120,000円
		2,200,000円	370,000円

$\frac{2,200,000円}{370,000円}$ ＝ 5.9459…… ≒ 5.95年（小数第3位四捨五入）

2．減価償却費の計算

2,200,000円 ÷ 5.95年 ≒ 369,748円（円未満四捨五入）

問題7-10

（単位：円）

		借方科目	金額	貸方科目	金額
(1)	平均耐用年数		6年		
(2)	①	（機械減価償却累計額）	120,000	（機械）	200,000
		（貯蔵品）	20,000		
		（固定資産除却損）	60,000		
	②	（機械減価償却累計額）	180,000	（機械）	200,000
		（貯蔵品）	20,000		
(3)	①	（現金）	50,000	（機械）	400,000
		（機械減価償却累計額）	360,000	（固定資産売却益）	10,000
	②	（現金）	50,000	（機械）	400,000
		（機械減価償却累計額）	350,000		

なお，(2)①の仕訳は次の仕訳でもよい。

（単位：円）

（機械減価償却累計額）	60,000	（機械）	200,000
（減価償却費）	60,000		
（貯蔵品）	20,000		
（固定資産除却損）	60,000		

解答への道

(1) 平均耐用年数の計算

	取得原価	減価償却総額		年償却額総額	
A機械	200,000円	200,000円 × 0.9 ＝	180,000円	180,000円 ÷ 3年 ＝	60,000円
B機械	400,000円	400,000円 × 0.9 ＝	360,000円	360,000円 ÷ 6年 ＝	60,000円
C機械	800,000円	800,000円 × 0.9 ＝	720,000円	720,000円 ÷ 8年 ＝	90,000円
	1,400,000円		1,260,000円		210,000円

$\frac{1,260,000円}{210,000円}$ ＝ 6年〈平均耐用年数〉

⑵　除却時の処理

①　個別償却 ⇨ 未償却残高が明らかであるため，除却損益が計上される。

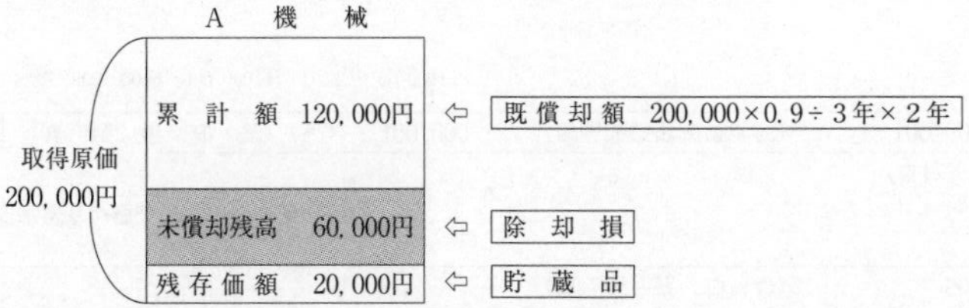

なお，借方の機械減価償却累計額の120,000円は，次の×5年度における決算整理仕訳の後の金額である。

（単位：円）

（減　価　償　却　費）	60,000	（機械減価償却累計額）	60,000

②　総合償却 ⇨ 未償却残高が明らかでないため，除却損益は計上されない。

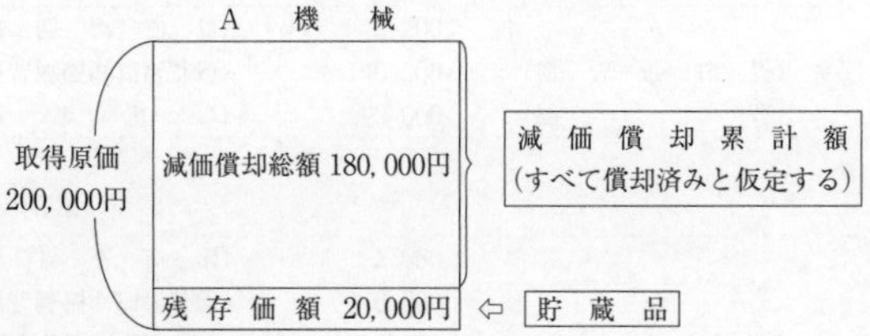

⑶　売却時の処理（総合償却）

①　売却損益を計上する方法 ⇨ 通説（指示がなければこの方法による）

この方法は，減価償却総額（取得原価－残存価額）をすべて償却済みとみなして，売却価額と残存価額の差額により売却損益を計上する。

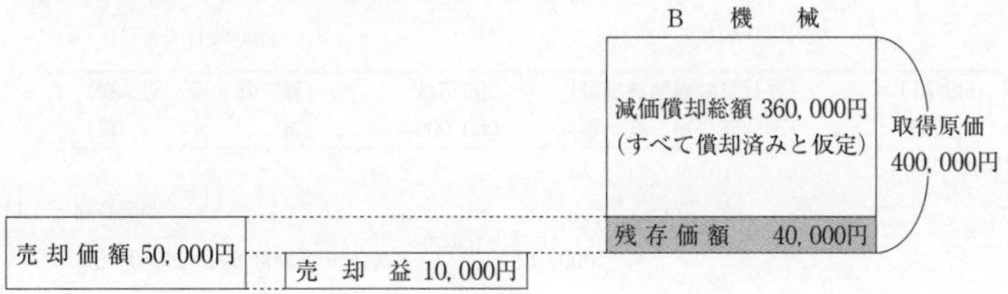

②　売却損益を計上しない方法

この方法は，取得原価と売却価額の差額を売却時までに償却されたものとみなして処理する。

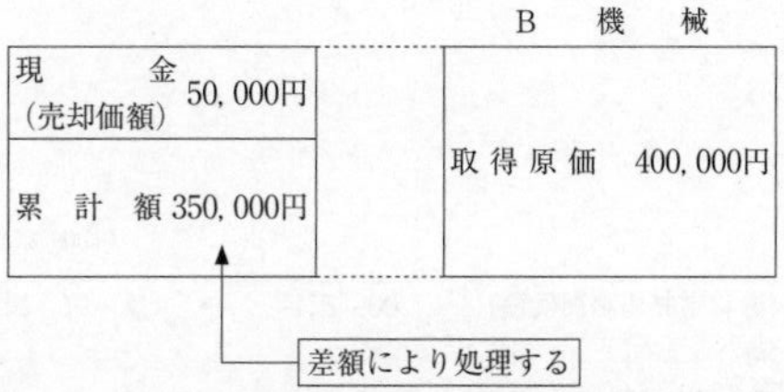

問題7-11

⑴　損益計算書（一部）

損　益　計　算　書

自×4年4月1日　至×5年3月31日　（単位：円）

⋮

Ⅲ　販売費及び一般管理費

1.（減　価　償　却　費）　（ 220,000 ）

⋮

Ⅵ（特　別　利　益）

1.（備　品　売　却　益）　（ 500 ）

⑵　貸借対照表（一部）

貸　借　対　照　表

×5年3月31日現在　（単位：円）

⋮		
Ⅱ 固　定　資　産		
建　　　物	（ 3,900,000 ）	
減価償却累計額	（△1,012,500 ）	（ 2,887,500 ）
備　　　品	（ 800,000 ）	
減価償却累計額	（ △ 500,000 ）	（ 300,000 ）

解答への道

1．建　物

(1)　既存分の減価償却費

(3, 400, 000円〈T/B〉－400, 000円)÷30年＝100, 000円

(2)　期中取得分の減価償却費

$(400,000円+500,000円) \div 30年 \times \frac{5か月}{12か月} = 12,500円$

(3)　当期償却費

（単位：円）

(建　　　　　物)	500, 000	(建　設　仮　勘　定)	500, 000
(減　価　償　却　費)(＊)	112, 500	(建物減価償却累計額)	112, 500

(＊) (1)+(2)＝112, 500円

2．備　品

(1)　期中売却分

①　期中仕訳

（単位：円）

(現　金　預　金)	53, 000	(備　　　　　品)	200, 000
(備品減価償却累計額)	140, 000		
(備　品　売　却　損)	7, 000		

②　正しい仕訳

（単位：円）

(現　金　預　金)	53, 000	(備　　　　　品)	200, 000
(備品減価償却累計額)	140, 000	(備　品　売　却　益)(＊2)	500
(減　価　償　却　費)(＊1)	7, 500		

(＊1) $(200,000円-140,000円) \times 0.25 \times \frac{6か月}{12か月} = 7,500円$

(＊2) $53,000円 - (\underbrace{200,000円-140,000円-7,500円}_{52,500円〈売却時の簿価〉}) = 500円$

③　修正仕訳

（単位：円）

(減　価　償　却　費)	7, 500	(備　品　売　却　損)	7, 000
		(備　品　売　却　益)	500

(2)　期末保有の備品に対する減価償却費

（単位：円）

(減　価　償　却　費)(＊3)	100, 000	(備品減価償却累計額)	100, 000

(＊3) (800, 000円－400, 000円)×0. 25＝100, 000円

問題7-12

(1)　損益計算書（一部）

損　益　計　算　書

自×4年4月1日　至×5年3月31日　（単位：円）

⋮	⋮
Ⅲ　販売費及び一般管理費	
1.(減 価 償 却 費)	(220, 000)
⋮	⋮
Ⅵ (特　別　利　益)	
1.(備 品 売 却 益)	(500)

(2)　貸借対照表（一部）

貸　借　対　照　表

×5年3月31日現在　（単位：円）

⋮			Ⅰ 流　動　負　債	
Ⅱ 固　定　資　産			(未　払　金)	(400, 000)
建　　　物	(3, 900, 000)			
減価償却累計額	(△1, 012, 500)	(2, 887, 500)		
備　　　品	(800, 000)			
減価償却累計額	(△ 500, 000)	(300, 000)		

解答への道

1．建　物

(1)　既存分の建物

3, 000, 000円÷30年＝100, 000円

(2)　期中取得の建物

$900,000円 \div 30年 \times \frac{5か月}{12か月} = 12,500円$

(3)　当期償却費

（単位：円）

(建　　　　　物)	900, 000	(建　設　仮　勘　定)	500, 000
		(未　　払　　金)	400, 000
(減　価　償　却　費)(＊)	112, 500	(建物減価償却累計額)	112, 500

(＊) (1)+(2)＝112, 500円

2．備　品

(1)　売却の処理

①　期中仕訳

（単位：円）

（現　金　預　金）	53,000	（仮　受　金）	53,000

②　正しい仕訳

（単位：円）

（現　金　預　金）	53,000	（備　品）	200,000
（備品減価償却累計額）	140,000	（備　品　売　却　益）（＊2）	500
（減　価　償　却　費）（＊1）	7,500		

（＊1）(200,000円－140,000円)×0.25×$\frac{6か月}{12か月}$＝7,500円

（＊2）53,000円－$\underbrace{(200,000円－140,000円－7,500円)}_{52,500円〈売却時の簿価〉}$＝500円

③　修正仕訳

（単位：円）

（仮　受　金）	53,000	（備　品）	200,000
（備品減価償却累計額）	140,000	（備　品　売　却　益）	500
（減　価　償　却　費）	7,500		

(2)　期末保有の備品に対する減価償却費

（単位：円）

（減　価　償　却　費）（＊3）	100,000	（備品減価償却累計額）	100,000

（＊3）｛$\underbrace{(1,000,000円－200,000円)}_{800,000円}$－$\underbrace{(540,000円－140,000円)}_{400,000円}$｝×0.25＝100,000円

問題7-13

問1　除却した場合の仕訳

（単位：円）

（減価償却累計額）（＊1）	800,000	（車　両）	1,000,000
（減　価　償　却　費）（＊2）	100,000		
（貯　蔵　品）	50,000		
（固定資産除却損）（＊3）	50,000		

問2　廃棄した場合の仕訳

（単位：円）

（減価償却累計額）（＊1）	800,000	（車　両）	1,000,000
（減　価　償　却　費）（＊2）	100,000		
（固定資産廃棄損）（＊3）	100,000		

問3　買い換えた場合の仕訳（時価なし）

（単位：円）

（減価償却累計額）	800,000	（車　両）	1,000,000
（減　価　償　却　費）	100,000	（車　両　売　却　益）	50,000
（車　両）	1,100,000	（現　金）	950,000

問4　買い換えた場合の仕訳（時価あり）

（単位：円）

（減価償却累計額）	800,000	（車　両）	1,000,000
（減　価　償　却　費）	100,000	（車　両　売　却　益）	50,000
（車　両）	1,040,000	（現　金）	890,000

解答への道

問1　除却した場合の仕訳

（＊1）1,000,000円÷5年＝200,000円〈1年分の減価償却費〉
200,000円×4年＝800,000円

（＊2）200,000円×$\frac{6か月}{12か月}$＝100,000円

（＊3）$\underbrace{(1,000,000円－800,000円－100,000円)}_{100,000円〈除却時の帳簿価額〉}$－50,000円〈見積売却価額〉＝50,000円

問2　廃棄した場合の仕訳

（＊1）1,000,000円÷5年＝200,000円〈1年分の減価償却費〉
200,000円×4年＝800,000円

（＊2）200,000円×$\frac{6か月}{12か月}$＝100,000円

（＊3）1,000,000円－800,000円－100,000円＝100,000円〈廃棄時の帳簿価額＝廃棄損〉

問3　買い換えた場合の仕訳（時価なし）

1．売却の仕訳

（単位：円）

（減価償却累計額）（＊1）	800,000	（車　両）		1,000,000
（減価償却費）（＊2）	100,000	（車両売却益）	（＊3）	50,000
（現　金）	150,000			

（＊1）1,000,000円÷5年＝200,000円〈1年分の減価償却費〉
200,000円×4年＝800,000円

（＊2）200,000円×$\frac{6か月}{12か月}$＝100,000円

（＊3）1,000,000円－800,000円－100,000円＝100,000円〈売却時の帳簿価額〉
150,000円〈下取価格〉－100,000円〈売却時の帳簿価額〉＝50,000円

2．購入の仕訳

（単位：円）

（車　両）	1,100,000	（現　金）	1,100,000

3．まとめ

（単位：円）

（減価償却累計額）	800,000	（車　両）		1,000,000
（減価償却費）	100,000	（車両売却益）		50,000
（車　両）	1,100,000	（現　金）	（＊）	950,000

（＊）1,100,000円－150,000円＝950,000円

問4　買い換えた場合の仕訳（時価あり）

1．売却の仕訳…問3と同じ

2．購入の仕訳…問3と同じ

3．時価との差額の処理

下取価格が時価より高い場合には，その差額を新たに取得する有形固定資産に対する値引と考え，その資産の取得原価から控除する。

（単位：円）

（現　金）	60,000	（車　両）	（＊）	60,000

（＊）210,000円－150,000円＝60,000円

4．まとめ

（単位：円）

（減価償却累計額）	800,000	（車　両）		1,000,000
（減価償却費）	100,000	（車両売却益）		50,000
（車　両）	1,040,000	（現　金）	（＊）	890,000

（＊）1,100,000円－60,000円－150,000円＝890,000円

問題7-14

(1) 損益計算書（一部）

損益計算書
自×4年4月1日　至×5年3月31日　（単位：円）

⋮	⋮
Ⅲ　販売費及び一般管理費	
1.（減価償却費）	（　96,875　）
⋮	⋮
Ⅵ　特別利益	
1.（保険差益）	（　5,000　）
Ⅶ　特別損失	
1.（火災損失）	（　9,375　）

(2) 貸借対照表（一部）

貸借対照表
×5年3月31日現在　（単位：円）

⋮		
Ⅱ　固定資産		
建　物	（　600,000　）	
減価償却累計額	（△498,000）	（102,000）
備　品	（　300,000　）	
減価償却累計額	（△131,250）	（168,750）

解答への道

1．建　物

(1) 焼失処理

① 期中仕訳

（単位：円）

（現金預金）	100,000	（仮受金）	100,000

② 正しい仕訳

（単位：円）

（現金預金）	100,000	（建　物）		300,000
（建物減価償却累計額）	200,000	（保険差益）	（＊2）	5,000
（減価償却費）（＊1）	5,000			

（＊1）300,000円÷30年×$\frac{6か月}{12か月}$＝5,000円

（＊2）100,000円－(300,000円－200,000円－5,000円)＝5,000円
（300,000円－200,000円－5,000円：95,000円〈焼失時の簿価〉）

③ 修正仕訳

(単位：円)

(仮受金)	100,000	(建物)	300,000
(建物減価償却累計額)	200,000	(保険差益)	5,000
(減価償却費)	5,000		

(2) 期末保有中の建物に対する減価償却費

(単位：円)

(減価償却費)(＊3)	20,000	(建物減価償却累計額)	20,000

(＊3) (900,000円－300,000円)÷30年＝20,000円

2. 備品

(1) 焼失処理

① 期中仕訳

(単位：円)

(現金預金)	100,000	(備品)	200,000
(備品減価償却累計額)	75,000		
(火災損失)	25,000		

② 正しい仕訳

(単位：円)

(現金預金)	100,000	(備品)	200,000
(備品減価償却累計額)	75,000		
(減価償却費)(＊1)	15,625		
(火災損失)(＊2)	9,375		

(＊1) (200,000円－75,000円)×25%×$\frac{6か月}{12か月}$＝15,625円

(＊2) 100,000円－(200,000円－75,000円－15,625円)＝△9,375円
　　　109,375円〈焼失時の簿価〉

③ 修正仕訳

(単位：円)

(減価償却費)	15,625	(火災損失)	15,625

(2) 期末保有中の備品に対する減価償却費

(単位：円)

(減価償却費)(＊3)	56,250	(備品減価償却累計額)	56,250

(＊3) (300,000円－75,000円)×25%＝56,250円

問題7-15

(1) 直接減額方式（直接減額法）

① ×1年度

損益計算書

自×1年4月1日　至×2年3月31日　(単位：円)

諸費用	2,500,000	諸収益	3,400,000
減価償却費	(400,000)	国庫補助金受贈益	1,600,000
機械圧縮損	(1,600,000)		
法人税、住民税及び事業税	155,000		
当期純利益	(345,000)		
	5,000,000		5,000,000

貸借対照表

×2年3月31日現在　(単位：円)

⋮			⋮	
機械	(2,000,000)		繰越利益剰余金	(445,000)
減価償却累計額	(△400,000)	(1,600,000)		

② ×2年度

損益計算書

自×2年4月1日　至×3年3月31日　(単位：円)

諸費用	4,000,000	諸収益	5,000,000
減価償却費	(320,000)		
法人税、住民税及び事業税	207,000		
当期純利益	(473,000)		
	5,000,000		5,000,000

貸借対照表

×3年3月31日現在　(単位：円)

⋮			⋮	
機械	(2,000,000)		繰越利益剰余金	(918,000)
減価償却累計額	(△720,000)	(1,280,000)		

(2) 積立金方式

① ×1年度

損 益 計 算 書

自×1年4月1日 至×2年3月31日 (単位：円)

諸費用	2,500,000	諸収益	3,400,000
減価償却費	(720,000)	国庫補助金受贈益	1,600,000
法人税、住民税及び事業税	155,000		
法人税等調整額	(384,000)		
当期純利益	(1,241,000)		
	5,000,000		5,000,000

貸 借 対 照 表

×2年3月31日現在 (単位：円)

⋮			⋮	
機械	(3,600,000)		繰延税金負債	(384,000)
減価償却累計額	(△720,000)	(2,880,000)	⋮	
			圧縮積立金	(896,000)
			繰越利益剰余金	(445,000)

② ×2年度

損 益 計 算 書

自×2年4月1日 至×3年3月31日 (単位：円)

諸費用	4,000,000	諸収益	5,000,000
減価償却費	(576,000)	法人税等調整額	(76,800)
法人税、住民税及び事業税	207,000		
当期純利益	(293,800)		
	(5,076,800)		(5,076,800)

貸 借 対 照 表

×3年3月31日現在 (単位：円)

⋮			⋮	
機械	(3,600,000)		繰延税金負債	(307,200)
減価償却累計額	(△1,296,000)	(2,304,000)	⋮	
			圧縮積立金	(716,800)
			繰越利益剰余金	(918,000)

解答への道

1．直接減額方式（直接法）

(1) ×1年度

① 国庫補助金の受入れ

(単位：円)

(現金預金)	1,600,000	(国庫補助金受贈益)	1,600,000

② 機械の購入

(単位：円)

(機械)	3,600,000	(現金預金)	3,600,000
(機械圧縮損)	1,600,000	(機械)	1,600,000

③ 減価償却

(単位：円)

(減価償却費)(＊)	400,000	(減価償却累計額)	400,000

(＊) (3,600,000円－1,600,000円)×0.2＝400,000円

(2) ×2年度

① 減価償却

(単位：円)

(減価償却費)(＊)	320,000	(減価償却累計額)	320,000

(＊) (3,600,000円－1,600,000円－400,000円)×0.2＝320,000円

2．積立金方式

(1) ×1年度

① 国庫補助金の受入れ

(単位：円)

(現金預金)	1,600,000	(国庫補助金受贈益)	1,600,000

② 機械の購入および税効果会計

(単位：円)

(機械)	3,600,000	(現金預金)	3,600,000
(法人税等調整額)	480,000	(繰延税金負債)(＊)	480,000

(＊) 1,600,000円〈将来加算一時差異の発生額〉×30%＝480,000円

③ 減価償却および税効果会計

(単位：円)

(減価償却費)(＊1)	720,000	(減価償却累計額)	720,000
(繰延税金負債)(＊2)	96,000	(法人税等調整額)	96,000

(＊1) 3,600,000円×0.2＝720,000円

(＊2) 1,600,000円×0.2×30%＝96,000円

320,000円〈将来加算一時差異の解消額〉

④ 積立金方式による圧縮記帳および積立金の取崩し

(単位：円)

(繰越利益剰余金)(＊1)	1,120,000	(圧　縮　積　立　金)	1,120,000
(圧　縮　積　立　金)(＊2)	224,000	(繰越利益剰余金)	224,000

(＊1) 1,600,000円－480,000円＝1,120,000円
(＊2) 1,120,000円×0.2＝224,000円

(2) ×2年度

① 減価償却および税効果会計

(単位：円)

(減　価　償　却　費)(＊1)	576,000	(減価償却累計額)	576,000
(繰延税金負債)(＊2)	76,800	(法人税等調整額)	76,800

(＊1) (3,600,000円－720,000円)×0.2＝576,000円
(＊2) (1,600,000円－320,000円)×0.2×30%＝76,800円
256,000円〈将来加算一時差異の解消額〉

② 積立金の取崩し

(単位：円)

(圧　縮　積　立　金)(＊)	179,200	(繰越利益剰余金)	179,200

(＊) (1,120,000円－224,000円)×0.2＝179,200円

問題7-16

問1

永　久　差　異	(1)	(3)

問2

繰延税金資産	41,040千円
繰延税金負債	109,440千円

問3

法人税等調整額	△　30,720千円

解答への道

(1) 受取配当金～ 益金不算入
永久差異に該当するため，税効果会計を適用しない。

(2) 貸倒引当金 ～ 将来減算一時差異

① 損金不算入（前期発生）

(単位：千円)

(繰延税金資産)(＊)	4,320	(法人税等調整額)	4,320

(＊) 14,400千円×30%〈実効税率〉＝4,320千円

② 損金算入（当期解消）

(単位：千円)

(法人税等調整額)	4,320	(繰延税金資産)	4,320

③ 損金不算入（当期発生）

(単位：千円)

(繰延税金資産)(＊)	5,040	(法人税等調整額)	5,040

(＊) 16,800千円×30%＝5,040千円

(3) 交際費 ～ 損金不算入
永久差異に該当するため，税効果会計を適用しない。

(4) 備品の減価償却費 ～ 将来減算一時差異

① 損金不算入（前々期・前期発生の２年分）

(単位：千円)

(繰延税金資産)(＊)	24,000	(法人税等調整額)	24,000

(＊) 960,000千円÷６年＝160,000千円〈会計上の減価償却費〉
960,000千円÷８年＝120,000千円〈税務上の償却限度額〉
(160,000千円－120,000千円)×２年＝80,000千円
40,000千円〈超過額〉
80,000千円×30%＝24,000千円

② 損金不算入（当期発生）

(単位：千円)

(繰延税金資産)(＊)	12,000	(法人税等調整額)	12,000

(＊) (160,000千円－120,000千円)×30%＝12,000千円
40,000千円〈超過額〉

(5) 積立金方式による圧縮記帳 ～ 将来加算一時差異

① 損金算入（前期発生）

(単位：千円)

(法人税等調整額)(＊)	144,000	(繰延税金負債)	144,000

(＊) 480,000千円〈圧縮額〉×30%＝144,000千円

② 損金不算入（前期解消）

(単位：千円)

(繰延税金負債)(＊)	18,000	(法人税等調整額)	18,000

(＊) 1,200,000千円〈取得原価〉÷８年＝150,000千円〈会計上の減価償却費〉
(1,200,000千円〈取得原価〉－480,000千円)÷８年＝90,000千円〈税務上の償却限度額〉
720,000千円〈圧縮後の簿価〉
(150,000千円－90,000千円)×30%＝18,000千円
60,000千円〈超過額〉

③ 損金不算入（当期解消）

（単位：千円）

（繰延税金負債）（*）	18,000	（法人税等調整額）	18,000

（*）（150,000千円－90,000千円）×30%＝18,000千円
60,000千円〈超過額〉

(6) その他有価証券 ～ 評価差額金

① 時価評価（前期末）

（単位：千円）

（その他有価証券）（＊1）	1,200	（繰延税金負債）（＊2）	360
		（その他有価証券評価差額金）（＊3）	840

（＊1）37,200千円〈前期末時価〉－36,000千円〈取得原価〉＝1,200千円〈評価差益〉
（＊2）1,200千円×30%＝360千円
（＊3）1,200千円－360千円＝840千円

② 振戻処理（当期首）

（単位：千円）

（繰延税金負債）	360	（その他有価証券）	1,200
（その他有価証券評価差額金）	840		

③ 時価評価（当期末）

（単位：千円）

（その他有価証券）（＊1）	4,800	（繰延税金負債）（＊2）	1,440
		（その他有価証券評価差額金）（＊3）	3,360

（＊1）40,800千円〈当期末時価〉－36,000千円〈取得原価〉＝4,800千円〈評価差益〉
（＊2）4,800千円×30%＝1,440千円
（＊3）4,800千円－1,440千円＝3,360千円

(7) 勘定記入

繰延税金資産

解説(2)①	4,320	解説(2)②	4,320
解説(4)①	24,000	41,040	
解説(2)③	5,040		
解説(4)②	12,000		

繰延税金負債

解説(5)③	18,000	解説(5)①	144,000
解説(6)②	360	解説(5)②	△18,000
109,440		解説(6)①	360
		解説(6)③	1,440

法人税等調整額

解説(2)②	4,320	解説(2)③	5,040
30,720		解説(4)②	12,000
		解説(5)③	18,000

〔参　考〕

① 繰延税金資産

一時差異	期首	解消	発生	期末
貸倒引当金	14,400	14,400	16,800	16,800
備品の減価償却費	80,000	——	40,000	120,000
合計	94,400	14,400	56,800	136,800
法定実効税率	×30%	×30%	×30%	×30%
繰延税金資産	28,320	4,320	17,040	41,040

② 繰延税金負債

一時差異	期首	解消	発生	期末
積立金方式による圧縮記帳	420,000	60,000	——	360,000
その他有価証券の評価差額	1,200	1,200	4,800	4,800
合計	421,200	61,200	4,800	364,800
法定実効税率	×30%	×30%	×30%	×30%
繰延税金負債	126,360	18,360	1,440	109,440

問題7-17

(1) 損益計算書（一部）

損益計算書
自×4年4月1日　至×5年3月31日　（単位：円）

⋮	⋮
Ⅲ 販売費及び一般管理費	
1.（減価償却費）	（ 29,160 ）
⋮	⋮
Ⅵ 特別利益	
1.（保険差益）	（ 22,000 ）
2.（備品売却益）	（ 400 ）
Ⅶ 特別損失	
1.（建物圧縮損）	（ 22,000 ）

(2) 貸借対照表（一部）

貸借対照表

×5年３月31日現在　（単位：円）

⋮		
Ⅱ 固定資産		
建　　物(注)	(529,200)	
減価償却累計額	(△196,160)	(333,040)
備　　品	(80,000)	
減価償却累計額	(△ 56,000)	(24,000)

(注) 建物圧縮額 (22,000) 円が控除されている。

解答への道

1．建物に関する処理

(1) 焼失した建物に関する処理

① 期中仕訳

（単位：円）

(現金預金)	63,000	(仮受金)	63,000

② 正しい仕訳 ⇨ 期首から焼失時点までの減価償却費を月割計算で計上する。

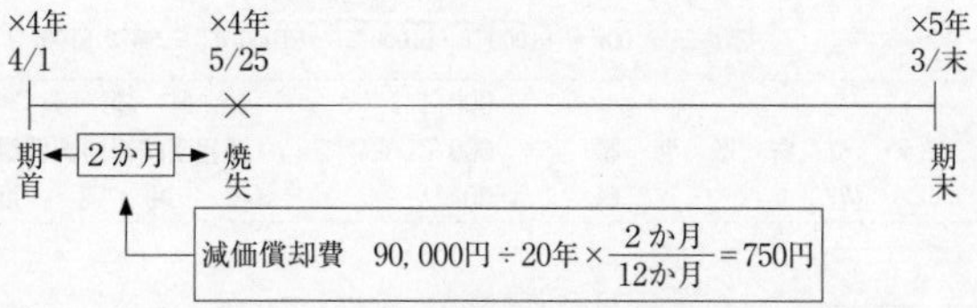

（単位：円）

(現金預金)	63,000	(建物)	90,000
(建物減価償却累計額)	48,250	(保険差益)(＊)	22,000
(減価償却費)	750		

(＊) 63,000円〈保険金受取額〉－(90,000円－48,250円－750円)＝22,000円〈保険差益〉
41,000円〈焼失時の簿価〉

③ 修正仕訳

（単位：円）

(仮受金)	63,000	(建物)	90,000
(建物減価償却累計額)	48,250	(保険差益) P/L特別利益	22,000
(減価償却費)	750		

(2) 当期に取得した建物に関する処理

① 建設仮勘定の建物への振替え

（単位：円）

(建物)	191,200	(建設仮勘定)	191,200

② 圧縮記帳（直接減額方式）

（単位：円）

(建物圧縮損)(注) P/L特別損失	22,000	(建物)	22,000

(注) 保険差益相当額

③ 減価償却費の計上

圧縮記帳を行った場合には，圧縮後の簿価を取得原価とみなして減価償却の計算を行う（月割計算)。

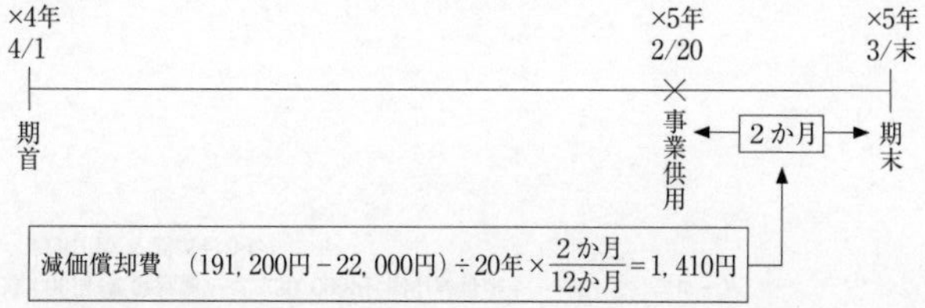

減価償却費　(191,200円－22,000円)÷20年×2か月/12か月＝1,410円

（単位：円）

(減価償却費)	1,410	(建物減価償却累計額)	1,410

(3) (1)，(2)以外の減価償却費の計上

（単位：円）

(減価償却費)(＊)	18,000	(建物減価償却累計額)	18,000

(＊) (450,000円－90,000円)÷20年＝18,000円

P/L建物減価償却費 ⇨ 750円＋1,410円＋18,000円＝20,160円

B/S建物減価償却累計額 ⇨ 225,000円〈T/B〉－48,250円＋1,410円＋18,000円＝196,160円

2．備品に関する処理

(1) 売却した備品に関する仕訳

① 売却時の仕訳

（単位：円）

（現　金　預　金）	7,400	（備　　　　品）	20,000
（備品減価償却累計額）	12,000		
（備　品　売　却　損）	600		

② 正しい仕訳 ⇨ 期首から売却時点までの減価償却費を月割計算で計上する。

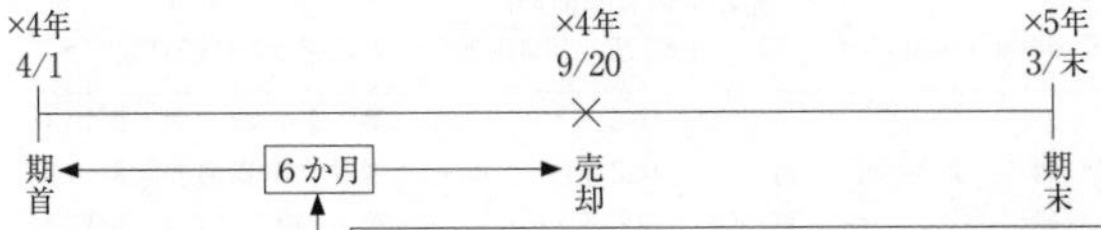

減価償却費　$(20,000円-12,000円)\times 25\%\times\frac{6か月}{12か月}=1,000円$

（単位：円）

（現　金　預　金）	7,400	（備　　　　品）	20,000
（備品減価償却累計額）	12,000	（備　品　売　却　益）（＊）	400
（減　価　償　却　費）	1,000		

（＊）7,400円〈売価〉－（20,000円－12,000円－1,000円）＝400円〈売却益〉
7,000円〈売却時の簿価〉

③ 修正仕訳

（単位：円）

（減　価　償　却　費）	1,000	（備　品　売　却　損）	600
		（備　品　売　却　益） P/L特別利益	400

(2) (1)以外の減価償却費の計上

（単位：円）

（減　価　償　却　費）（＊）	8,000	（備品減価償却累計額）	8,000

（＊）（80,000円－48,000円）×25％＝8,000円

P/L備品減価償却費 ⇨ 1,000円＋8,000円＝ 9,000円
P/L建物減価償却費 ⇨ 20,160円
29,160円〈P/L減価償却費〉
B/S備品減価償却累計額 ⇨ 48,000円＋8,000円＝56,000円

問題7-18

	減損損失
A　備　品	35,000 円
B　備　品	―― 円

（注）減損損失が計上されない場合には，――（線）を記入しなさい。

解答への道

1．A備品

(1) 減損損失の認識（割引前将来キャッシュ・フローが帳簿価額を下回る場合に認識する）
300,000円〈取得原価〉－135,000円〈減価償却累計額〉＝165,000円〈帳簿価額〉
165,000円〈帳簿価額〉 ＞ 150,000円〈割引前将来キャッシュ・フロー〉
∴ 減損損失を認識する。

(2) 減損損失の測定（正味売却価額と使用価値のいずれか高い方の金額と帳簿価額の差額）
130,000円〈正味売却価額〉 ＞ 120,000円〈将来キャッシュ・フローの現在価値＝使用価値〉
∴ 正味売却価額130,000円を回収可能価額とする。
165,000円〈帳簿価額〉－130,000円〈回収可能価額〉＝35,000円〈減損損失〉

2．B備品

(1) 減損損失の認識（割引前将来キャッシュ・フローが帳簿価額を下回る場合に認識する）
400,000円〈取得原価〉－180,000円〈減価償却累計額〉＝220,000円〈帳簿価額〉
220,000円〈帳簿価額〉 ＜ 230,000円〈割引前将来キャッシュ・フロー〉
∴ 減損損失を認識しない。

問題7-19

決算整理後残高試算表

×6年3月31日　（単位：千円）

建　　　物	（ 28,340 ）	建物減価償却累計額	（ 13,000 ）
土　　　地	（ 21,400 ）		
減価償却費	（ 1,500 ）		
減　損　損　失	（ 5,260 ）		

解答への道

減損損失の計上は，当期の減価償却の実施後に行う。

1．減価償却

（単位：千円）

（減　価　償　却　費）（＊）	1,500	（建物減価償却累計額）	1,500

（＊）30,000千円÷20年＝1,500千円

∴　建物減価償却累計額：11,500千円〈前T/B〉＋1,500千円＝13,000千円

2．減損損失

	建物A	建物B	土地C
①　取得原価	4,000千円	5,000千円	6,000千円
②　前期までの減価償却累計額	1,800千円	3,750千円	—
③　当期の減価償却費	（＊1）　200千円	（＊2）　250千円	—
④　期末帳簿価額（①－②－③）	2,000千円	1,000千円	6,000千円
割引前将来キャッシュ・フロー	1,000千円	600千円	2,800千円
判　定（注1）	認識する	認識する	認識する
⑤　回収可能価額（注2）	850千円	490千円	2,400千円
⑥　減損損失（④－⑤）	1,150千円	510千円	3,600千円

（＊1）4,000千円÷20年＝200千円

（＊2）5,000千円÷20年＝250千円

（注1）期末帳簿価額 ＞ 割引前将来キャッシュ・フローの場合には，減損損失を認識する。

（注2）回収可能価額は正味売却価額と使用価値のいずれか高い方である。

（単位：千円）

（減　損　損　失）（＊4）	5,260	（建　　　物）（＊3）	1,660
		（土　　　地）	3,600

（＊3）1,150千円＋510千円＝1,660千円

（＊4）1,660千円＋3,600千円＝5,260千円

∴　建物：30,000千円〈前T/B〉－1,660千円＝28,340千円

∴　土地：25,000千円〈前T/B〉－3,600千円＝21,400千円

問題7-20

	減損損失
機　械　A	2,000 円
機　械　B	400 円

（注）減損損失が計上されない場合には，――（線）を記入しなさい。

解答への道

1．機械A

⑴　減損損失の認識

30,000円〈取得原価〉－13,500円〈既償却額〉＝16,500円〈帳簿価額〉

4,120円〈1年目〉＋3,501円〈2年目〉＋7,868円〈3年目・残存価額含む〉
＝15,489円〈割引前将来ＣＦ（総額）〉

16,500円〈帳簿価額〉 ＞ 15,489円〈割引前将来ＣＦ（総額）〉

∴　減損損失を認識する。

⑵　減損損失の測定

①　使用価値の計算

1 年 目　4,000円 ＝4,120円÷1.03

2 年 目　3,300円 ≒3,501円÷1.03^2

3 年 目　7,200円 ≒7,868円÷1.03^3

使用価値　14,500円

②　減損損失の計算

13,800円〈正味売却価額〉 ＜ 14,500円〈使用価値〉

∴　14,500円〈使用価値〉を回収可能価額とする。

16,500円〈帳簿価額〉－14,500円〈回収可能価額〉＝2,000円〈減損損失〉

2．機械B

⑴　減損損失の認識

20,000円〈取得原価〉－14,400円〈既償却額〉＝5,600円〈帳簿価額〉

1,339円〈1年目〉＋4,031円〈2年目・残存価額含む〉＝5,370円〈割引前将来ＣＦ（総額）〉

5,600円〈帳簿価額〉 ＞ 5,370円〈割引前将来ＣＦ（総額）〉

∴　減損損失を認識する。

⑵　減損損失の測定

①　使用価値の計算

1 年 目　1,300円 ＝1,339円÷1.03

2 年 目　3,800円 ≒4,031円÷1.03^2

使用価値　5,100円

②　減損損失の計算

5,200円〈正味売却価額〉 ＞ 5,100円〈使用価値〉

∴　5,200円〈正味売却価額〉を回収可能価額とする。

5,600円〈帳簿価額〉－5,200円〈正味売却価額〉＝400円〈減損損失〉

問題7-21

	減損損失
A　備　品	70,000 円
B　備　品	―― 円
共用資産	20,000 円

(注) 減損損失が計上されない場合には，―― (線) を記入しなさい。

解答への道

1．A備品

(1) 減損損失の認識（割引前将来キャッシュ・フローが帳簿価額を下回る場合に認識する）

600,000円〈取得原価〉－270,000円〈減価償却累計額〉＝330,000円〈帳簿価額〉

330,000円〈帳簿価額〉 ＞ 300,000円〈割引前将来キャッシュ・フロー〉

∴　減損損失を認識する。

(2) 減損損失の測定（正味売却価額と使用価値のいずれか高い方の金額と帳簿価額の差額）

260,000円〈正味売却価額〉 ＞ 240,000円〈将来キャッシュ・フローの現在価値＝使用価値〉

∴　正味売却価額260,000円を回収可能価額とする。

330,000円〈帳簿価額〉－260,000円〈回収可能価額〉＝70,000円〈減損損失〉

2．B備品

(1) 減損損失の認識（割引前将来キャッシュ・フローが帳簿価額を下回る場合に認識する）

800,000円〈取得原価〉－360,000円〈減価償却累計額〉＝440,000円〈帳簿価額〉

440,000円〈帳簿価額〉 ＜ 460,000円〈割引前将来キャッシュ・フロー〉

∴　減損損失を認識しない。

3．共用資産

共用資産を加えた総額で減損損失の認識，測定を行い，共用資産を加えることによって算定された減損損失の増加額を共用資産に対する減損損失とする。

(1) 減損損失の認識

600,000円＋800,000円＋500,000円＝1,900,000円〈取得原価合計〉

270,000円＋360,000円＋180,000円＝810,000円〈減価償却累計額合計〉

1,900,000円〈取得原価合計〉－810,000円〈減価償却累計額合計〉＝1,090,000円〈帳簿価額合計〉

1,090,000円〈帳簿価額合計〉 ＞ 810,000円〈割引前将来キャッシュ・フロー合計〉

∴　減損損失を認識する。

(2) 減損損失の測定

260,000円＋450,000円＋290,000円＝1,000,000円〈正味売却価額合計〉

1,000,000円〈正味売却価額合計〉 ＞ 680,000円〈将来キャッシュ・フローの現在価値合計＝使用価値合計〉

∴　正味売却価額合計1,000,000円を回収可能価額合計とする。

1,090,000円〈帳簿価額合計〉－1,000,000円〈回収可能価額合計〉＝90,000円〈減損損失合計〉

90,000円〈減損損失合計〉－70,000円〈A備品の減損損失〉

＝20,000円〈減損損失の増加額＝共用資産の減損損失〉

問題7-22

問1

資　産　A	資　産　B
○	○

問2

(単位：千円)

資　産　A	資　産　B
41,320	27,000

問3

(単位：千円)

	各資産の減損損失	各資産の帳簿価額
資　産　A	41,320	153,080
資　産　B	27,000	135,000
共用資産	23,080	96,920

解答への道

(単位：千円)

	資産A	資産B	共用資産	合　計
取得原価	900,000	750,000	300,000	1,950,000
減価償却累計額	(＊1)705,600	(＊2)588,000	(＊3)180,000	1,473,600
帳簿価額	194,400	162,000	120,000	476,400
割引前将来キャッシュ・フロー	(＊4)160,000	(＊8)140,000	―	400,000
減損損失の認識	認識する	認識する	―	認識する
使用価値	(＊5)153,080	(＊9)133,945	―	―
正味売却価額	140,000	135,000	95,000	―
回収可能価額	(＊6)153,080	(＊10)135,000	―	385,000
減損損失	(＊7) 41,320	(＊11) 27,000	(＊13) 23,080	(＊12) 91,400
減損会計適用後の帳簿価額	(＊6)153,080	(＊10)135,000	(＊14) 96,920	385,000

1．減価償却累計額と帳簿価額（すべて当期末までに3年経過）

(＊1) 1÷5年×200%＝0.4〈償却率〉

900,000千円×0.10800＝97,200千円〈償却保証額〉

1年目：900,000千円×0.4＝360,000千円

2年目：(900,000千円－360,000千円)×0.4＝216,000千円

3年目：(900,000千円－360,000千円－216,000千円)×0.4＝129,600千円

累　計：360,000千円＋216,000千円＋129,600千円＝705,600千円

(＊2) 750,000千円×0.10800＝81,000千円〈償却保証額〉

1年目：750,000千円×0.4＝300,000千円

2年目：(750,000千円－300,000千円)×0.4＝180,000千円

3年目：(750,000千円－300,000千円－180,000千円)×0.4＝108,000千円

累　計：300,000千円＋180,000千円＋108,000千円＝588,000千円

(＊3) 300,000千円÷5年×3年＝180,000千円

2．資産AおよびBの減損損失の認識と測定

（＊4）80, 000千円×（5年－3年）＝160, 000千円〈割引前将来CF〉
　194, 400千円〈帳簿価額〉 ＞ 160, 000千円〈割引前将来CF〉 ∴ ○（認識する）
（＊5）80, 000千円×1. 9135〈2年の年金現価係数〉＝153, 080千円〈使用価値〉
（＊6）153, 080千円〈使用価値〉 ＞ 140, 000千円〈正味売却価額〉
　∴ 153, 080千円〈回収可能価額＝減損会計適用後の帳簿価額〉
（＊7）194, 400千円〈帳簿価額〉－153, 080千円〈回収可能価額〉＝41, 320千円〈減損損失〉
（＊8）70, 000千円×（5年－3年）＝140, 000千円〈割引前将来CF〉
　162, 000千円〈帳簿価額〉 ＞ 140, 000千円〈割引前将来CF〉 ∴ ○（認識する）
（＊9）70, 000千円×1. 9135〈2年の年金現価係数〉＝133, 945千円〈使用価値〉
（＊10）133, 945千円〈使用価値〉 ＜ 135, 000千円〈正味売却価額〉
　∴ 135, 000千円〈回収可能価額＝減損会計適用後の帳簿価額〉
（＊11）162, 000千円〈帳簿価額〉－135, 000千円〈回収可能価額〉＝27, 000千円〈減損損失〉

3．共用資産の減損損失の認識と測定

共用資産がある場合には，共用資産を含む，より大きな単位で減損損失の認識と測定を行い，共用資産を加えることによる減損損失の増加額は，原則として，共用資産に配分する。

476, 400千円〈帳簿価額合計〉 ＞ 400, 000〈割引前将来CF〉 ∴ ○（認識する）

（＊12）476, 400千円〈帳簿価額合計〉－385, 000千円〈回収可能価額合計〉＝91, 400千円〈減損損失合計〉
（＊13）91, 400千円〈減損損失合計〉－41, 320千円〈Aの減損損失〉－27, 000千円〈Bの減損損失〉
　＝23, 080千円〈共用資産の減損損失〉
（＊14）120, 000千円〈共用資産の帳簿価額〉－23, 080千円＝96, 920千円〈共用資産の減損会計適用後の帳簿価額〉

問題7-23

1．建物の減価償却費

22, 500	千円

2．備品の減価償却費

31, 900	千円

解答への道

1．建物の減価償却費
　(1, 000, 000千円－300, 000千円－200, 000千円－50, 000千円)÷20年＝22, 500千円
2．備品の減価償却費
　(240, 000千円－105, 000千円－35, 000千円)×0. 319＝31, 900千円

問題7-24

〔問1〕

	×1年度	×2年度
除去費用の費用配分額	148, 166円	148, 166円
時の経過による資産除去債務の調整額	17, 780円	18, 491円

〔問2〕

損 益 計 算 書
自×1年4月1日　至×2年3月31日　（単位：円）

⋮
Ⅲ　販売費及び一般管理費
⋮
　減 価 償 却 費　（2, 665, 946）

貸 借 対 照 表
×2年3月31日現在　（単位：円）

⋮		⋮	
Ⅱ 固 定 資 産		Ⅱ 固 定 負 債	
1．有形固定資産		資産除去債務	（　462, 278）
機　　械	（　7, 944, 498）		
減価償却累計額	（△2, 648, 166）		

（注）除去費用の費用配分額および時の経過による資産除去債務の調整額（利息費用）は減価償却費勘定で処理すること。

〔問3〕

損 益 計 算 書
自×2年4月1日　至×3年3月31日　（単位：円）

⋮
Ⅲ　販売費及び一般管理費
⋮
　減 価 償 却 費　（2, 666, 657）

貸 借 対 照 表
×3年3月31日現在　（単位：円）

⋮		Ⅰ 流 動 負 債	
Ⅱ 固 定 資 産		資産除去債務	（　480, 769）
1．有形固定資産			
機　　械	（　7, 944, 498）		
減価償却累計額	（△5, 296, 332）		

（注）除去費用の費用配分額および時の経過による資産除去債務の調整額（利息費用）は減価償却費勘定で処理すること。

解答への道

1．×1年度期首（取得）

(1) 機械の計上

（単位：円）

（機　　　　械）	7,500,000	（現　金　預　金）	7,500,000

(2) 資産除去債務の計上

（単位：円）

（機　　　　械）（＊2）	444,498	（資 産 除 去 債 務）	444,498

（＊）500,000円÷1.04^3≒444,498円

∴　B/S機械（×1年度および×2年度）：7,500,000円＋444,498円＝7,944,498円

2．×1年度期末（決算）

(1) 機械の減価償却費

（単位：円）

（減 価 償 却 費）（＊）	2,500,000	（減価償却累計額）	2,500,000

（＊）7,500,000円÷3年＝2,500,000円

(2) 除去費用の費用配分

（単位：円）

（減 価 償 却 費）（＊）	148,166	（減価償却累計額）	148,166

（＊）444,498円÷3年＝148,166円

∴　除去費用の費用配分額（×1年度）：148,166円

(3) 調整額（利息費用）の処理

（単位：円）

（減 価 償 却 費）（＊）	17,780	（資 産 除 去 債 務）	17,780

（＊）444,498円×4％≒17,780円

∴　時の経過による資産除去債務の調整額（×1年度）：17,780円

∴　P/L減価償却費（×1年度）：2,500,000円＋148,166円＋17,780円＝2,665,946円

∴　B/S減価償却累計額（×1年度）：2,500,000円＋148,166円＝2,648,166円

∴　B/S資産除去債務（×1年度）：444,498円＋17,780円＝462,278円

3．×2年度期末（決算）

(1) 機械の減価償却費

（単位：円）

（減 価 償 却 費）（＊）	2,500,000	（減価償却累計額）	2,500,000

（＊）7,500,000円÷3年＝2,500,000円

(2) 除去費用の費用配分

（単位：円）

（減 価 償 却 費）（＊）	148,166	（減価償却累計額）	148,166

（＊）444,498円÷3年＝148,166円

∴　除去費用の費用配分額（×2年度）：148,166円

(3) 調整額（利息費用）の処理

（単位：円）

（減 価 償 却 費）（＊）	18,491	（資 産 除 去 債 務）	18,491

（＊）462,278円〈資産除去債務(×1年度末)〉×4％≒18,491円

∴　時の経過による資産除去債務の調整額（×2年度）：18,491円

∴　P/L減価償却費（×2年度）：2,500,000円＋148,166円＋18,491円＝2,666,657円

∴　B/S減価償却累計額（×2年度）：2,648,166円〈減価償却累計額(×1年度末)〉＋2,500,000円
＋148,166円＝5,296,332円

∴　B/S資産除去債務（×2年度）：462,278円〈資産除去債務(×1年度末)〉＋18,491円＝480,769円

〔参　考〕

×3年度期末の仕訳を示すと以下のようになる。なお，機械の備忘価格1円については考慮しないものとする。

4．×3年度期末（決算・除去）

(1) 機械の減価償却費

（単位：円）

（減 価 償 却 費）（＊）	2,500,000	（減価償却累計額）	2,500,000

（＊）7,500,000円÷3年＝2,500,000円

(2) 除去費用の費用配分

（単位：円）

（減 価 償 却 費）（＊）	148,166	（減価償却累計額）	148,166

（＊）444,498円÷3年＝148,166円

(3) 調整額（利息費用）の処理

（単位：円）

（減 価 償 却 費）（＊）	19,231	（資 産 除 去 債 務）	19,231

（＊）480,769円〈資産除去債務(×2年度末)〉×4％≒19,231円

(4) 機械の除去

（単位：円）

（減価償却累計額）（＊）	7,944,498	（機　　　　械）	7,944,498

（＊）7,500,000円＋444,498円＝7,944,498円

(5) 資産除去債務の履行

（単位：円）

（資 産 除 去 債 務）（＊1）	500,000	（現　金　預　金）	520,000
（資 産 除 去 費 用）（＊2）	20,000		

（＊1）480,769円〈資産除去債務(×2年度末)〉＋19,231円＝500,000円
（＊2）貸借差額

問題7-25

問1　除去費用の見積額が200円増加し，2,200円となった場合

	×1年度	×2年度	×3年度
利息費用	52　円	53　円	62　円
減価償却費	60,345　円	60,345　円	60,404　円
資産除去債務	1,777　円	2,008　円	2,070　円

問2　除去費用の見積額が200円減少し，1,800円となった場合

	×1年度	×2年度	×3年度
利息費用	52　円	53　円	49　円
減価償却費	60,345　円	60,345　円	60,284　円
資産除去債務	1,777　円	1,647　円	1,696　円

解答への道

1．×1年度期首（構築物および資産除去債務の計上）：問1および問2共通

（単位：円）

（構築物）（＊2）	301,725	（現金預金）	300,000
		（資産除去債務）（＊1）	1,725

（＊1）2,000円÷1.03^5≒1,725円
（＊2）300,000円＋1,725円＝301,725円

2．×1年度期末（減価償却費および利息費用の計上）：問1および問2共通

（単位：円）

（減価償却費）（＊1）	60,345	（構築物減価償却累計額）	60,345
（利息費用）（＊2）	52	（資産除去債務）	52

（＊1）301,725円÷5年＝60,345円
（＊2）1,725円×3％≒52円〈利息費用〉

（注）「利息費用」は「減価償却費」に含めることもあるが，本問では指示に従い「減価償却費」とは別に解答する。

∴　資産除去債務：1,725円＋52円＝1,777円

3．×2年度期末（減価償却費および利息費用の計上）：問1および問2共通

（単位：円）

（減価償却費）（＊1）	60,345	（構築物減価償却累計額）	60,345
（利息費用）（＊2）	53	（資産除去債務）	53

（＊1）301,725円÷5年＝60,345円
（＊2）(1,725円＋52円)×3％≒53円〈利息費用〉

∴　見積額の変更前の資産除去債務：1,777円＋53円＝1,830円

4．見積額の変更（変更時および変更後の処理）

(1)　問1～除去費用の見積額が200円増加し，2,200円となった場合

①　×2年度期末（変更時の処理）

除去費用の見積額が増加したときは，増加額は増加時の割引率で計算する。

（単位：円）

（構築物）（＊）	178	（資産除去債務）	178

（＊）200円〈増加額〉÷1.04^3≒178円

∴　変更後の資産除去債務：1,830円＋178円＝2,008円

②　×3年度期末（減価償却および利息費用の計上）

（単位：円）

（減価償却費）（＊1）	60,404	（構築物減価償却累計額）	60,404
（利息費用）（＊2）	62	（資産除去債務）	62

（＊1）301,725円÷5年＋178円÷3年≒60,404円
（＊2）(1,725円＋52円＋53円)×3％＋178円×4％≒62円〈利息費用〉

∴　資産除去債務：2,008円＋62円＝2,070円

(2)　問2～除去費用の見積額が200円減少し，1,800円となった場合

①　×2年度期末（変更時の処理）

除去費用の見積額が減少したときは，減少額は当初の割引率で計算する。

（単位：円）

（資産除去債務）（＊）	183	（構築物）	183

（＊）200円〈減少額〉÷1.03^3≒183円

∴　変更後の資産除去債務：1,830円－183円＝1,647円

②　×3年度期末（減価償却および利息費用の計上）

（単位：円）

（減価償却費）（＊1）	60,284	（構築物減価償却累計額）	60,284
（利息費用）（＊2）	49	（資産除去債務）	49

（＊1）301,725円÷5年－183円÷3年＝60,284円
（＊2）(1,725円＋52円＋53円－183円)×3％≒49円〈利息費用〉

∴　資産除去債務：1,647円＋49円＝1,696円

問題7-26

〔問１〕

１．譲渡時の仕訳（土地の売却および優先出資証券の取得）

（単位：円）

（現金）	10,000	（土地）	8,000
		（土地売却益）	（＊1） 2,000
（有価証券）	（＊2） 500	（現金）	500

２．各年度の仕訳（賃貸原価，賃貸収入および配当金の受取り）

（単位：円）

（現金）	115	（受取配当金）	115

〔問２〕

１．譲渡時の仕訳（土地の売却および優先出資証券の取得）

（単位：円）

（現金）	（＊1） 10,000	（借入金）	10,000
（借入金）	（＊2） 2,500	（現金）	2,500

２．各年度の仕訳（賃貸原価，賃貸収入および配当金の受取り）

（単位：円）

（賃貸原価）	100	（賃貸収入）	500
（現金）	（＊3） 400		
（支払利息）	（＊4） 225	（現金）	225

解答への道

〔問１〕

１．判定

$$\frac{\text{500円〈優先出資証券〉}}{\text{10,000円〈土地の時価〉}} = 5\%$$ ∴　売買取引として処理

２．仕訳の各金額

（＊1）10,000円〈土地の時価〉－8,000円〈帳簿価額〉＝2,000円

（＊2）優先出資証券の取得原価

〔問２〕

１．判定

$$\frac{\text{2,500円〈優先出資証券〉}}{\text{10,000円〈土地の時価〉}} = 25\%$$ ∴　金融取引として処理

２．仕訳の各金額

（＊1）土地の売却価額

（＊2）優先出資証券の取得原価

（＊3）500円－100円＝400円

（＊4）社債に対する利息支払額

問題7-27

〔設問１〕

（単位：円）

(1)	（土地）	（＊1） 7,500,000	（当座預金）	10,000,000
	（建物）	（＊2） 2,500,000		
(2)	（土地）	（＊3） 5,200,000	（資本金）	（＊4） 2,500,000
			（株式払込剰余金）	（＊5） 2,500,000
			（現金）	200,000
(3)	（土地）	（＊6） 2,000,000	（土地）	2,000,000
(4)	（土地）	（＊7） 3,000,000	（土地）	2,000,000
			（当座預金）	1,000,000
(5)	（土地）	（＊8） 6,500,000	（有価証券）	6,000,000
			（有価証券売却益）	500,000
(6)	（土地）	（＊9） 5,000,000	（土地受贈益）	5,000,000

〔設問２〕

（単位：円）

(1)	（建物）	1,200,000	（当座預金）	550,000
	（前払費用）	100,000	（営業外支払手形）	750,000
(2)	（支払利息）	25,000	（前払費用）	25,000
(3)	（営業外支払手形）	150,000	（当座預金）	150,000
	（支払利息）	25,000	（前払費用）	25,000
(4)	（営業外支払手形）	150,000	（当座預金）	150,000
	（支払利息）	20,000	（前払費用）	20,000
(5)	（営業外支払手形）	150,000	（当座預金）	150,000
	（支払利息）	15,000	（前払費用）	15,000
	（減価償却費）	20,000	（減価償却累計額）	20,000

解答への道

〔設問1〕

(1) 一括購入

（＊1）$10,000,000円 \times \dfrac{9,000,000円}{9,000,000円+3,000,000円} = 7,500,000円$〈土地の取得原価〉

（＊2）$10,000,000円 \times \dfrac{3,000,000円}{9,000,000円+3,000,000円} = 2,500,000円$〈建物の取得原価〉

(2) 現物出資

（＊3）@100円〈発行価額〉× 50,000株＋200,000円〈付随費用〉＝5,200,000円〈取得原価〉

（＊4）@100円〈発行価額〉× $\dfrac{1}{2}$ ＝@50円

@50円×50,000株＝2,500,000円〈資本金〉

（＊5）@50円×50,000株＝2,500,000円〈株式払込剰余金＝資本準備金〉

(3) 自己所有の有形固定資産と交換

（＊6）2,000,000円〈自己所有の土地の簿価＝取得原価〉

(4) 自己所有の有形固定資産と交換（交換差額あり）

（＊7）2,000,000円〈自己所有の土地の簿価〉＋1,000,000円〈交換差額〉＝3,000,000円〈取得原価〉

(5) 自己所有の有価証券と交換

（＊8）@65,000円〈自己所有の有価証券の時価〉×100株＝6,500,000円〈取得原価〉

(6) 贈　与

（＊9）5,000,000円〈時価＝取得原価〉

〔設問2〕

1．前払費用（利息未決算）

割　賦　売　価　550,000円＋150,000円×5枚＝　1,300,000円

現　金　正　価　　　△1,200,000円〈取得原価〉

100,000円〈前払費用〉

2．利息の計算（級数法）

前払費用 100,000円	×4年12/1〜×4年12/31	×4年12/31〜×5年1/31	×5年1/31〜×5年2/28	×5年2/28〜×5年3/31	×5年3/31〜×5年4/30	×5年4/30〜×5年5/31	
	5,000円	5,000円					
	〃	〃	5,000円				
	〃	〃	〃	5,000円			
	〃	〃	〃	〃	5,000円		
	〃	〃	〃	〃	〃	5,000円	
	750,000円	750,000円	600,000円	450,000円	300,000円	150,000円	＝3,000,000円
	(5)	(5)	(4)	(3)	(2)	(1)	＝ (20)

×4年12/31　$100,000円 \times \dfrac{750,000円}{3,000,000円}\left(\dfrac{5}{20}\right) = 25,000円$

×5年1/31　$100,000円 \times \dfrac{750,000円}{3,000,000円}\left(\dfrac{5}{20}\right) = 25,000円$

×5年2/28　$100,000円 \times \dfrac{600,000円}{3,000,000円}\left(\dfrac{4}{20}\right) = 20,000円$

×5年3/31　$100,000円 \times \dfrac{450,000円}{3,000,000円}\left(\dfrac{3}{20}\right) = 15,000円$

×5年4/30　$100,000円 \times \dfrac{300,000円}{3,000,000円}\left(\dfrac{2}{20}\right) = 10,000円$

×5年5/31　$100,000円 \times \dfrac{150,000円}{3,000,000円}\left(\dfrac{1}{20}\right) = 5,000円$

100,000円〈前払利息〉

3．減価償却費

$1,200,000円 \times 0.05 \times \dfrac{4か月}{12か月} = 20,000円$

償却率0.05は耐用年数20年の定額法償却率である（1年÷20年＝0.05）。

問題7-28

1．取替法による仕訳

（単位：円）

(1)	（構　築　物）	90,000	（当　座　預　金）	90,000
(2)	（構　築　物）	100,000	（当　座　預　金）	100,000
(3)	（構　築　物）	110,000	（当　座　預　金）	110,000
(4)	（固定資産取替費）	120,000	（当　座　預　金）	120,000
	（現　　　　金）	10,000	（固定資産売却益）	10,000

2．取替時の正味の損益および枕木（構築物）の貸借対照表価額

正味の損益	110,000 円
貸借対照表価額	300,000 円

解答への道

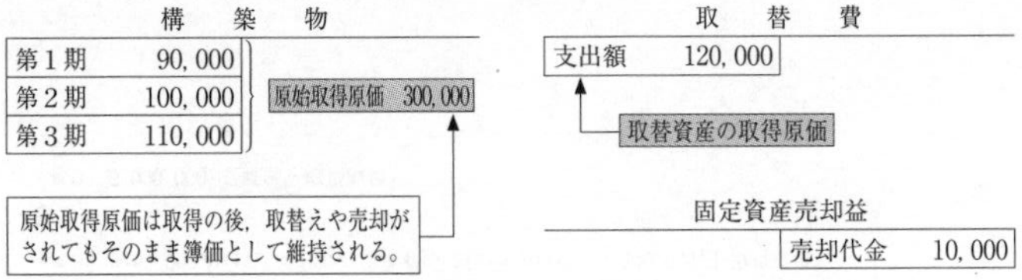

取替時の正味の損益 ⇨ 120,000円〈取替費〉－10,000円〈売却益〉＝110,000円

問題7-29

(1)	売　上　原　価	16,200 円
(2)	売　上　総　利　益	12,800 円
(3)	期末製品棚卸高	10,800 円
(4)	減耗性資産のB/S価額	173,000 円

解答への道

1．減耗性資産のB/S価額

減耗償却は，減価償却とは異なる費用配分方法であるが，手続的には生産高比例法と同じ方法で減耗償却費を計算する。

$$(200{,}000円-20{,}000円)\times\frac{3{,}000トン〈実際採掘量〉}{20{,}000トン〈推定埋蔵量〉}=27{,}000円〈減耗償却費〉$$

200,000円－27,000円＝173,000円〈減耗性資産のB/S価額〉

2．売上原価，売上総利益，期末製品棚卸高の計算

$$27{,}000円 \to \times\frac{1{,}800トン}{3{,}000トン}=16{,}200円〈売上原価〉$$

$$27{,}000円 \to \times\frac{1{,}200トン}{3{,}000トン}=10{,}800円〈期末製品棚卸高〉$$

29,000円〈売上高〉－16,200円〈売上原価〉＝12,800円〈売上総利益〉

問題7-30

「固定資産の減損に係る会計基準」一部

2．減損損失の認識

(1) 減損の兆候がある資産又は資産グループについての減損損失を認識するかどうかの判定は，資産又は資産グループから得られる［割引前］将来キャッシュ・フローの総額と［帳簿価額］を比較することによって行い，資産又は資産グループから得られる［割引前］将来キャッシュ・フローの総額が［帳簿価額］を［下回る］場合には，減損損失を認識する。

(2) 減損損失を認識するかどうかを判定するために［割引前］将来キャッシュ・フローを見積る期間は，資産の［経済的残存使用年数］又は資産グループ中の主要な資産の［経済的残存使用年数］と［20年］のいずれか短い方とする。

3．減損損失の測定

減損損失を認識すべきであると判定された資産又は資産グループについては，［帳簿価額］を［回収可能価額］まで減額し，当該減少額を減損損失として当期の損失とする。

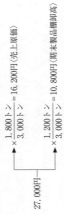

「資産除去債務に関する会計基準」一部

資産除去債務の算定

6．資産除去債務はそれが［発生］したときに，有形固定資産の除去に要する割引前の将来キャッシュ・フローを見積り，割引後の金額（［割引価値］）で算定する。

(1) 割引前の将来キャッシュ・フローは，合理的で説明可能な仮定及び予測に基づく自己の支出見積りによる。その見積金額は，生起する可能性の最も高い単一の金額又は生起し得る複数の将来キャッシュ・フローをそれぞれの発生確率で［加重平均］した金額とする。将来キャッシュ・フローには，有形固定資産の除去に係る作業のために［直接要する支出］のほか，処分に至るまでの支出（例えば，保管や管理のための支出）も含める。

(2) 割引率は，貨幣の時間価値を反映した無リスクの［税引前］の利率とする。

資産除去債務に対応する除去費用の資産計上と費用配分

7．資産除去債務に対応する除去費用は，資産除去債務を［負債］として計上した時に，当該［負債］の計上額と同額を，関連する［有形固定資産］の帳簿価額に加える。

(1)	○	
(2)	○	
(3)	○	
(4)	×	資産除去債務の除去費用は，費用処理ではなく，関連する有形固定資産の帳簿価額に加える。
(5)	×	割引前の将来キャッシュ・フローで算定するのではなく，割引前の将来キャッシュ・フローを見積り，当該額を割り引くことによって算定する。

解答への道

(1) 割引前将来キャッシュ・フローの総額が帳簿価額を下回る場合には，減損損失を認識する。

(2) 減損損失を認識すべきであると判定された資産または資産グループについては，帳簿価額を回収可能価額まで減額し，当該減少額を減損損失として当期の損失とする。

(3) 回収可能価額とは，資産または資産グループの正味売却価額と使用価値のいずれか高い方の金額をいう。

(4) 資産除去債務に対応する除去費用は，資産除去債務を負債として計上した時に，当該負債の計上額と同額を，関連する有形固定資産の帳簿価額に加える。

(5) 資産除去債務はそれが発生したときに，有形固定資産の除去に要する割引前の将来キャッシュ・フローを見積り，割引後の金額（割引価値）で算定する。

問題7-31

	○または×	理由
(1)	×	割引前将来キャッシュ・フローの総額が帳簿価額を下回る場合に減損損失を認識する。
(2)	○	
(3)	×	回収可能価額とは，資産または資産グループの正味売却価額と使用価値のいずれか高い方の金額をいう。
(4)	○	
(5)	×	減損損失計上後に回収可能価額が帳簿価額を上回った場合でも，減損損失の戻入れは行わない。
(6)	×	他の基準に減損処理に関する定めがある資産については，対象資産から除かれる。

解答への道

(1) 減損損失を認識するのは，割引前将来キャッシュ・フローの総額（将来得られると予想される資金）が帳簿価額（現時点で支出している資金）を下回る場合である。

(2) 減損損失の計算は以下のような式で表される。

減損損失＝帳簿価額－回収可能額

帳簿価額（現時点で支出している資金）と回収可能額（得られると予想される資金）の差額が減損損失となる。

(3) 回収可能価額とは，正味売却価額（売却して得られると予想される資金）と使用価値（将来得られると予想される資金の現在価値）のいずれか高い方の金額をいう。

(4) 使用価値とは，将来キャッシュ・フローの現在価値（割引後将来キャッシュ・フロー）をいう。

(5) 減損損失の計上後は，減損損失の戻入れは行わない。

(6) 固定資産の減損に係る会計基準は，他の基準に減損処理に関する定めがある資産については対象資産から除かれる。たとえば，「金融商品に関する会計基準」における金融資産や「税効果会計に係る会計基準」における繰延税金資産等がこれに該当する。逆に，無形固定資産に該当する「のれん」や，リース取引によって取得した固定資産は対象資産になるので注意すること。

問題7-32

	○または×	理　　　　由
(1)	○	
(2)	○	
(3)	×	時の経過による資産除去債務の調整額は，期首の帳簿価額に資産除去債務を計上した時の割引率を乗じて算定し，その発生時の費用として処理する。
(4)	○	

解答への道

(1) 資産除去債務は，資産除去債務が発生した時点で有形固定資産の除去に要する金額を割引前の金額で見積り，当該金額を割引計算することによって算定する。

(2) 資産除去債務に対応する除去費用は，資産除去債務を計上した時点の額と同額を有形固定資産の帳簿価額に加える。

(3) 時の経過による資産除去債務の調整額は，期首の帳簿価額に資産除去債務を計上した時の割引率を乗じて金額を算定して，資産としてではなく，その発生時の費用として処理する。

(4) 資産除去債務の貸借対照表の表示は，資産除去の履行が貸借対照表日後１年以内と見込まれる場合は流動負債の区分に表示し，これ以外の場合は固定負債の区分に表示する。

Theme 08 リース取引

問題8-1

	いずれか○で囲む	取得価額相当額
A備品	**移転**　移転外	100,000円
B備品	**移転**　移転外	190,000円
C備品	移転　**移転外**	140,000円
D備品	移転　**移転外**	280,000円

解答への道

1．リース取引の判定

ファイナンス・リース取引かオペレーティング・リース取引かの判定方法基準は，「現在価値基準」と「経済的耐用年数基準」があるが，いずれかの基準を満たせば，ファイナンス・リース取引となる。

(1) 現在価値基準

リース料総額の現在価値が，見積現金購入価額のおおむね90％以上になる場合は，ファイナンス・リース取引と判定される。

A備品：100,000円〈見積現金購入価額〉×90％＝90,000円
90,000円 ＜ 100,000円〈リース料総額の割引現在価値〉
∴ ファイナンス・リース取引に該当
所有権移転条項付リースであるため「所有権移転ファイナンス・リース取引」となる。

B備品：200,000円〈見積現金購入価額〉×90％＝180,000円
180,000円 ＜ 190,000円〈リース料総額の割引現在価値〉
∴ ファイナンス・リース取引に該当
割安購入選択権付リースであるため「所有権移転ファイナンス・リース取引」となる。

C備品：150,000円〈見積現金購入価額〉×90％＝135,000円
135,000円 ＜ 140,000円〈リース料総額の割引現在価値〉
∴ ファイナンス・リース取引に該当
契約終了後に備品はリース会社に返却されるため「所有権移転外ファイナンス・リース取引」となる。

D備品：300,000円〈見積現金購入価額〉×90％＝270,000円
270,000円 ＜ 280,000円〈リース料総額の割引現在価値〉
∴ ファイナンス・リース取引に該当
契約終了後に備品はリース会社に返却されるため「所有権移転外ファイナンス・リース取引」となる。

(2) 経済的耐用年数基準

「現在価値基準」によりすべて，ファイナンス・リース取引と判定されているので，経済的耐用年数基準で判定をする必要はないが，参考までに示しておく。なお，経済的耐用年数基準は，解約不能のリース期間が，経済的耐用年数のおおむね75%以上になる場合は，ファイナンス・リース取引と判定される。

A備品：9年 ＞ 7.5年＝10年〈経済的耐用年数〉×75%

∴ ファイナンス・リース取引

所有権移転条項付リースであるため「所有権移転ファイナンス・リース取引」となる。

B備品：8年 ＞ 7.5年＝10年〈経済的耐用年数〉×75%

∴ ファイナンス・リース取引

割安購入選択権付リースであるため「所有権移転ファイナンス・リース取引」となる。

C備品：5年 ＞ 4.5年＝6年〈経済的耐用年数〉×75%

∴ ファイナンス・リース取引

契約終了後に備品はリース会社に返却されるため「所有権移転外ファイナンス・リース取引」となる。

D備品：4年 ＞ 3.75年＝5年〈経済的耐用年数〉×75%

∴ ファイナンス・リース取引

契約終了後に備品はリース会社に返却されるため「所有権移転外ファイナンス・リース取引」となる。

2．取得原価相当額の算定

(1) A備品（所有権移転ファイナンス・リース取引）

所有権移転ファイナンス・リース取引に該当し，貸手の購入価額が借手で明らかな場合は，貸手の購入価額（100,000円）が取得原価相当額となる。

(2) B備品（所有権移転ファイナンス・リース取引）

所有権移転ファイナンス・リース取引に該当し，貸手の購入価額が借手で明らかでない場合は，見積現金購入価額（200,000円）とリース料総額の割引現在価値（190,000円）を比較して低い額（190,000円）が取得原価相当額となる。

(3) C備品（所有権移転外ファイナンス・リース取引）

所有権移転外ファイナンス・リース取引に該当し，貸手の購入価額が借手で明らかな場合は，貸手の購入価額（150,000円）とリース料総額の割引現在価値（140,000円）を比較して低い額（140,000円）が取得原価相当額となる。

(4) D備品（所有権移転外ファイナンス・リース取引）

所有権移転外ファイナンス・リース取引に該当し，貸手の購入価額が借手で明らかでない場合は，見積現金購入価額（300,000円）とリース料総額の割引現在価値（280,000円）を比較して低い額（280,000円）が取得原価相当額となる。

問題8-2

損益計算書

自×1年4月1日　至×2年3月31日　（単位：円）

⋮	
Ⅲ 販売費及び一般管理費	
（減価償却費）	（ 162,992 ）
⋮	
Ⅴ 営業外費用	
（支払利息）	（ 28,870 ）

貸借対照表

×2年3月31日現在　（単位：円）

⋮			Ⅰ 流動負債	
Ⅱ 固定資産			リース債務	（ 177,890 ）
リース資産	（ 726,310）		⋮	
減価償却累計額	（△162,992）	（ 563,318 ）	Ⅱ 固定負債	
			長期リース債務	（ 377,290 ）

解答への道

1．リース取引の判定

(1) A備品

5年〈経済的耐用年数〉×75%＝3.75年 ＜ 4年〈リース期間〉

∴ ファイナンス・リース取引に該当

A備品は所有権移転条項があるため「所有権移転ファイナンス・リース取引」に該当する。

(2) B備品

5年〈経済的耐用年数〉×75%＝3.75年 ＜ 4年〈リース期間〉

∴ ファイナンス・リース取引に該当

B備品は所有権移転条項がないため「所有権移転外ファイナンス・リース取引」に該当する。

2．A備品（所有権移転ファイナンス・リース取引）

(1) 契約時

所有権移転ファイナンス・リース取引の場合，借手で貸手の購入価額が明らかな場合は，貸手の購入価額を取得価額相当額とする。

（単位：円）

（リース資産）	371,710	（リース債務）	371,710

(2) リース料支払時

（単位：円）

（リース債務）（＊1）	88,850	（現金預金）	100,000
（支払利息）（＊2）	11,150		

（＊1）100,000円×(3.7171〈3%，4年〉－2.8286〈3%，3年〉)＝88,850円

（＊2）100,000円－88,850円＝11,150円

(3) 減価償却

所有権移転ファイナンス・リース取引の場合，経済的耐用年数により減価償却費の計算を行う。

(単位：円)

(減価償却費)(＊)	74,342	(減価償却累計額)	74,342

(＊) 371,710円÷5年＝74,342円

(4) 貸借対照表の表示

リース債務を貸借対照表に計上する場合，1年以内に返済予定の額を流動負債に「リース債務」として，1年を超えて返済する額を固定負債に「長期リース債務」として計上する。

100,000円×(2.8286〈3％，3年〉－1.9135〈3％，2年〉)＝91,510円〈リース債務〉

100,000円×1.9135〈3％，2年〉＝191,350円〈長期リース債務〉

3．B備品（所有権移転外ファイナンス・リース取引）

(1) 契約時

所有権移転外ファイナンス・リース取引の場合，借手で貸手の購入価額が明らかでない場合には，見積現金購入価額とリース料総額の割引現在価値とを比較し，いずれか低い額を取得価額相当額とする。

(単位：円)

(リース資産)(＊)	354,600	(リース債務)	354,600

(＊) 100,000円×3.5460〈5％，4年〉＝354,600円〈リース料総額の割引現在価値〉
354,600円 ＜ 362,990円　∴ 354,600円

(2) リース料支払時

(単位：円)

(リース債務)(＊1)	82,280	(現金預金)	100,000
(支払利息)(＊2)	17,720		

(＊1) 100,000円×(3.5460〈5％，4年〉－2.7232〈5％，3年〉)＝82,280円
(＊2) 100,000円－82,280円＝17,720円

(3) 減価償却

所有権移転外ファイナンス・リース取引の場合，リース期間により減価償却費の計算を行う。

(単位：円)

(減価償却費)(＊)	88,650	(減価償却累計額)	88,650

(＊) 354,600円÷4年＝88,650円

(4) 貸借対照表の表示

リース債務を貸借対照表に計上する場合，1年以内に返済予定の額を流動負債に「リース債務」として，1年を超えて返済する額を固定負債に「長期リース債務」として計上する。

100,000円×(2.7232〈5％，3年〉－1.8594〈5％，2年〉)＝86,380円〈リース債務〉

100,000円×1.8594〈5％，2年〉＝185,940円〈長期リース債務〉

問題8-3

損益計算書

自×1年4月1日　至×2年3月31日　(単位：円)

⋮

Ⅲ 販売費及び一般管理費
　(減価償却費)　(166,838)
　⋮
Ⅴ 営業外費用
　(支払利息)　(45,154)

貸借対照表

×2年3月31日現在　(単位：円)

⋮		Ⅰ 流動負債	
Ⅱ 固定資産		リース債務	(189,568)
リース資産 (667,350)		⋮	
減価償却累計額 (△166,838)	(500,512)	Ⅱ 固定負債	
		長期リース債務	(302,936)

解答への道

1．A備品（所有権移転ファイナンス・リース取引）

(1) 契約時

所有権移転ファイナンス・リース取引の場合，借手で貸手の購入価額が明らかな場合は，貸手の購入価額を取得価額相当額とする。

(単位：円)

(リース資産)	366,275	(リース債務)	366,275

(2) リース料支払時（半年×2回分＝1年分）

半年複利の場合は，半年分の利息2％の8回払いと考えて計算する。

(単位：円)

(リース債務)(＊2)	86,205	(現金預金)(＊1)	100,000
(支払利息)(＊3)	13,795		

(＊1) 50,000円×2回＝100,000円
(＊2) 50,000円×(7.3255〈2％，8年〉－5.6014〈2％，6年〉)＝86,205円
(＊3) 100,000円－86,205円＝13,795円

(3) 減価償却

所有権移転ファイナンス・リース取引の場合，経済的耐用年数により減価償却費の計算を行う。

(単位：円)

(減価償却費)(＊)	91,569	(減価償却累計額)	91,569

(＊) 366,275円÷4年≒91,569円

(4) 貸借対照表の表示

リース債務を貸借対照表に計上する場合，1年以内に返済予定の額を流動負債に「リース債務」として，1年を超えて返済する額を固定負債に「長期リース債務」として計上する。

50,000円×(5.6014〈2％，6年〉－3.8077〈2％，4年〉)＝89,685円〈リース債務〉

50,000円×3.8077〈2％，4年〉＝190,385円〈長期リース債務〉

2．B備品（所有権移転ファイナンス・リース取引）

(1) 契約時

所有権移転ファイナンス・リース取引の場合，借手で貸手の購入価額が明らかな場合は，貸手の購入価額を取得価額相当額とする。

(単位：円)

(リ ー ス 資 産)	301,075	(リ ー ス 債 務)	301,075

(2) リース料支払時（1か月×12回分＝1年分）

1か月複利の場合は，1か月分の利息1％の36回払いと考えて計算する。

(単位：円)

(リ ー ス 債 務)(＊2)	88,641	(現 金 預 金)(＊1)	120,000
(支 払 利 息)(＊3)	31,359		

(＊1) 10,000円×12回＝120,000円

(＊2) 10,000円×(30.1075〈1％，36年〉－21.2434〈1％，24年〉)＝88,641円

(＊3) 120,000円－88,641円＝31,359円

(3) 減価償却

所有権移転ファイナンス・リース取引の場合，経済的耐用年数により減価償却費の計算を行う。

(単位：円)

(減 価 償 却 費)(＊)	75,269	(減 価 償 却 累 計 額)	75,269

(＊) 301,075円÷4年≒75,269円

(4) 貸借対照表の表示

リース債務を貸借対照表に計上する場合，1年以内に返済予定の額を流動負債に「リース債務」として，1年を超えて返済する額を固定負債に「長期リース債務」として計上する。

10,000円×(21.2434〈1％，24年〉－11.2551〈1％，12年〉)＝99,883円〈リース債務〉

10,000円×11.2551〈1％，12年〉＝112,551円〈長期リース債務〉

問題8-4

1．×1年度の減価償却費
2．×1年度の支払利息
3．×1年度末のリース資産の帳簿価額
4．×1年度末のリース債務（未払利息を除く）
5．×2年度の減価償却費
6．×2年度の支払利息
7．×2年度末のリース資産の帳簿価額
8．×2年度末のリース債務（未払利息を除く）

1	36,299 円	2	7,260 円
3	326,691 円	4	362,990 円
5	72,598 円	6	12,810 円
7	254,093 円	8	277,510 円

解答への道

(1) ×1年10月1日（取得日）

(単位：円)

(リ ー ス 資 産)(＊)	362,990	(リ ー ス 債 務)	362,990

(＊) 100,000円×3.6299〈年4％，4年の係数〉＝362,990円〈リース料総額の割引現在価値〉
362,990円 ＜ 371,710円〈見積現金購入価額〉 ∴ 362,990円

(2) ×2年3月31日

① 未払利息の見越計上

リース料の支払いは×2年9月30日であるが，経過期間の未払利息を見越計上する。ただし，リース料は，まだ支払っていないため，×2年3月31日（×1年度末）のリース債務残高は362,990円となる。

(単位：円)

(支 払 利 息)(＊)	7,260	(未 払 利 息)	7,260

(＊) 100,000円×2.7751〈年4％，3年の係数〉＝277,510円〈×2年9月30日のリース債務の残高〉
362,990円－277,510円＝85,480円〈×2年9月30日のリース債務の返済額〉
100,000円－85,480円＝14,520円〈×2年9月30日までの支払利息〉
14,520円×$\frac{6か月}{12か月}$＝7,260円〈×2年3月31日までの支払利息〉

② 減価償却費の計上

(単位：円)

(減 価 償 却 費)(＊)	36,299	(減 価 償 却 累 計 額)	36,299

(＊) 362,990円÷5年〈経済的耐用年数〉＝72,598円〈年減価償却費〉
72,598円×$\frac{6か月}{12か月}$＝36,299円〈×2年3月31日までの減価償却費〉

∴ ×1年度末のリース資産の帳簿価額：362,990円－36,299円＝326,691円

(3) ×2年4月1日（未払利息の再振替）

（単位：円）

（未　払　利　息）	7, 260	（支　払　利　息）	7, 260

(4) ×2年9月30日（リース料の支払い）

（単位：円）

（支　払　利　息）	14, 520	（現　金　預　金）	100, 000
（リ　ー　ス　債　務）	85, 480		

(5) ×3年3月31日

① 未払利息の見越計上

リース料の支払いは×3年9月30日であるが，経過期間の未払利息を見越計上する。ただし，リース料は，まだ支払っていないため，×3年3月31日（×2年度末）のリース債務残高は277, 510円となる。

（単位：円）

（支　払　利　息）（＊）	5, 550	（未　払　利　息）	5, 550

（＊）100, 000円×1. 8861〈年4％，2年の係数〉＝188, 610円〈×3年9月30日のリース債務の残高〉
277, 510円－188, 610円＝88, 900円〈×3年9月30日のリース債務の返済額〉
100, 000円－88, 900円＝11, 100円〈×3年9月30日までの支払利息〉
11, 100円×$\frac{6か月}{12か月}$＝5, 550円〈×3年3月31日までの支払利息〉

∴　×2年度の支払利息：△7, 260円＋14, 520円＋5, 550円＝12, 810円

② 減価償却費の計上

（単位：円）

（減　価　償　却　費）（＊）	72, 598	（減価償却累計額）	72, 598

（＊）362, 990円÷5年〈経済的耐用年数〉＝72, 598円〈年減価償却費〉

∴　×2年度末のリース資産の帳簿価額：362, 990円－(36, 299円＋72, 598円)＝254, 093円

問題8-5

(A) リース取引開始時に売上高と売上原価を計上する方法

損　益　計　算　書

自×1年4月1日　至×2年3月31日　（単位：円）

Ⅰ 売　上　高	（ 120, 000 ）
Ⅱ 売　上　原　価	（ 100, 000 ）
修正前売上総利益	（ 20, 000 ）
繰延リース利益繰入	（ 13, 600 ）
売　上　総　利　益	（ 6, 400 ）
⋮	
Ⅳ 営　業　外　収　益	
受　取　利　息	（ ── ）

貸　借　対　照　表

×2年3月31日現在　（単位：円）

⋮		⋮	
リ　ー　ス　債　権	（ 82, 400 ）	買　掛　金	（ 100, 000 ）

(B) リース料受取時に売上高と売上原価を計上する方法

損　益　計　算　書

自×1年4月1日　至×2年3月31日　（単位：円）

Ⅰ 売　上　高	（ 24, 000 ）
Ⅱ 売　上　原　価	（ 17, 600 ）
修正前売上総利益	（ 6, 400 ）
繰延リース利益繰入	（ ── ）
売　上　総　利　益	（ 6, 400 ）
⋮	
Ⅳ 営　業　外　収　益	
受　取　利　息	（ ── ）

貸　借　対　照　表

×2年3月31日現在　（単位：円）

⋮		⋮	
リ　ー　ス　債　権	（ 82, 400 ）	買　掛　金	（ 100, 000 ）

(C) 売上高を計上せずに利息相当額を各期へ配分する方法

損益計算書

自×1年4月1日　至×2年3月31日　（単位：円）

Ⅰ 売上高		（ —— ）
Ⅱ 売上原価		（ —— ）
	修正前売上総利益	（ —— ）
	繰延リース利益繰入	（ —— ）
	売上総利益	（ —— ）
⋮		
Ⅳ 営業外収益		
	受取利息	（ 6,400 ）

貸借対照表

×2年3月31日現在　（単位：円）

⋮		⋮	
リース債権	（ 82,400 ）	買掛金	（ 100,000 ）

解答への道

(A) リース取引開始時に売上高と売上原価を計上する方法

(1) 取引開始時（×1年4月1日）

（単位：円）

（リース債権）（＊1）	120,000	（売上高）	120,000
（売上原価）（＊2）	100,000	（買掛金）	100,000

（＊1）120,000円〈リース料総額〉

（＊2）100,000円〈リース物件の現金購入価額〉

(2) リース料受取時（×2年3月31日）

（単位：円）

（現金預金）（＊）	24,000	（リース債権）	24,000

（＊）24,000円〈受取リース料〉

(3) 決算時（×2年3月31日）

（単位：円）

（繰延リース利益繰入）（＊）	13,600	（繰延リース利益）	13,600

（＊）120,000円〈売上高〉－100,000円〈売上原価〉＝20,000円〈売上総利益＝利息相当額〉
100,000円×6.4％＝6,400円
20,000円－6,400円＝13,600円

（注）繰延リース利益は，貸借対照表上，リース債権から控除すること。

(B) リース料受取時に売上高と売上原価を計上する方法

(1) 取引開始時（×1年4月1日）

（単位：円）

（リース債権）（＊）	100,000	（買掛金）	100,000

（＊）100,000円〈リース物件の現金購入価額〉

(2) リース料受取時（×2年3月31日）

（単位：円）

（現金預金）（＊1）	24,000	（売上高）	24,000
（売上原価）（＊2）	17,600	（リース債権）	17,600

（＊1）24,000円〈受取リース料〉

（＊2）100,000円〈リース債権残高〉×6.4％＝6,400円〈受取リース料に含まれる利息相当額〉
24,000円－6,400円＝17,600円

(3) 決算時（×2年3月31日）

（単位：円）

仕訳なし

(C) 売上高を計上せずに利息相当額を各期へ配分する方法

(1) 取引開始時（×1年4月1日）

（単位：円）

（リース債権）（＊）	100,000	（買掛金）	100,000

（＊）100,000円〈リース物件の現金購入価額〉

(2) リース料受取時（×2年3月31日）

（単位：円）

（現金預金）（＊1）	24,000	（リース債権）（＊3）	17,600
		（受取利息）（＊2）	6,400

（＊1）24,000円〈受取リース料〉

（＊2）100,000円〈リース債権残高〉×6.4％＝6,400円〈受取リース料に含まれる利息相当額〉

（＊3）貸借差額

(3) 決算時（×2年3月31日）

（単位：円）

仕訳なし

問題8-6

〔設問１〕Ａ社における次の各金額

①	×4年度における損益計算書上の支払リース料	150,000 円
②	×4年度末におけるリース資産の貸借対照表価額	345,763 円
③	×4年度末におけるリース債務の貸借対照表価額	375,696 円

〔設問２〕Ｂ社における次の各金額

①	×4年度における損益計算書上の減価償却費	42,429 円
②	×4年度における損益計算書上の受取利息	28,116 円
③	×4年度末における備品の貸借対照表価額	339,432 円

解答への道

「リース取引に関する会計基準の適用指針」では，リース取引をファイナンス・リース取引とオペレーティング・リース取引に分類する判定基準の１つとして，リース期間がリース物件の耐用年数の75％以上の場合にはファイナンス・リース取引とし，75％未満の場合にはオペレーティング・リース取引とする判定基準を定めている。

この基準にしたがって，各備品を判定すると次のようになる。

Ｘ備品：６年÷７年≒86％ ＞ 75％　∴　ファイナンス・リース取引 → 売買取引に準拠

Ｙ備品：４年÷５年＝80％ ＞ 75％　∴　ファイナンス・リース取引 → 売買取引に準拠

Ｚ備品：３年÷９年≒33％ ＜ 75％　∴　オペレーティング・リース取引 → 賃貸借取引に準拠

〔設問１〕Ａ社（借手）の処理

① 損益計算書上の支払リース料（Ｚ備品）

賃貸借取引に準拠して処理するＺ備品の年間リース料150,000円が損益計算書上の支払リース料となる。

② リース資産（備品）の貸借対照表価額（Ｘ備品とＹ備品）

売買取引に準拠して処理するＸ備品とＹ備品がリース資産として計上されており，それぞれの貸借対照表価額を計算する。なお，所有権移転外のファイナンス・リース取引であるため，残存価額０，リース期間で減価償却する。

Ｘ備品の取得原価：　710,598円 ← 現金購入価額
減価償却累計額：△473,732円 ← 710,598円÷６年〈リース期間〉×４年〈経過年数〉
差　　引　　236,866円

Ｙ備品の取得原価：　435,588円 ← 現金購入価額
減価償却累計額：△326,691円 ← 435,588円÷４年〈リース期間〉×３年〈経過年数〉
差　　引　　108,897円

∴　236,866円〈Ｘ備品〉＋108,897円〈Ｙ備品〉＝345,763円〈リース資産〉

③ リース債務の貸借対照表価額（Ｘ備品とＹ備品）

売買取引に準拠して処理するＸ備品とＹ備品に対する未経過リース料の割引現在価値が，リース債務の貸借対照表価額となる。

Ｘ備品：710,598円÷140,000円＝5.0757〈期間６年，利子率年５％の年金現価係数と一致〉
140,000円×1.8594〈残り期間２年，利子率年５％の年金現価係数〉
＝260,316円〈リース債務残高〉

Ｙ備品：435,588円÷120,000円＝3.6299〈期間４年，利子率年４％の年金現価係数と一致〉
12,000円×0.9615〈残り期間１年，利子率年４％の年金現価係数〉
＝115,380円〈リース債務残高〉

∴　260,316円〈Ｘ備品のリース債務残高〉＋115,380円〈Ｙ備品のリース債務残高〉＝375,696円

〔設問２〕Ｂ社（貸手）の処理

① 損益計算書上の減価償却費（Ｚ備品）

賃貸借取引に準拠して処理するＺ備品が資産として計上されている。なお，貸手であるＢ社では，通常の固定資産と同様に耐用年数で減価償却する。

424,290円〈現金購入価額〉×0.9÷９年〈耐用年数〉＝42,429円

② 損益計算書上の受取利息（リース物件売買益）（Ｘ備品とＹ備品）

売買取引に準拠して処理するＸ備品とＹ備品について回収した受取リース料のうち，利息相当額を計算して求める。なお，計算で使用する利子率は，〔設問１〕③と同じである。

Ｘ備品：140,000円×2.7232〈残り３年，５％の年金現価係数〉＝381,248円〈期首リース債権〉
140,000円×1.8594〈残り２年，５％の年金現価係数〉＝260,316円〈期末リース債権〉
381,248円〈期首〉－260,316円〈期末〉＝120,932円〈リース債権回収額〉
140,000円〈年間リース料〉－120,932円〈リース債権回収額〉＝19,068円〈受取利息〉

Ｙ備品：120,000円×1.8861〈残り２年，４％の年金現価係数〉＝226,332円〈期首リース債権〉
120,000円×0.9615〈残り１年，４％の年金現価係数〉＝115,380円〈期末リース債権〉
226,332円〈期首〉－115,380円〈期末〉＝110,952円〈リース債権回収額〉
120,000円〈年間リース料〉－110,952円〈リース債権回収額〉＝9,048円〈受取利息〉

∴　19,068円〈Ｘ備品の受取利息〉＋9,048円〈Ｙ備品の受取利息〉＝28,116円

③ 備品の貸借対照表価額（Ｚ備品）

賃貸借取引に準拠して処理するＺ備品が資産として計上されている。なお，貸手であるＢ社では，通常の固定資産と同様に耐用年数で減価償却する。

Ｚ備品の取得原価：　424,290円 ← 現金購入価額
減価償却累計額：△　84,858円 ← 424,290円×0.9÷９年〈耐用年数〉×２年〈経過年数〉
差　　引　　339,432円

問題8-7

(1) A社の決算整理仕訳

① リース料の支払い

(単位：千円)

(短期リース債務)	10,600	(現　金　預　金)	12,000
(支　払　利　息)	1,400		

② 減価償却費

(単位：千円)

(減　価　償　却　費)	10,000	(減価償却累計額)	10,000

(2) 中途解約時の仕訳

① A社（借手）の仕訳

(単位：千円)

(減価償却累計額)	40,000	(リ　ー　ス　資　産)	50,000
(リース資産除却損)	10,000		
(長期リース債務)	11,275	(現　金　預　金)	15,000
(リース債務解約損)	3,725		

② B社（貸手）の仕訳（リース料受取時に売上高と売上原価を計上する方法）

(単位：千円)

(現　金　預　金)	15,000	(売　　上　　高)	15,000
(売　上　原　価)	11,275	(リ　ー　ス　債　権)	11,275

解答への道

(1) A社の決算整理仕訳

① リース料の支払い

12,000千円〈支払リース料〉－10,600千円〈短期リース債務〉＝1,400千円〈支払利息〉

② 減価償却費

50,000千円〈取得原価〉÷５年〈耐用年数〉＝10,000千円

(2) 中途解約時の仕訳

① A社（借手）の仕訳

50,000千円〈取得原価〉－40,000千円〈減価償却累計額〉＝10,000千円〈リース資産除却損〉

15,000千円〈違約金〉－11,275千円〈長期リース債務〉＝3,725千円〈リース債務解約損〉

② B社（貸手）の仕訳

売上高＝違約金

売上原価＝長期リース債務（リース債権残高）

(注) 本問では，A社の計算利子率＝B社の計算利子率とあるので，リース債務残高＝リース債権残高となる。

問題8-8

決算整理後残高試算表

×3年３月31日　(単位：円)

リ　ー　ス　資　産	(38,000)	リ　ー　ス　債　務	(31,123)
減　価　償　却　費	(6,000)	リース資産減価償却累計額	(7,600)
支　払　利　息	(1,900)	長期前受収益	(6,400)

解答への道

(1) ×2年４月１日の仕訳

① 資産売却

(単位：円)

(備品減価償却累計額)（＊1）	6,000	(備　　　品)	36,000
(現　金　預　金)（＊2）	38,000	(長期前受収益)（＊3）	8,000

（＊1）36,000円÷６年＝6,000円

（＊2）売却価額

（＊3）38,000円－(36,000円－6,000円)＝8,000円〈売却益＝長期前受収益〉
（36,000円－6,000円＝30,000円）

② リース資産の計上

(単位：円)

(リ　ー　ス　資　産)（＊2）	38,000	(リ　ー　ス　債　務)	38,000

(2) ×3年３月31日の仕訳

① リース料の支払い

(単位：円)

(支　払　利　息)（＊5）	1,900	(現　金　預　金)（＊4）	8,777
(リ　ー　ス　債　務)（＊6）	6,877		

（＊4）年間リース料

（＊5）38,000円×５％＝1,900円

（＊6）8,777円－1,900円＝6,877円

② 減価償却費

(単位：円)

(減　価　償　却　費)（＊7）	7,600	(リース資産減価償却累計額)	7,600

（＊7）38,000円÷５年〈経済的耐用年数〉＝7,600円

③ 減価償却費と長期前受収益の相殺

(単位：円)

(長　期　前　受　収　益)	1,600	(減　価　償　却　費)（＊8）	1,600

（＊8）8,000円÷５年〈経済的耐用年数〉＝1,600円

∴　7,600円－1,600円＝6,000円〈減価償却費〉

問題8-9

決算整理後残高試算表

×5年3月31日　　(単位：円)

リース資産	(100,000)	リース債務	(81,903)
減価償却費	(33,750)	リース資産減価償却累計額	(40,000)
支払利息	(5,000)	長期前受収益	(9,375)

解答への道

1．資産の売却（修正仕訳）

(単位：円)

(備品減価償却累計額)	115,625	(備品)	200,000
(仮受金)(＊1)	100,000	(長期前受収益)(＊2)	15,625

(＊1) 売却価額
(＊2) 貸借差額

2．リース資産の計上

(単位：円)

(リース資産)(＊)	100,000	(リース債務)	100,000

(＊) 売却価額

3．リース料の支払い

(単位：円)

(支払利息)(＊2)	5,000	(現金預金)(＊1)	23,097
(リース債務)(＊3)	18,097		

(＊1) 115,485円÷5年＝23,097円〈年間リース料〉
(＊2) 100,000円×5％＝5,000円
(＊3) 貸借差額

4．減価償却費

(単位：円)

(減価償却費)(＊)	40,000	(リース資産減価償却累計額)	40,000

(＊) 1÷5年×200％＝0.4〈5年の定率法償却率〉
100,000円×0.4＝40,000円

5．減価償却費と長期前受収益の相殺

(単位：円)

(長期前受収益)(＊)	6,250	(減価償却費)	6,250

(＊) 15,625円×0.4＝6,250円

問題8-10

	○または×	理由
(1)	×	オペレーティング・リース取引とは資産の賃貸借とみられるリース取引をいい，ファイナンス・リース取引とは資産の購入とみられるリース取引をいう。
(2)	×	オペレーティング・リース取引を行った場合には，通常の賃貸借取引に係る方法に準じて会計処理を行う。
(3)	○	
(4)	×	ファイナンス・リース取引の場合の支払リース料の中には，リース資産の取得原価に係る支払利息部分が含まれ，これは営業外費用となる。

解答への道

(1) オペレーティング・リース取引：実質的に資産の賃貸借であるリース取引
　ファイナンス・リース取引：実質的に資産の（割賦）購入であるリース取引

(2) オペレーティング・リース取引は，実質的に資産の賃貸借取引とみられるリース取引であるから，その支払リース料は販売費及び一般管理費（製造に関するものは製造原価）として計上されなければならない。

(3) ファイナンス・リース取引は，実質的に資産の購入であると考えられる取引であるから，使用中のリース資産を貸借対照表に計上しなければならない。そのため，リース開始時に資産計上すべき金額を本問のようにして決定する。

(4) ファイナンス・リース取引は，企業がリース会社から資産を割賦で購入し，その代価（取得原価＋支払利息）をリース料として分割払いしていると考えるため，毎回の支払リース料は，購入代金（元本）の返済部分と未返済の購入代金に係る支払利息とからなる。

Theme 09 無形固定資産・投資その他の資産

問題9-1

		(A)	(B)
(1)	売上原価	(＊2) 2,250 千円	(＊5) 2,400 千円
(2)	棚卸資産	(＊3) 750 千円	(＊6) 800 千円
(3)	鉱業権	(＊1) 87,000 千円	(＊4) 86,800 千円

解答への道

(A) 定額法

(＊1) $90,000\text{千円〈鉱業権〉} \times \frac{1}{15\text{年}+15\text{年}(=30\text{年})} = 3,000\text{千円〈当期償却額〉}$

90,000千円〈鉱業権〉－3,000千円〈当期償却額〉＝87,000千円〈B/S鉱業権〉

(＊2) $3,000\text{千円〈当期償却額〉} \times \frac{12\text{万トン〈販売量〉}}{16\text{万トン〈採掘量〉}} = 2,250\text{千円〈売上原価〉}$

(＊3) 3,000千円〈当期償却額〉－2,250千円〈売上原価〉＝750千円〈棚卸資産〉(未販売分)

(B) 生産高比例法

(＊4) $90,000\text{千円〈鉱業権〉} \times \frac{16\text{万トン〈当期採掘量〉}}{18\text{万トン}\times15\text{年}+12\text{万トン}\times15\text{年}(=450\text{万トン})} = 3,200\text{千円〈当期償却額〉}$

90,000千円〈鉱業権〉－3,200千円〈当期償却額〉＝86,800千円〈B/S鉱業権〉

(＊5) $3,200\text{千円〈当期償却額〉} \times \frac{12\text{万トン〈販売量〉}}{16\text{万トン〈採掘量〉}} = 2,400\text{千円〈売上原価〉}$

(＊6) 3,200千円〈当期償却額〉－2,400千円〈売上原価〉＝800千円〈棚卸資産〉(未販売分)

問題9-2

貸借対照表
×5年3月31日現在 (単位：円)

Ⅰ 流動資産	
現金預金	(180,000)
売掛金	(180,000)
(前払保険料)	(32,400)
短期貸付金	(90,000)
Ⅱ 固定資産	
1．有形固定資産	
土地	(270,000)
2．無形固定資産	
(のれん)	(90,000)
3．投資その他の資産	
(長期貸付金)	(54,000)
(破産更生債権等)	(144,000)
(長期前払保険料)	(10,800)
(投資不動産)	(180,000)
(長期定期預金)	(90,000)

解答への道

1．決算整理仕訳

(1) 定期預金（一年基準で分類）

定期預金等の期日の定められた預金は，一年基準により分類される。

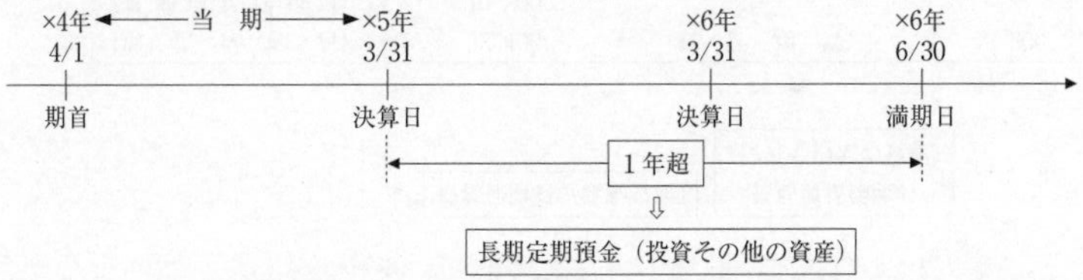

(単位：円)

(長期定期預金)	90,000	(現金預金)	90,000

∴ B/S現金預金（流動資産）：270,000円－90,000円＝180,000円

B/S長期定期預金（投資その他の資産）：90,000円

(2) 更生債権（一年基準で分類）

正常な売上債権は，正常営業循環基準により流動資産に分類されるが，「破産更生債権等」は，一年基準により分類される。したがって，決算日後，1年以内に回収されないことが明らかな「破産更生債権等」は，「投資その他の資産」に記載される。

（単位：円）

（破産更生債権等）	144,000	（売　掛　金）	144,000

∴　B/S売掛金（流動資産）：324,000円－144,000円＝180,000円
　　B/S破産更生債権等（投資その他の資産）：144,000円

(3) 貸付金（一年基準で分類）

貸付金は，回収までの期間で一年基準により分類される。

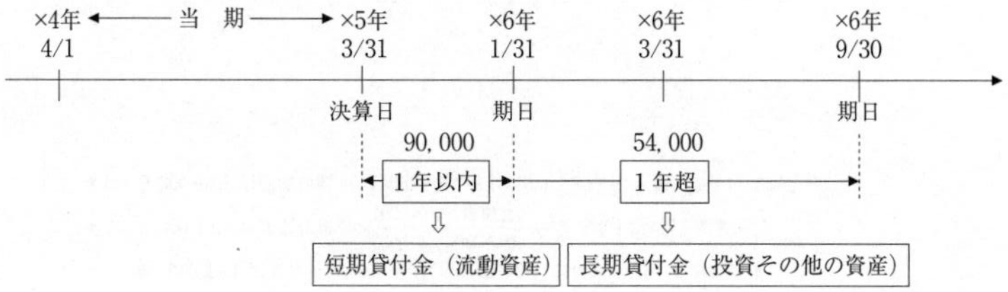

（単位：円）

（短期貸付金）	90,000	（貸　付　金）	90,000
（長期貸付金）	54,000	（貸　付　金）	54,000

∴　B/S短期貸付金（流動資産）：90,000円
　　B/S長期貸付金（投資その他の資産）：54,000円

(4) 土地（所有目的で分類）

企業が保有する不動産は，その所有目的により分類される。事業で使用する目的で長期間にわたって所有するものは「土地（有形固定資産）」となり，投資目的で所有するものは「投資不動産（投資その他の資産）」となる。また，不動産会社が販売目的で所有する場合には，「棚卸資産（流動資産）」となる。

（単位：円）

（投資不動産）	180,000	（土　　地）	180,000

∴　B/S土地（有形固定資産）：450,000円－180,000円＝270,000円
　　B/S投資不動産（投資その他の資産）：180,000円

(5) 前払保険料（一年基準で分類）

前払保険料は，費用化されるまでの期間で一年基準により分類される。

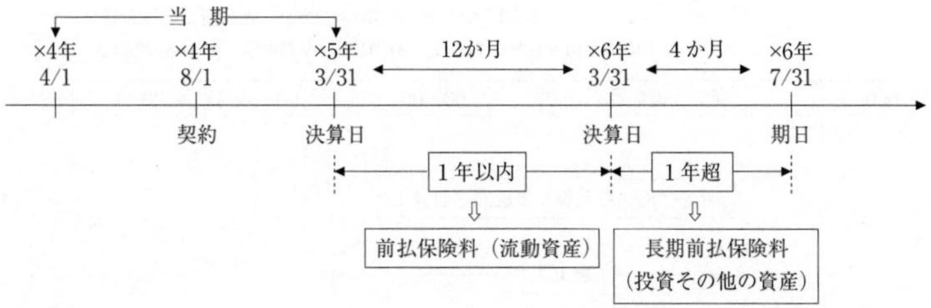

（単位：円）

（前払保険料）（＊1）	32,400	（一般管理費）	43,200
（長期前払保険料）（＊2）	10,800		

（＊1）$64,800円 \times \frac{12か月}{24か月} = 32,400円$

（＊2）$64,800円 \times \frac{4か月}{24か月} = 10,800円$

∴　B/S前払保険料（流動資産）：32,400円
　　B/S長期前払保険料（投資その他の資産）：10,800円

(6) のれんの償却（償却期間20年）

のれんの償却は，20年以内のその効果の及ぶ期間にわたって，定額法その他の合理的な方法により規則的に償却する。また，本問では，×3年4月1日（前期）に計上しているため，前期末（×4年3月31日）までに1年分の償却が行われているはずである。したがって，本問では，残り19年で償却することになる。

（単位：円）

（のれん償却額）（＊）	5,000	（の　れ　ん）	5,000

（＊）95,000円〈前T/Bのれん〉÷19年＝5,000円〈P/Lのれん償却額〉(販売費及び一般管理費)

∴　B/Sのれん（無形固定資産）：95,000円〈前T/Bのれん〉－5,000円＝90,000円

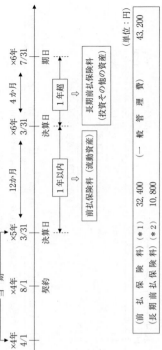

Theme 10 繰延資産，研究開発費等

問題10-1

⑴ 見込販売数量にもとづく方法

	×1年度	×2年度	×3年度
ソフトウェア償却	100,000円	127,273円	72,727円

⑵ 見込販売収益にもとづく方法

	×1年度	×2年度	×3年度
ソフトウェア償却	103,030円	144,628円	52,342円

解答への道

⑴ 見込販売数量にもとづく方法

① ×1年度

(a) 300,000円×$\frac{1,000\text{個}}{3,500\text{個}}$≒85,714円〈見込販売数量による償却額〉

(b) 300,000円÷3年＝100,000円〈残存有効期間による均等配分額〉

(c) 85,714円 ＜ 100,000円　∴ 100,000円〈ソフトウェア償却〉

② ×2年度

(a) (300,000円－100,000円)×$\frac{1,400\text{個}}{2,200\text{個}}$≒127,273円〈見込販売数量による償却額〉

(b) (300,000円－100,000円)÷(3年－1年)＝100,000円〈残存有効期間による均等配分額〉

(c) 127,273円 ＞ 100,000円　∴ 127,273円〈ソフトウェア償却〉

③ ×3年度

×3年度は，最終年度のため未償却残高の全額を償却する。

300,000円－100,000円－127,273円＝72,727円〈ソフトウェア償却〉

⑵ 見込販売収益にもとづく方法

① ×1年度

(a) 300,000円×$\frac{170,000\text{円}}{495,000\text{円}}$≒103,030円〈見込販売収益による償却額〉

(b) 300,000円÷3年＝100,000円〈残存有効期間による均等配分額〉

(c) 103,030円 ＞ 100,000円　∴ 103,030円〈ソフトウェア償却〉

② ×2年度

(a) (300,000円－103,030円)×$\frac{210,000\text{円}}{286,000\text{円}}$≒144,628円〈見込販売収益による償却額〉

(b) (300,000円－103,030円)÷(3年－1年)＝98,485円〈残存有効期間による均等配分額〉

(c) 144,628円 ＞ 98,485円　∴ 144,628円〈ソフトウェア償却〉

③ ×3年度

×3年度は，最終年度のため未償却残高の全額を償却する。

300,000円－103,030円－144,628円＝52,342円〈ソフトウェア償却〉

問題10-2

貸借対照表

×3年3月31日現在　（単位：円）

⋮		
Ⅱ 固定資産		
⋮		
2．無形固定資産		
ソフトウェア	(160,000)	
⋮		
Ⅲ 繰延資産		
開業費	(60,000)	

解答への道

1．ソフトウェア

（単位：円）

(ソフトウェア償却)(＊)	80,000	(ソフトウェア)	80,000

(＊) 240,000円÷3年＝80,000円

2．開業費

5年間で償却を行っているが，すでに1年経過しているため，残存期間は4年である。

（単位：円）

(開業費償却)(＊)	20,000	(開業費)	20,000

(＊) 80,000円÷(5年－1年)＝20,000円

問題10-3

「貸借対照表原則一D」

将来の期間に影響する特定の費用は，次期以後の期間に配分して処理するため，経過的に貸借対照表の 資産の部 に記載することができる。

「企業会計原則注解【注15】」一部変更

「将来の期間に影響する特定の費用」とは，すでに 代価の支払 が完了し又は支払義務が確定し，これに対応する 役務の提供 を受けたにもかかわらず，その効果が 将来にわたって発現 するものと期待される 費用 をいう。

これらの 費用 は，その効果が及ぶ数期間に合理的に配分するため，経過的に貸借対照表上 繰延資産 として計上することができる。

なお，天災等により固定資産又は企業の営業活動に必須の手段たる資産の上に生じた 損失 が，その期の純利益又は繰越利益剰余金から当期の処分予定額を控除した金額をもって負担しえない程度に 巨額 であって特に 法令 をもって認められた場合には，これを経過的に貸借対照表の 資産の部 に記載して繰延経理することができる。

	○または×	理　　由
(1)	×	「将来の期間に影響する特定の費用」は，すでに役務の提供を受けている。問題文の費用は，前払費用に該当する。
(2)	×	「将来の期間に影響する特定の費用」は，繰延資産として貸借対照表の資産の部に記載できるのであって，長期前払費用として記載するのではない。
(3)	×	「将来の期間に影響する特定の費用」は，経過的に貸借対照表上繰延資産として計上することができるが，その計上は任意であり強制ではない。
(4)	○	
(5)	×	研究開発費の費用処理方法には，一般管理費とする方法と当期製造費用として処理する方法がある。
(6)	×	無形固定資産に計上されたソフトウェアの償却は，見込販売数量にもとづく償却方法その他合理的な方法による。
(7)	×	ソフトウェア制作費のうち，研究開発に該当する部分は研究開発費として費用処理する。

解答への道

(1) 「将来の期間に影響する特定の費用」とは，

① すでに代価の支払いが完了しまたは支払義務が確定し，

② これに対応する役務の提供を受けたにもかかわらず，

③ その効果が将来にわたって発現するものと期待される費用　をいう。

(2) 長期前払費用：固定資産の区分の投資その他の資産の区分に記載。

繰　延　資　産：流動資産・固定資産の区分とは区別して，独立の区分を設けて記載しなければならない。

(3) 企業会計上，繰延資産は費用収益対応の原則によって計上されるものであるが，旧商法では，繰延資産には換金価値がないため無制限に計上を認めるのではなく，８項目に限定して計上を容認する立場をとっていた。そこで，「企業会計原則」も，こうした旧商法の立場にあわせて，繰延資産の計上を容認する規定となっている。

なお，現在の制度では，「繰延資産の会計処理に関する当面の取扱い」において５項目に限定して計上を容認している。

(4) 機械装置や特許権等の固定資産を取得した場合でも，特定の研究開発目的でのみ使用され，他の目的に使用できないものは，取得時の研究開発費として費用処理される。

(5) 研究開発の費用としての処理方法には，一般管理費として費用処理する方法と，当期製造費用として処理する方法がある。

(6) 無形固定資産として計上したソフトウェアの取得原価は，当該ソフトウェアの性格に応じて，見込販売数量にもとづく償却方法その他合理的な方法により償却しなければならない。

ただし，毎期の償却額は，残存有効期間にもとづく均等配分額を下回ってはならない。

(7) 市場販売目的のソフトウェアのうち，見込販売数量にもとづく償却方法その他合理的な方法により償却するのは，無形固定資産として計上したソフトウェアの取得原価のみである。

Theme 11 引当金

問題11-1

決算整理後残高試算表　（単位：円）

修繕引当金繰入	（ 100,000 ）	修 繕 引 当 金	（ 100,000 ）
役員賞与引当金繰入	（ 150,000 ）	役員賞与引当金	（ 150,000 ）

解答への道

1．修繕引当金

（単位：円）

（修 繕 引 当 金 繰 入）	100,000	（修　繕　引　当　金）	100,000

2．役員賞与引当金

（単位：円）

（役員賞与引当金繰入）	150,000	（役 員 賞 与 引 当 金）	150,000

問題11-2

「企業会計原則注解【注18】」一部変更

将来の特定の費用又は損失 であって，その 発生が当期以前の事象に起因 し， 発生の可能性が高く ，かつ，その 金額を合理的に見積ることができる 場合には， 当期の負担 に属する金額を当期の費用又は損失として引当金に繰入れ，当該引当金の残高を貸借対照表の 負債の部 又は 資産の部 に記載するものとする。

製品保証引当金，賞与引当金，工事補償引当金，退職給付引当金，修繕引当金，特別修繕引当金，債務保証損失引当金，損害補償損失引当金，貸倒引当金等がこれに該当する。

発生の可能性の低い 偶発事象 に係る 費用又は損失 については，引当金を計上することはできない。

	○または×	理　　　由
(1)	×	将来の特定の費用または損失の発生原因が，当期以前の事象に起因していない場合には引当金を計上することはできない。
(2)	×	火災損失は，当期以前の事象に起因せず，発生の可能性を予測することはできない。また，金額を合理的に見積ることができないため認められない。
(3)	×	災害による損失は，当期以前の事象に起因せず，発生の可能性を予測することはできない。また，金額を合理的に見積ることができないため認められない。
(4)	○	
(5)	○	
(6)	○	

解答への道

(1) 引当金の計上要件は，以下の４つである。
① 将来の特定の費用または損失であって，
② その発生が当期以前の事象に起因し，
③ 発生の可能性が高く，
④ かつ，その金額を合理的に見積ることができる場合

(2) 引当金の計上要件（[解答への道]（1)参照）のうち，②③④を満たさないため引当金を計上することはできない。

(3) 同　上

(4) 同　上

(5) 他人の債務保証をしている場合に設定されるのが債務保証損失引当金である。ただし，債務保証をしたからといってただちに引当金を計上できるわけではない。

債務者に代わって弁済責任を負わなければならない可能性（発生の可能性）
- 低い場合――単なる偶発債務の注記
- 高い場合――引当金計上

(6) 債務保証をしている場合には，発生の可能性が高ければ債務保証損失引当金を設定することもあるが，発生の可能性が低ければ引当金の設定はせずに偶発債務として貸借対照表に注記する。

Theme 12 退職給付会計

問題12-1

(1)	213, 903 円
(2)	233, 236 円
(3)	8, 638 円
(4)	10, 695 円

解答への道

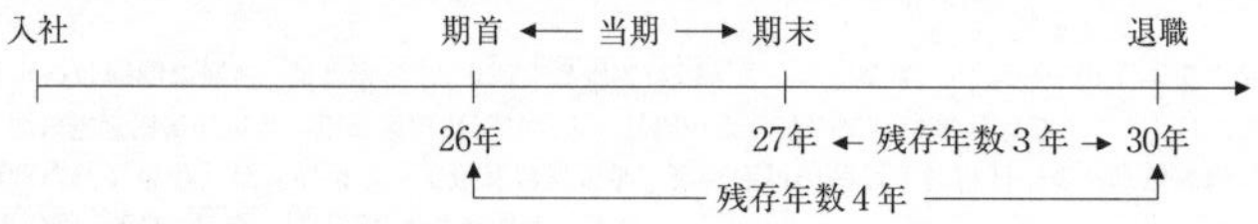

(1) 期首退職給付債務

$300,000円 \times \dfrac{26年}{30年} = 260,000円$

$260,000円 \div (1 + 0.05)^4 \fallingdotseq 213,903円$〈期首退職給付債務〉

(2) 期末退職給付債務

$300,000円 \times \dfrac{27年}{30年} = 270,000円$

$270,000円 \div (1 + 0.05)^3 \fallingdotseq 233,236円$〈期末退職給付債務〉

(3) 当期勤務費用

$300,000円 \times \dfrac{1}{30年} = 10,000円$

$10,000円 \div (1 + 0.05)^3 \fallingdotseq 8,638円$〈当期勤務費用〉

(4) 当期利息費用

213, 903円〈期首退職給付債務〉× ５％≒10, 695円〈当期利息費用〉

問題12-2

678, 669	円

解答への道

本問では，定年前退職や死亡退職などは考慮しないため，退職予定時の支給額1, 500, 000円を退職給付見込額とする。

$1,500,000円〈退職給付見込額〉 \times \dfrac{2.4〈認識時の支給倍率〉}{5.0〈退職時の支給倍率〉} = 720,000円$

$720,000円 \div 1.03^2 \fallingdotseq 678,669円$

問題12-3

決算整理後残高試算表

×3年３月31日　　（単位：円）

退職給付費用（　12, 200）	退職給付引当金（　62, 200）

解答への道

1．期首退職給付引当金

100, 000円〈前期末退職給付債務〉－40, 000円〈前期末年金資産時価〉＝60, 000円〈期首退職給付引当金〉

2．退職給付費用の計上

（単位：円）

（退職給付費用）（＊）	12, 200	（退職給付引当金）	12, 200

（＊）10, 000円〈勤務費用〉＋（100, 000円×３％）－（40, 000円×２％）＝12, 200円
3, 000円〈利息費用〉　800円〈期待運用収益〉

3．年金掛金の拠出

（単位：円）

（退職給付引当金）	4, 000	（現金預金）	4, 000

4．退職給付の支給

(1) 退職一時金の支給

（単位：円）

（退職給付引当金）	6, 000	（現金預金）	6, 000

(2) 年金からの支給

（単位：円）

仕訳なし

（注）年金資産から支払われる退職年金は，年金資産が減少するとともに退職給付債務も減少するため，「仕訳なし」となる。

上記の仕訳を集計すると次のようになる。

退職給付会計用P/L

利息費用	3, 000	期待運用収益	800
勤務費用	10, 000	P/L	12, 200

退職給付引当金

年金掛金拠出	4, 000	期首残高	60, 000
一時金支給	6, 000		
B/S	62, 200	退職給付費用	12, 200

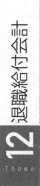

問題12-4

決算整理後残高試算表

×3年3月31日　(単位：円)

退職給付費用 (12,600)	退職給付引当金 (59,900)

解答への道

1．前期末未認識の差異の費用処理

(1) 前期末未認識数理計算上の差異

(単位：円)

(退職給付費用)(＊)	100	(退職給付引当金)	100

(＊) 900円÷(10年－1年)＝100円

(2) 前期末未認識過去勤務費用

(単位：円)

(退職給付費用)(＊)	200	(退職給付引当金)	200

(＊) 1,800円÷(10年－1年)＝200円

2．退職給付費用の計上

(単位：円)

(退職給付費用)(＊)	12,200	(退職給付引当金)	12,200

(＊) 10,000円〈勤務費用〉＋(100,000円×3％)－(40,000円×2％)＝12,200円
3,000円〈利息費用〉　800円〈期待運用収益〉

3．年金掛金の拠出

(単位：円)

(退職給付引当金)	4,000	(現金預金)	4,000

4．退職給付の支給

(1) 退職一時金の支給

(単位：円)

(退職給付引当金)	6,000	(現金預金)	6,000

(2) 年金からの支給

(単位：円)

仕訳なし

(注) 年金資産から支払われる退職年金は，年金資産が減少するとともに退職給付債務も減少するため，「仕訳なし」となる。

5．当期発生数理計算上の差異

(単位：円)

(退職給付費用)(＊)	100	(退職給付引当金)	100

(＊) 1,000円÷10年＝100円

退職給付会計用P/L

利息費用	3,000	期待運用収益	800
勤務費用	10,000		
前期数理計算上	100	P/L	12,600
前期過去勤務	200		
当期数理計算上	100		

退職給付引当金

年金掛金拠出	4,000	期首残高	57,300
一時金支給	6,000		
B/S	59,900	退職給付費用	12,600

問題12-5

損益計算書	退職給付費用	15,450 円
	法人税等調整額	△2,115 円
貸借対照表	退職給付引当金	97,050 円
	繰延税金資産	29,115 円

(注) 法人税等調整額が貸方となる場合には，金額の前に△を付しなさい。

解答への道

(1) ×1年度期首の状態

B/S退職給付引当金：120,000円〈期首債務〉－30,000円〈期首資産〉＝90,000円

B/S繰延税金資産：90,000円×30％＝27,000円

(2) ×1年度期首の見積りによる退職給付費用の計上

(単位：円)

(退職給付費用)(＊1)	15,300	(退職給付引当金)	15,300
(繰延税金資産)(＊2)	4,590	(法人税等調整額)	4,590

(＊1) 12,000円〈勤務費用〉＋6,000円〈利息費用〉－2,700円〈期待運用収益〉＝15,300円

(＊2) 15,300円×30％＝4,590円

(3) 年金基金への拠出と退職一時金の支給

(単位：円)

(退職給付引当金)(＊1)	8,400	(現金預金)	8,400
(法人税等調整額)(＊2)	2,520	(繰延税金資産)	2,520

(＊1) 3,000円〈年金掛金〉＋5,400円〈一時金〉＝8,400円

(＊2) 8,400円×30％＝2,520円

(注) 年金基金からの支給は仕訳不要である。

(4) 数理計算上の差異の費用処理

（単位：円）

（退 職 給 付 費 用）（＊1）	150	（退 職 給 付 引 当 金）	150
（繰 延 税 金 資 産）（＊2）	45	（法 人 税 等 調 整 額）	45

（＊1）1, 500円〈数理計算上の差異〉÷10年＝150円
（＊2）150円×30%＝45円

(5) ×1年度期末の状態

P/L退職給付費用：15, 300円＋150円＝15, 450円
P/L法人税等調整額：4, 590円－2, 520円＋45円＝2, 115円〈貸方〉
B/S退職給付引当金：90, 000円〈期首〉＋15, 300円－8, 400円＋150円＝97, 050円
B/S繰延税金資産：27, 000円＋4, 590円－2, 520円＋45円＝29, 115円
または　97, 050円×30%＝29, 115円

（注）×1年度期末の退職給付債務129, 000円から年金資産30, 600円を控除したあるべき退職給付引当金は98, 400円であるが，未認識数理計算上の差異1, 350円（1, 500円－150円）が反映されていないため，貸借対照表上の退職給付引当金は97, 050円となる。

問題12-6

決算整理後残高試算表
×6年3月31日　（単位：千円）

退職給付費用	（80）	退職給付引当金	（470）

解答への道

過去勤務費用は，給付水準の引上げによるものであるため，引当不足であると判断する。

（単位：千円）

（退 職 給 付 引 当 金）	50	（仮　払　金）	50
（退 職 給 付 費 用）（＊）	80	（退 職 給 付 引 当 金）	80

（＊）100千円÷10年＝10千円〈差異の費用処理額〉
80千円〈勤務費用〉＋60千円〈利息費用〉－70千円〈期待運用収益〉＋10千円＝80千円

∴　後T/B退職給付引当金：440千円〈前T/B〉－50千円＋80千円＝470千円

問題12-7

決算整理後残高試算表
×6年3月31日　（単位：千円）

退職給付費用	（6, 175）	退職給付引当金	（43, 875）

解答への道

（単位：千円）

（退 職 給 付 引 当 金）	2, 500	（仮　払　金）	2, 500
（退 職 給 付 費 用）（＊）	6, 175	（退 職 給 付 引 当 金）	6, 175

（＊）1, 800千円÷（10年－2年）＝225千円〈期首未認識数理計算上の差異の費用処理額〉
5, 200千円〈勤務費用〉＋2, 400千円〈利息費用〉－1, 650千円〈期待運用収益〉＋225千円＝6, 175千円

∴　後T/B退職給付引当金：40, 200千円〈前T/B〉－2, 500千円＋6, 175千円＝43, 875千円

問題12-8

決算整理後残高試算表
×6年3月31日　（単位：千円）

退職給付費用	（6, 150）	退職給付引当金	（43, 850）

解答への道

（単位：千円）

（退 職 給 付 引 当 金）	2, 500	（仮　払　金）	2, 500
（退 職 給 付 費 用）（＊）	6, 150	（退 職 給 付 引 当 金）	6, 150

（＊）1, 800千円÷（10年－1年）＝200千円〈期首未認識数理計算上の差異の費用処理額〉
5, 200千円〈勤務費用〉＋2, 400千円〈利息費用〉－1, 650千円〈期待運用収益〉＋200千円＝6, 150千円

∴　後T/B退職給付引当金：40, 200千円〈前T/B〉－2, 500千円＋6, 150千円＝43, 850千円

問題12-9

決算整理後残高試算表
×6年3月31日　（単位：千円）

退職給付費用	（160）	退職給付引当金	（3, 970）

解答への道

決算整理前残高試算表上に退職給付費用が計上されておらず，かつ，当期年金掛金拠出額を仮払金で処理していることから，退職給付引当金の決算整理前残高4, 060千円は，期首残高であることがわかる。

また，期首にあるべき退職給付引当金は，期首退職給付債務12, 500千円から期首年金資産9, 000千円を控除した3, 500千円であるため，期首未認識数理計算上の差異560千円は，超過額であることがわかる。

（単位：千円）

（退 職 給 付 引 当 金）	250	（仮　払　金）	250
（退 職 給 付 費 用）（＊）	160	（退 職 給 付 引 当 金）	160

（＊）560千円÷（10年－3年）＝80千円〈未認識差異の費用処理額〉
350千円〈勤務費用〉＋250千円〈利息費用〉－360千円〈期待運用収益〉－80千円＝160千円

∴　後T/B退職給付引当金：4, 060千円〈前T/B〉－250千円＋160千円＝3, 970千円

問題12-10

決算整理後残高試算表

×6年3月31日　(単位：千円)

退職給付費用	(16,750)	退職給付引当金	(73,250)

解答への道

1．前T/B退職給付引当金の推定

退職給付費用が計上されておらず，かつ，当期年金掛金拠出額を仮払金で処理していることから，退職給付引当金の決算整理前残高は，期首残高となる。

∴　前T/B退職給付引当金：213,000千円〈期首退職給付債務〉－107,000千円〈期首年金資産〉－44,000千円〈期首未認識差異(不足額)〉＝62,000千円

2．掛金拠出額

(単位：千円)

(退職給付引当金)	5,500	(仮払金)	5,500

3．退職給付費用の計上（差異の費用処理額を含む）

差異の発生額が記載されているため，10年で配分する。

(単位：千円)

(退職給付費用)(＊)	16,750	(退職給付引当金)	16,750

(＊) 213,000千円×2％＝4,260千円〈利息費用〉
107,000千円×3％＝3,210千円〈期待運用収益〉
25,000千円÷10年＝2,500千円〈×3年3月期発生額の費用処理額〉
24,000千円÷10年＝2,400千円〈×5年3月期発生額の費用処理額〉
10,800千円〈勤務費用〉＋4,260千円－3,210千円＋2,500千円＋2,400千円＝16,750千円

∴　後T/B退職給付引当金：62,000千円〈前T/B〉－5,500千円＋16,750千円＝73,250千円

問題12-11

	(A) 一括費用処理	(B) 定額法
① 退職給付費用	16,800 円	12,775 円
② 退職給付引当金	66,800 円	62,775 円

解答への道

(A)　一括費用処理

1．期首退職給付引当金

100,000円〈前期末退職給付債務〉－40,000円〈前期末年金資産時価〉＝60,000円〈期首退職給付引当金〉

2．退職給付費用の計上

(単位：円)

(退職給付費用)(＊)	12,200	(退職給付引当金)	12,200

(＊) 10,000円〈勤務費用〉＋(100,000円×3％)－(40,000円×2％)＝12,200円
　3,000円〈利息費用〉　800円〈期待運用収益〉

3．年金掛金の拠出

(単位：円)

(退職給付引当金)	4,000	(現金預金)	4,000

4．退職給付の支給

(1)　退職一時金の支給

(単位：円)

(退職給付引当金)	6,000	(現金預金)	6,000

(2)　年金からの支給

(単位：円)

仕訳なし

(注) 年金資産から支払われる退職年金は，年金資産が減少するとともに退職給付債務も減少するため，「仕訳なし」となる。

5．数理計算上の差異（一括費用処理）

年金資産

当期末 41,200	
数理計算上の差異 1,600	

退職給付会計用B/S（見積）

前期末	40,000	前期末	100,000
運用収益	800	利息費用	3,000
掛金拠出	4,000	勤務費用	10,000
年金支給	△2,000	一時金支給	△6,000
	42,800	年金支給	△2,000
			105,000

退職給付債務

	当期末108,000
数理計算上の差異 3,000	

(1)　42,800円〈見積りによる年金資産期末残高〉－41,200円〈当期末年金資産時価〉＝1,600円〈不足額〉

(2)　108,000円〈期末退職給付債務〉－105,000円〈期首見積りによる期末退職給付債務〉＝3,000円〈不足額〉

(3)　1,600円＋3,000円＝4,600円〈数理計算上の差異合計〉

(単位：円)

(退職給付費用)	4,600	(退職給付引当金)	4,600

上記の仕訳を集計すると次のようになる。

退職給付会計用P/L

利息費用	3,000	期待運用収益	800
勤務費用	10,000	P/L	16,800
数理差異	4,600		

退職給付引当金

年金掛金拠出	4,000	期首残高	60,000
一時金支給	6,000		
B/S	66,800	退職給付費用	16,800

(B) 定額法

1．期首退職給付引当金

100, 000円〈前期末退職給付債務〉－40, 000円〈前期末年金資産時価〉＝60, 000円〈期首退職給付引当金〉

2．退職給付費用の計上

（単位：円）

（退職給付費用）（＊）	12, 200	（退職給付引当金）	12, 200

（＊）10, 000円〈勤務費用〉＋（100, 000円×３％）－（40, 000円×２％）＝12, 200円
（100, 000円×３％）＝3, 000円〈利息費用〉、（40, 000円×２％）＝800円〈期待運用収益〉

3．年金掛金の拠出

（単位：円）

（退職給付引当金）	4, 000	（現金預金）	4, 000

4．退職給付の支給

(1) 退職一時金の支給

（単位：円）

（退職給付引当金）	6, 000	（現金預金）	6, 000

(2) 年金からの支給

（単位：円）

仕訳なし

(注) 年金資産から支払われる退職年金は，年金資産が減少するとともに退職給付債務も減少するため，「仕訳なし」となる。

5．数理計算上の差異（定額法）

年金資産

当期末	41, 200

数理計算上の差異　1, 600

退職給付会計用B/S（見積）

前期末	40, 000	前期末	100, 000
運用収益	800	利息費用	3, 000
掛金拠出	4, 000	勤務費用	10, 000
年金支給	△2, 000	一時金支給	△6, 000
	42, 800	年金支給	△2, 000
			105, 000

数理計算上の差異　3, 000

退職給付債務

当期末	108, 000

(1) 42, 800円〈見積りによる年金資産期末残高〉－41, 200円〈当期末年金資産時価〉＝1, 600円〈不足額〉

(2) 108, 000円〈期末退職給付債務〉－105, 000円〈期首見積りによる期末退職給付債務〉＝3, 000円〈不足額〉

(3) 1, 600円＋3, 000円＝4, 600円〈数理計算上の差異合計〉

(4) 4, 600円÷８年〈平均残存勤務期間〉＝575円〈当期配分額〉

（単位：円）

（退職給付費用）	575	（退職給付引当金）	575

上記の仕訳を集計すると次のようになる。

退職給付会計用P/L

利息費用	3, 000	期待運用収益	800
勤務費用	10, 000	P/L	12, 775
数理差異	575		

退職給付引当金

年金掛金拠出	4, 000	期首残高	60, 000
一時金支給	6, 000		
B/S	62, 775	退職給付費用	12, 775

問題12-12

①	退職給付費用	13, 094 円
②	退職給付引当金	63, 494 円

解答への道

1．前期末未認識差異の費用処理

退職給付引当金の期首試算表残高が60, 400円であるが，期首にあるべき退職給付引当金は，前期末退職給付債務105, 000円から前期末年金資産時価42, 800円を控除した62, 200円であるため，前期末未認識数理計算上の差異1, 800円は，不足額であることがわかる。よって，その費用処理額を退職給付費用に加算する。

（単位：円）

（退職給付費用）（＊）	200	（退職給付引当金）	200

（＊）1, 800円〈前期末未認識数理計算上の差異〉÷（10年－１年）＝200円〈当期配分額〉

2．退職給付費用の計上

（単位：円）

（退職給付費用）（＊）	12, 294	（退職給付引当金）	12, 294

（＊）10, 000円〈勤務費用〉＋（105, 000円×３％）－（42, 800円×２％）＝12, 294円
（105, 000円×３％）＝3, 150円〈利息費用〉、（42, 800円×２％）＝856円〈期待運用収益〉

3．年金掛金の拠出

（単位：円）

（退職給付引当金）	4, 000	（現金預金）	4, 000

4．退職給付の支給

(1) 退職一時金の支給

（単位：円）

（退職給付引当金）	6, 000	（現金預金）	6, 000

(2) 年金からの支給

（単位：円）

仕　訳　な　し

（注）年金資産から支払われる退職年金は，年金資産が減少するとともに退職給付債務も減少するため，「仕訳なし」となる。

5．数理計算上の差異

年金資産	退職給付会計用B/S（見積）		退職給付債務
当期末 44,506	前期末 42,800	前期末 105,000	当期末 115,000
	運用収益 856	利息費用 3,150	
	掛金拠出 4,000	勤務費用 10,000	
	年金支給 △2,000	一時金支給 △6,000	
数理計算上の差異 1,150	45,656	年金支給 △2,000	
		110,150	
		数理計算上の差異 4,850	

(1) 45,656円〈見積りによる年金資産期末残高〉－44,506円〈当期末年金資産時価〉＝1,150円〈不足額〉
(2) 115,000円〈期末退職給付債務〉－110,150円〈期首見積りによる期末退職給付債務〉＝4,850円〈不足額〉
(3) 1,150円＋4,850円＝6,000円〈数理計算上の差異合計〉
(4) 6,000円÷10年＝600円〈当期配分額〉

（単位：円）

（退職給付費用）	600	（退職給付引当金）	600

上記の仕訳を集計すると次のようになる。

退職給付会計用P/L

数理差異	200	期待運用収益	856
勤務費用	10,000	P/L	13,094
利息費用	3,150		
数理差異	600		

退職給付引当金

年金掛金拠出	4,000	期首残高	60,400
一時金支給	6,000		
B/S	63,494	退職給付費用	13,094

Theme 13 社　債

問題13-1

(1) 利息法により処理した場合

決算整理後残高試算表
×2年3月31日　（単位：円）

社債利息	（ 2,456 ）	社債	（ 47,956 ）

(2) 定額法により処理した場合

決算整理後残高試算表
×2年3月31日　（単位：円）

社債利息	（ 2,500 ）	社債	（ 48,000 ）

解答への道

1．利息法により処理した場合

(1) 社債発行時（×1年4月1日）

（単位：円）

（現金預金）	47,000	（社債）	47,000

(2) クーポン利息支払時（×1年9月30日）

（単位：円）

（社債利息）（＊1）	750	（現金預金）	750
（社債利息）（＊2）	472	（社債）	472

（＊1）50,000円×3％×$\frac{6か月}{12か月}$＝750円〈クーポン利息〉
（＊2）47,000円×5.2％×$\frac{6か月}{12か月}$＝1,222円
1,222円－750円〈クーポン利息〉＝472円〈償却額〉

(3) 決算時（×2年3月31日）

（単位：円）

（社債利息）（＊1）	750	（現金預金）	750
（社債利息）（＊3）	484	（社債）	484

（＊3）47,000円＋472円〈償却額〉＝47,472円〈償却原価〉
47,472円×5.2％×$\frac{6か月}{12か月}$≒1,234円
1,234円－750円〈クーポン利息〉＝484円〈償却額〉
∴ 社　債：47,000円＋472円＋484円＝47,956円
∴ 社債利息：750円＋472円＋750円＋484円＝2,456円

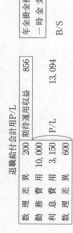

2．定額法により処理した場合

(1) 社債発行時（×1年4月1日）

（単位：円）

（現金預金）	47,000	（社債）	47,000

(2) クーポン利息支払時（×1年9月30日）

（単位：円）

（社債利息）（＊1）	750	（現金預金）	750

（＊1）50,000円×3％×$\frac{6か月}{12か月}$＝750円〈クーポン利息〉

(3) 決算時（×2年3月31日）

（単位：円）

（社債利息）（＊1）	750	（現金預金）	750
（社債利息）（＊2）	1,000	（社債）	1,000

（＊2）（50,000円－47,000円）×$\frac{12か月}{36か月（3年）}$〈償還期限〉＝1,000円〈償却額〉

∴ 社　債：47,000円＋1,000円＝48,000円

∴ 社債利息：750円＋750円＋1,000円＝2,500円

問題13-2

(1) 利息法により処理した場合

決算整理後残高試算表

×2年3月31日　（単位：円）

社債利息	（ 528 ）	社債	（ 52,028 ）

(2) 定額法により処理した場合

決算整理後残高試算表

×2年3月31日　（単位：円）

社債利息	（ 500 ）	社債	（ 52,000 ）

解答への道

1．利息法により処理した場合

(1) 社債発行時（×1年4月1日）

（単位：円）

（現金預金）	53,000	（社債）	53,000

(2) クーポン利息支払時（×1年9月30日）

（単位：円）

（社債利息）（＊1）	750	（現金預金）	750
（社債）（＊2）	485	（社債利息）	485

（＊1）50,000円×3％×$\frac{6か月}{12か月}$＝750円〈クーポン利息〉

（＊2）53,000円×1％×$\frac{6か月}{12か月}$＝265円

265円－750円〈クーポン利息〉＝△485円〈償却額〉

(3) 決算時（×2年3月31日）

（単位：円）

（社債利息）（＊1）	750	（現金預金）	750
（社債）（＊3）	487	（社債利息）	487

（＊3）53,000円－485円〈償却額〉＝52,515円〈償却原価〉

52,515円×1％×$\frac{6か月}{12か月}$≒263円

263円－750円〈クーポン利息〉＝△487円〈償却額〉

∴ 社　債：53,000円－485円－487円＝52,028円

∴ 社債利息：750円－485円＋750円－487円＝528円

2．定額法により処理した場合

⑴ 社債発行時（×1年4月1日）

（単位：円）

（現　金　預　金）	53,000	（社　　　　債）	53,000

⑵ クーポン利息支払時（×1年9月30日）

（単位：円）

（社　債　利　息）（＊1）	750	（現　金　預　金）	750

（＊1）50,000円×3％×$\frac{6か月}{12か月}$＝750円〈クーポン利息〉

⑶ 決算時（×2年3月31日）

（単位：円）

（社　債　利　息）（＊1）	750	（現　金　預　金）	750
（社　　　　債）（＊2）	1,000	（社　債　利　息）	1,000

（＊1）（50,000円－53,000円）×$\frac{12か月}{36か月（3年）}$〈償還期限〉＝△1,000円〈償却額〉

∴　社　　債：53,000円－1,000円＝52,000円

∴　社債利息：750円＋750円－1,000円＝500円

問題13-3

決算整理後残高試算表

×6年3月31日　（単位：千円）

社債発行費	（ 675）	社　　債	（ 18,930）
社債利息	（ 930）		
社債発行費償却	（ 225）		

解答への道

1．償却原価法（利息法）

（単位：千円）

（社　債　利　息）（＊）	330	（社　　　　債）	330

（＊）18,600千円〈前T/B〉×5％＝930千円〈利息配分額〉
930千円－600千円〈前T/B＝クーポン利息〉＝330千円〈当期償却額〉

∴　後T/B社債：18,600千円＋330千円＝18,930千円

∴　後T/B社債利息：600千円＋330千円＝930千円

2．社債発行費（定額法）

（単位：千円）

（社債発行費償却）（＊）	225	（社　債　発　行　費）	225

（＊）900千円〈前T/B〉÷（5年－1年）＝225千円

∴　後T/B社債発行費：900千円－225千円＝675千円

問題13-4

⑴ 損益計算書（一部）

損益計算書

自×2年4月1日　至×3年3月31日　（単位：円）

⋮	⋮
Ⅴ 営業外費用	
（社債利息）	（ 3,989）
⋮	⋮
Ⅵ 特別利益	
（社債償還益）	（ 237）

⑵ 貸借対照表（一部）

貸借対照表

×3年3月31日現在　（単位：円）

	Ⅰ 流動負債
	一年以内償還社債　（ 43,714）

解答への道

1．社債の償却額の計算（利息法）

⑴ タイムテーブル

×1年4/1（発行日）　×2年4/1（期首）←6か月→ ×2年9/30（償還日）←6か月→ ×3年3/31（期末）　×4年3/31（満期日）

（＊1）28,345 ――（＊3）＋392――→（＊4）28,737

（＊2）42,517 ――（＊5）＋588――→（＊6）43,105 ――（＊7）＋609――→（＊8）43,714

（T/B）70,862

（＊1）70,862円×$\frac{30,000円}{75,000円}$≒28,345円〈償還社債の期首償却原価〉

（＊2）70,862円×$\frac{45,000円}{75,000円}$≒42,517円〈未償還社債の期首償却原価〉

（＊3）30,000円×4％×$\frac{6か月}{12か月}$＝600円〈償還社債の9月分クーポン利息〉

28,345円×7％×$\frac{6か月}{12か月}$－600円≒392円〈償還社債の9月分償却額〉

（＊4）28,345円＋392円＝28,737円〈償還社債の償還時の償却原価〉

（＊5）45,000円×4％×$\frac{6か月}{12か月}$＝900円〈未償還社債の半年分クーポン利息〉

42,517円×7％×$\frac{6か月}{12か月}$－900円≒588円〈未償還社債の9月分償却額〉

（＊6）42,517円＋588円＝43,105円〈未償還社債の9月時点の償却原価〉

（＊7）45,000円×4％×$\frac{6か月}{12か月}$＝900円〈未償還社債の半年分クーポン利息〉

43,105円×7％×$\frac{6か月}{12か月}$－900円≒609円〈未償還社債の3月分償却額〉

（＊8）43,105円＋609円＝43,714円〈未償還社債の当期末償却原価〉

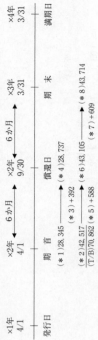

(2) 当期における償却額の仕訳

(単位：円)

(社債利息)(＊3)	392	(社債)	392
(社債利息)(＊5)	588	(社債)	588
(社債利息)(＊7)	609	(社債)	609

2．社債の償還

(1) 期中仕訳

(単位：円)

(仮払金)(＊9)	28,500	(現金預金)	28,500

(＊9) 30,000円 × $\frac{@95円}{@100円}$ = 28,500円

(2) 適正仕訳

(単位：円)

(社債)(＊4)	28,737	(現金預金)(＊9)	28,500
		(社債償還益)(＊10)	237

(＊10) 貸借差額

(3) 修正仕訳

(単位：円)

(社債)	28,737	(仮払金)	28,500
		(社債償還益)	237

∴　P/L社債利息：2,400円〈T/B〉+392円(＊3)+588円(＊5)+609円(＊7)=3,989円

∴　B/S社債：70,862円+392円(＊3)+588円(＊5)+609円(＊7)−28,737円=43,714円

　　または　タイムテーブル(＊8) 43,714円

問題13-5

損益計算書

自×4年4月1日　至×5年3月31日　(単位：円)

Ⅴ 営業外費用	
1．社債利息	(9,250)
⋮	⋮
Ⅵ 特別利益	
1．社債償還益	(300)

貸借対照表

×5年3月31日現在　(単位：円)

	Ⅰ 流動負債	
	1．未払金	(200)
	2．未払費用	(1,400)
	Ⅱ 固定負債	
	1．社債	(138,250)

解答への道

(1) 社債の償却原価法（定額法）

×1年 7/1 ←33か月→ ×4年 4/1 ←9か月→ ×4年 12/31 ←3か月→ ×5年 3/31

発行日　期首　償還日　期末

（＊1）57,000 ―→ （＊4）58,650 ―→ （＊8）59,100

（＊3）+1,650　（＊7）+450

（＊2）133,000 ―→ （＊6）136,850 ―→ （＊10）138,250

（＊5）+3,850　（＊9）+1,400

195,500

（＊1）60,000円×$\frac{@95円}{@100円}$=57,000円〈償還社債の払込金額〉

（＊2）200,000円−60,000円=140,000円〈未償還社債〉

140,000円×$\frac{@95円}{@100円}$=133,000円〈未償還社債の払込金額〉

（＊3）60,000円−57,000円〈償還社債の払込金額〉=3,000円〈金利調整差額〉

3,000円〈金利調整差額〉×$\frac{33か月}{60か月}$=1,650円〈過年度要償却額〉

（＊4）57,000円〈払込金額〉+1,650円〈過年度要償却額〉=58,650円〈償還社債の適正な期首償却原価〉

（＊5）140,000円−133,000円〈未償還社債の払込金額〉=7,000円〈金利調整差額〉

7,000円〈金利調整差額〉×$\frac{33か月}{60か月}$=3,850円〈過年度要償却額〉

（＊6）133,000円〈払込金額〉+3,850円〈過年度要償却額〉=136,850円〈未償還社債の適正な期首償却原価〉

（＊7）3,000円〈金利調整差額〉×$\frac{9か月}{60か月}$=450円〈償還社債の当期償却額=社債利息〉

（＊8）58,650円〈期首償却原価〉+450円〈当期償却額〉=59,100円〈償還社債の償還時の償却原価〉

（＊9）7,000円〈金利調整差額〉×$\frac{12か月}{60か月}$=1,400円〈未償還社債の当期償却額=社債利息〉

（＊10）136,850円〈期首償却原価〉+1,400円〈当期償却額〉=138,250円〈未償還社債の期末償却原価〉

① 買入償還の処理

(a) 償還時（期中）の仕訳（誤った仕訳）

（単位：円）

（仮払金）	58,800	（現金預金）	58,800

(b) 正しい仕訳

（単位：円）

（社債利息）（＊7）	450	（社債）	450
（社債）（＊8）	59,100	（現金預金）	58,800
		（社債償還益）（＊11）	300

（＊11）59,100円−58,800円=+300円〈償還益〉

(c) 修正仕訳

（単位：円）

（社債利息）	450	（社債）	450
（社債）	59,100	（仮払金）	58,800
		（社債償還益）	300

② 当期の償却額（未償還分）

（単位：円）

（社債利息）（＊9）	1,400	（社債）	1,400

(2) 社債利息の計上

×4年 4/1 ←9か月→ ×4年 12/31 ←3か月→ ×5年 3/31

額面 200,000　要支払額 200,000×4％×$\frac{9か月}{12か月}$=6,000

未払費用 140,000×4％×$\frac{3か月}{12か月}$=1,400　額面 140,000

整理前T/B「社債利息」 5,800　未払金 200　⇦ 6,000−5,800

∴ 6,000円+1,400円=7,400円〈社債利息〉

（単位：円）

（社債利息）	1,600	（未払金）	200
		（未払費用）	1,400

∴ (450円+1,400円)+7,400円〈社債利息〉=9,250円〈P/L営業外費用：社債利息〉

社債の償却額

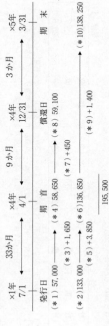

問題13-6

1．×1年度

決算整理後残高試算表

×2年３月31日　（単位：円）

借方科目	(1)	(2)	貸方科目	(1)	(2)
社債利息	4,947	5,000	社　　債	77,947	78,000

2．×2年度

決算整理後残高試算表

×3年３月31日　（単位：円）

借方科目	(1)	(2)	貸方科目	(1)	(2)
社債利息	3,975	4,000	社　　債	58,722	58,800

解答への道

(1)　利息法の場合

①　×1年４月１日（購入時）

（単位：円）

（当　座　預　金）(＊)	97,000	（社　　　　債）	97,000

(＊) 100,000円×$\frac{@97円}{@100円}$＝97,000円〈払込金額〉

②　×2年３月31日（決算日＝利払日）

（単位：円）

（社　債　利　息）(＊1)	4,000	（当　座　預　金）	4,000
（社　債　利　息）(＊2)	947	（社　　　　債）	947
（社　　　　債）	20,000	（当　座　預　金）	20,000

(＊1) 100,000円×４％＝4,000円〈×1年度末クーポン利息〉
(＊2) 97,000円〈払込金額〉×5.1％＝4,947円
4,947円－4,000円〈×1年度末クーポン利息〉＝947円〈×1年度末償却額〉

③　×3年３月31日（決算日＝利払日）

（単位：円）

（社　債　利　息）(＊1)	3,200	（当　座　預　金）	3,200
（社　債　利　息）(＊2)	775	（社　　　　債）	775
（社　　　　債）	20,000	（当　座　預　金）	20,000

(＊1) (100,000円－20,000円〈第１回償還分〉)×４％＝3,200円〈×2年度末クーポン利息〉
(＊2) (97,000円〈払込金額〉＋947円〈×1年度末償却額〉－20,000円〈第１回償還分〉)×5.1％≒3,975円
3,975円－3,200円〈×2年度末クーポン利息〉＝775円〈×2年度末償却額〉

(2)　社債資金の利用割合に応じて償却する方法の場合

①　×1年４月１日（購入時）

（単位：円）

（当　座　預　金）(＊)	97,000	（社　　　　債）	97,000

(＊) 100,000円×$\frac{@97円}{@100円}$＝97,000円〈払込金額〉

②　×2年３月31日（決算日＝利払日）

（単位：円）

（社　債　利　息）(＊1)	4,000	（当　座　預　金）	4,000
（社　債　利　息）(＊2)	1,000	（社　　　　債）	1,000
（社　　　　債）	20,000	（当　座　預　金）	20,000

(＊1) 100,000円×４％＝4,000円〈×1年度末クーポン利息〉
(＊2) 100,000円－97,000円〈払込金額〉＝3,000円〈金利調整差額〉
3,000円〈金利調整差額〉×$\frac{100,000円⑤}{300,000円⑮}$＝1,000円〈×1年度末償却額〉

③　×3年3月31日（決算日＝利払日）

（単位：円）

（社　債　利　息）(＊1)	3,200	（当　座　預　金）	3,200
（社　債　利　息）(＊2)	800	（社　　　　債）	800
（社　　　　債）	20,000	（当　座　預　金）	20,000

(＊1) (100,000円－20,000円〈第１回償還分〉)×４％＝3,200円〈×2年度末クーポン利息〉
(＊2) 3,000円〈金利調整差額〉×$\frac{80,000円④}{300,000円⑮}$＝800円〈×2年度末償却額〉

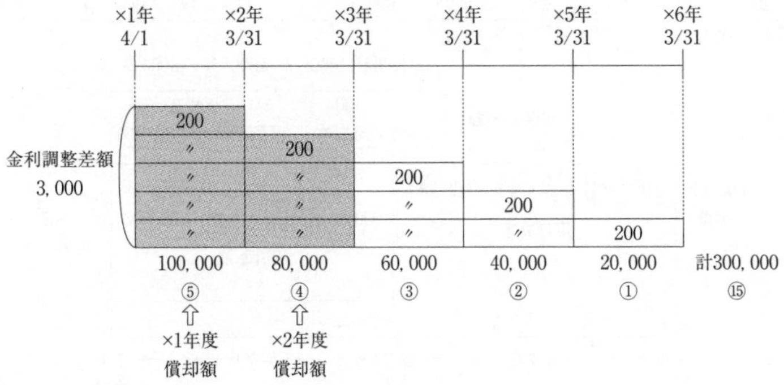

問題13-7

⑴ 損益計算書（一部）

損 益 計 算 書

自×3年4月1日 至×4年3月31日 （単位：円）

⋮	⋮
Ⅴ 営業外費用	
（社 債 利 息）	（ 27,000 ）

⑵ 貸借対照表（一部）

貸 借 対 照 表

×4年3月31日現在 （単位：円）

Ⅰ 流 動 負 債	
一年以内償還社債	（ 236,400 ）
Ⅱ 固 定 負 債	
社 債	（ 116,400 ）

解答への道

1．償却額の計算

（単位：円）

（社 債 利 息）	（＊1） 6,000	（社 債）		6,000
（社 債 利 息）	（＊2） 4,800	（社 債）		4,800

×2年4/1　×2年9/30　×3年3/31　×3年9/30　×4年3/31　×4年9/30　×5年3/31　×5年9/30

金利調整差額 30,000

1,200	1,200	1,200					
〃	〃	〃	1,200				
〃	〃	〃	〃	1,200			
〃	〃	〃	〃	〃	1,200		
〃	〃	〃	〃	〃	〃	1,200	
600,000	600,000	600,000	480,000	360,000	240,000	120,000	計3,000,000
⑤	⑤	⑤	④	③	②	①	㉕

（＊1） 600,000円×$\frac{@95円}{@100円}$＝570,000円〈払込金額〉

600,000円－570,000円〈払込金額〉＝30,000円〈金利調整差額〉

30,000円〈金利調整差額〉×$\frac{600,000円⑤}{3,000,000円㉕}$＝6,000円

（＊2） 30,000円〈金利調整差額〉×$\frac{480,000円④}{3,000,000円㉕}$＝4,800円

∴ P/L社債利息：16,200円＋6,000円＋4,800円＝27,000円

2．社債償還の仕訳

⑴ 期中に行っていた仕訳

（単位：円）

（自 己 社 債）	120,000	（現 金 預 金）	120,000
（自 己 社 債）	120,000	（現 金 預 金）	120,000

⑵ 適正仕訳

（単位：円）

（社 債）	120,000	（現 金 預 金）	120,000
（社 債）	120,000	（現 金 預 金）	120,000

⑶ 修正仕訳

（単位：円）

（社 債）	120,000	（自 己 社 債）	120,000
（社 債）	120,000	（自 己 社 債）	120,000

3．一年以内償還社債の仕訳

（単位：円）

（社 債）（＊3）	236,400	（一年以内償還社債）	236,400

（＊3） 120,000円＋120,000円＝240,000円〈一年以内償還社債の額面金額〉

30,000円〈金利調整差額〉×$\frac{120,000円①}{3,000,000円㉕}$＝1,200円〈×4年9月30日償還社債に対する来年度償却額〉

30,000円〈金利調整差額〉×$\frac{240,000円②}{3,000,000円㉕}$＝2,400円〈×5年3月31日償還社債に対する来年度償却額〉

1,200円＋2,400円＝3,600円〈一年以内償還社債に対する来年度償却額〉

240,000円－3,600円＝236,400円〈一年以内償還社債〉

∴ B/S社債：582,000円＋6,000円＋4,800円－120,000円－120,000円－236,400円＝116,400円

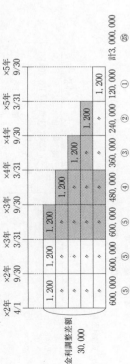

問題13-8

(1) 損益計算書（一部）

損 益 計 算 書

自×2年４月１日　至×3年３月31日　（単位：円）

⋮	⋮
Ⅴ　営 業 外 費 用	
（社 債 利 息）	（　25,600）
⋮	⋮
Ⅶ　特 別 損 失	
（社 債 償 還 損）	（　1,600）

(2) 貸借対照表（一部）

貸 借 対 照 表

×3年３月31日現在　（単位：円）

Ⅰ 流 動 負 債	
一年以内償還社債	（158,400）
Ⅱ 固 定 負 債	
社　　債	（155,200）

解答への道

1．償却額の計算

（単位：円）

（社 債 利 息）（＊1）	6,400	（社　　債）	6,400

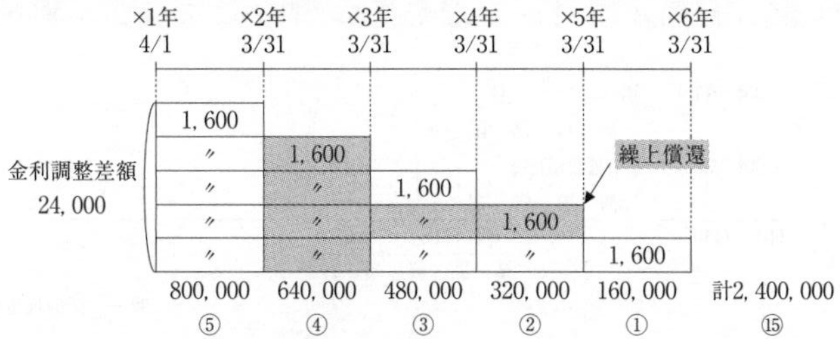

（＊1）800,000円 × $\frac{@97円}{@100円}$ = 776,000円〈払込金額〉

800,000円 − 776,000円〈払込金額〉= 24,000円〈金利調整差額〉

24,000円〈金利調整差額〉× $\frac{640,000円④}{2,400,000円⑮}$ = 6,400円

∴　P/L社債利息：19,200円 + 6,400円 = 25,600円

2．第２回償還の仕訳

（単位：円）

（社　　債）	160,000	（当 座 預 金）	160,000

3．繰上償還の仕訳

（単位：円）

（社　　債）（＊2）	156,800	（当 座 預 金）（＊3）	158,400
（社 債 償 還 損）（＊4）	1,600		

（＊2）24,000円〈金利調整差額〉× $\frac{320,000円②}{2,400,000円⑮}$ = 3,200円〈繰上償還社債に対する将来償却額〉

160,000円〈繰上償還社債額面〉− 3,200円 = 156,800円〈繰上償還時償却原価〉

（＊3）160,000円〈繰上償還社債額面〉× $\frac{@99円}{@100円}$ = 158,400円

（＊4）貸借差額

4．一年以内償還社債の仕訳

（単位：円）

（社　　債）（＊5）	158,400	（一年以内償還社債）	158,400

（＊5）24,000円〈金利調整差額〉× $\frac{160,000円①}{2,400,000円⑮}$ = 1,600円〈一年以内償還社債に対する来年度償却額〉

160,000円〈一年以内償還社債額面〉− 1,600円 = 158,400円〈一年以内償還社債〉

∴　B/S社債：624,000円 + 6,400円 − 160,000円 − 156,800円 − 158,400円 = 155,200円

Theme

14 純資産(資本)

問題14-1

(1) 各取引の仕訳

① 株主総会決議時（×2年６月25日）

（単位：千円）

(繰越利益剰余金)	6,300	(利益準備金)	(＊1)	300
		(未払配当金)		3,000
		(新築積立金)		3,000

② 配当金支払時（×2年７月10日）

（単位：千円）

(未払配当金)	3,000	(当座預金)	3,000

③ 取締役会決議時（×2年12月20日）

（単位：千円）

(新築積立金)	3,000	(繰越利益剰余金)	3,000

④ 決算時～利益の計上（×3年３月31日）

（単位：千円）

(損益)	10,000	(繰越利益剰余金)	10,000

(2) 貸借対照表に計上される金額

利益準備金	(＊2)	5,300千円
繰越利益剰余金	(＊3)	14,700千円

解答への道

(1) 各取引の仕訳

(＊1) ① 3,000千円〈配当金〉$\times \frac{1}{10}$＝300千円

② 100,000千円$\times \frac{1}{4}$－(12,000千円〈資本準備金〉＋5,000千円〈利益準備金〉)＝8,000千円

③ ① 300千円 ＜ ② 8,000千円　∴ ① 300千円〈積立額〉

(2) 貸借対照表に計上される金額

(＊2) 利益準備金の勘定は以下のようになる。

利益準備金

次期繰越	5,300	前期繰越	5,000
		繰越利益剰余金	300

(＊3) 繰越利益剰余金の勘定は以下のようになる。

繰越利益剰余金

利益準備金	300	前期繰越	8,000
未払配当金	3,000		
新築積立金	3,000		
次期繰越	14,700	新築積立金	3,000
		損益	10,000

問題14-2

(1) 配当を支払った側

① 株主総会決議時

（単位：千円）

(その他資本剰余金)	165,000	(未払配当金)	150,000
		(資本準備金)	15,000

② 配当の支払時

（単位：千円）

(未払配当金)	150,000	(現金預金)	150,000

(2) 配当を受け取った側（配当の受取時）

① 保有有価証券を売買目的有価証券で処理していた場合

（単位：千円）

(現金預金)	15,000	(受取配当金)	(＊)	15,000

② 保有有価証券をその他有価証券で処理していた場合

（単位：千円）

(現金預金)	15,000	(その他有価証券)	(＊)	15,000

解答への道

(1) 配当を支払った側の仕訳

その他資本剰余金から配当を行った場合は，その他資本剰余金を直接減額することになる。

(2) 配当を受け取った側（配当の受取時）の仕訳

株主がその他資本剰余金の処分による配当を受けた場合，保有有価証券を売買目的有価証券として処理していた場合を除き，原則として配当受領額を配当の対象である有価証券の帳簿価額から減額する。

(＊) 150,000千円×10％＝15,000千円〈配当受領額〉

問題14-3

（単位：千円）

（資本準備金）	50,000	（その他資本剰余金）	50,000
（利益準備金）	30,000	（繰越利益剰余金）	30,000

解答への道

資本準備金および利益準備金を取り崩した場合，振り替えられる科目として以下の科目が考えられる。

資本準備金 → 資本金，その他資本剰余金

利益準備金 → 繰越利益剰余金

本問では，問題文の指示に従って処理を行う。

問題14-4

(1) 自己株式の取得

（単位：円）

（自己株式）	（＊1）2,500,000	（当座預金）	（＊2）2,600,000
（支払手数料）	100,000		

(2) 自己株式の処分

（単位：円）

（現金）	（＊2） 990,000	（自己株式）	（＊1）1,000,000
（支払手数料）	50,000	（その他資本剰余金）	（＊3） 40,000

(3) 自己株式の処分

（単位：円）

（現金）	（＊2） 650,000	（自己株式）	（＊1） 750,000
（その他資本剰余金）	（＊3） 60,000		
（支払手数料）	40,000		

(4) 自己株式の消却

（単位：円）

（その他資本剰余金）	（＊） 250,000	（自己株式）	250,000

(5) 決算整理仕訳

（単位：円）

（繰越利益剰余金）	（＊） 10,000	（その他資本剰余金）	10,000

解答への道

(1) 自己株式の取得

（＊1）@2,500円×1,000株＝2,500,000円〈取得原価〉

（＊2）2,500,000円＋100,000円＝2,600,000円

(2) 自己株式の処分

（＊1）@2,500円×400株＝1,000,000円〈取得原価〉

（＊2）@2,600円×400株＝1,040,000円〈処分の対価〉

1,040,000円－50,000円＝990,000円

（＊3）1,040,000円－1,000,000円＝40,000円〈その他資本剰余金＝自己株式処分差益〉

(3) 自己株式の処分

（＊1）@2,500円×300株＝750,000円〈取得原価〉

（＊2）@2,300円×300株＝690,000円〈処分の対価〉

690,000円－40,000円＝650,000円

（＊3）690,000円－750,000円＝△60,000円〈その他資本剰余金＝自己株式処分差損〉

(4) 自己株式の消却

（＊）@2,500円×100株＝250,000円〈取得原価〉

(5) 決算整理

決算日に，その他資本剰余金の残高が負の値（借方残高）の場合は，その他利益剰余金（繰越利益剰余金）から減額する。

（＊）260,000円＋40,000円－60,000円－250,000円＝△10,000円

問題14-5

(1) 自己株式の帳簿価額が@110円の場合

（単位：円）

（現金預金）	（＊1） 100,000	（自己株式）	（＊2） 44,000
		（資本金）	（＊3） 56,000

(2) 自己株式の帳簿価額が@90円の場合

（単位：円）

（現金預金）	（＊4） 100,000	（自己株式）	（＊5） 36,000
		（その他資本剰余金）	（＊6） 4,000
		（資本金）	（＊6） 60,000

解答への道

(1) 自己株式の帳簿価額が@110円の場合

（＊1）@100円×1,000株＝100,000円〈払込金額〉

（＊2）@110円×400株＝44,000円〈自己株式の帳簿価額〉

（＊3）100,000円×$\frac{600株}{1,000株}$＝60,000円〈新株に対応する払込金額〉

100,000円×$\frac{400株}{1,000株}$＝40,000円〈自己株式に対応する払込金額〉

40,000円－44,000円＝△4,000円〈自己株式処分差損に相当〉

∴ 60,000円－4,000円＝56,000円〈資本金等の増加限度額〉

(2)　自己株式の帳簿価額が@90円の場合

（＊4）@100円×1,000株＝100,000円〈払込金額〉
（＊5）@90円×400株＝36,000円〈自己株式の帳簿価額〉
（＊6）$100,000円\times\frac{600株}{1,000株}=60,000円$〈新株に対応する払込金額〉

$100,000円\times\frac{400株}{1,000株}=40,000円$〈自己株式に対応する払込金額〉

40,000円－36,000円＝4,000円〈自己株式処分差益に相当＝その他資本剰余金〉
∴　60,000円〈資本金等の増加限度額〉

問題14-6

（単位：円）

(1)	（資　　本　　金）	80,000	（繰越利益剰余金）	60,000
			（その他資本剰余金）	（＊）　20,000
(2)	（資　本　金）	80,000	（その他資本剰余金）	80,000
	（自　己　株　式）	80,000	（現　金　預　金）	80,000
	（その他資本剰余金）	80,000	（自　己　株　式）	80,000

解答への道

(1)　繰越利益剰余金の負の残高の補填

（＊）貸借差額

(2)　自己株式の消却により資本金を減少させる場合
本問の場合は，「同額の自己株式を取得」とあるので，すべて資本金の減少額と同額になる。

問題14-7

（単位：円）

(1)	（当　座　預　金）	2,000,000	（新　株　予　約　権）	（＊1）2,000,000
(2)	（当　座　預　金）	（＊2）10,000,000	（資　　本　　金）	（＊4）5,500,000
	（新　株　予　約　権）	（＊3）1,000,000	（資　本　準　備　金）	（＊4）5,500,000
(3)	（当　座　預　金）	（＊5）8,000,000	（自　己　株　式）	（＊7）8,320,000
	（新　株　予　約　権）	（＊6）　800,000	（その他資本剰余金） 自己株式処分差益	（＊8）　480,000
(4)	（新　株　予　約　権）	（＊9）　200,000	（新株予約権戻入益）	200,000

解答への道

(1)　新株予約権の発行

（＊1）@100,000円×20個＝2,000,000円〈新株予約権の払込金額〉

(2)　権利の行使時（新株を発行）

（＊2）@1,000,000円×10個＝10,000,000円〈払込金額〉
（＊3）@100,000円×10個＝1,000,000円〈新株予約権の払込金額〉
（＊4）$\underbrace{(10,000,000円+1,000,000円)}_{11,000,000円〈株式の払込金額〉}\times\frac{1}{2}=5,500,000円$〈資本金＝資本準備金〉

(3)　権利の行使時（自己株式を移転）

（＊5）@1,000,000円×8個＝8,000,000円〈払込金額〉
（＊6）@100,000円×8個＝800,000円〈新株予約権の払込金額〉
（＊7）@5,200円×200株×8個＝8,320,000円〈移転した自己株式の帳簿価額〉
（＊8）$\underbrace{(8,000,000円+800,000円)}_{8,800,000円〈自己株式の処分の対価〉}-8,320,000円=480,000円$〈自己株式処分差益〉

(4)　権利行使期限終了時

（＊9）@100,000円×2個＝200,000円〈新株予約権の払込金額〉

〔参考〕B社の仕訳を示すと以下のようになる。

（単位：円）

(1)	（その他有価証券） 新株予約権	（＊1）2,000,000	（当　座　預　金）	2,000,000
(2)	（その他有価証券） 株式	11,000,000	（当　座　預　金）	（＊2）10,000,000
			（その他有価証券） 新株予約権	（＊3）1,000,000
(3)	（その他有価証券） 株式	8,800,000	（当　座　預　金）	（＊5）8,000,000
			（その他有価証券） 新株予約権	（＊6）　800,000
(4)	（新株予約権未行使損）	（＊9）　200,000	（その他有価証券） 新株予約権	200,000

問題14-8

決算整理後残高試算表

×6年３月31日　（単位：千円）

資本金	（ 28,450 ）
資本準備金	（ 4,100 ）
その他資本剰余金	（ 950 ）
新株予約権戻入益	（ 1,000 ）

解答への道

1．権利行使

（単位：千円）

（新株予約権）	3,000	（自己株式）	（＊1）	4,100
（仮受金）	8,000	（資本金）	（＊2）	3,450
		（資本金準備金）	（＊2）	3,450

（＊1）自己株式の帳簿価額＝前T/B自己株式

（＊2）(3,000千円＋8,000千円)×$\frac{\text{150株}}{\text{350株＋150株}}$＝3,300千円〈自己株式に対する払込額〉

3,300千円－4,100千円＝△800千円〈自己株式処分差損〉

(3,000千円＋8,000千円)×$\frac{\text{350株}}{\text{350株＋150株}}$＝7,700千円〈新株に対する払込額〉

(7,700千円－800千円)÷２＝3,450千円

∴　後T/B資本金：25,000千円〈前T/B〉＋3,450千円＝28,450千円

∴　後T/B資本準備金：650千円〈前T/B〉＋3,450千円＝4,100千円

2．権利失効

（単位：千円）

（新株予約権）（＊）	1,000	（新株予約権戻入益）	1,000

（＊）4,000千円〈前T/B〉－3,000千円＝1,000千円

問題14-9

（単位：円）

(1)	（株式報酬費用）	（＊1）　120,000	（新株予約権）	120,000
(2)	（株式報酬費用）	（＊1）　120,000	（新株予約権）	120,000
	（株式報酬費用）	（＊2）　15,000	（新株予約権）	15,000

解答への道

(1)　株式報酬費用の均等配分額

（＊1）@3,000円×(100個－20個)×$\frac{\text{1年}}{\text{2年}}$＝120,000円

(2)　権利確定数への修正

（＊2）@3,000円×{85個－(100個－20個)}＝15,000円

問題14-10

（単位：円）

(1)	（当座預金）	（＊1）5,000,000	（社債）	5,000,000
	（当座預金）	（＊2）　500,000	（新株予約権）	500,000
(2)	（当座預金）	（＊3）3,000,000	（自己株式）	（＊5）2,700,000
	（新株予約権）	（＊4）　300,000	（その他資本剰余金） 自己株式処分差益	（＊6）　600,000
(3)	（社債）	（＊7）2,000,000	（資本金）	（＊9）1,100,000
	（新株予約権）	（＊8）　200,000	（資本準備金）	（＊9）1,100,000

解答への道

(1)　新株予約権付社債の発行時

（＊1）1,000,000円×５口×$\frac{\text{100円}}{\text{100円}}$＝5,000,000円〈社債の払込金額〉

（＊2）100,000円×５個＝500,000円〈新株予約権の払込金額〉

(2)　権利の行使時（代用払込なし，自己株式を移転）

（＊3）@1,000円×1,000株×３個＝3,000,000円〈払込金額〉
（＊4）100,000円×３個＝300,000円〈新株予約権の払込金額〉
（＊5）@900円×1,000株×３個＝2,700,000円〈移転した自己株式の帳簿価額〉
（＊6）(3,000,000円＋300,000円)－2,700,000円＝600,000円〈自己株式処分差益〉
3,300,000円〈自己株式の処分の対価

(3)　権利の行使時（代用払込あり，新株を発行）

（＊7）@1,000円×1,000株×２個＝2,000,000円〈代用払込金額〉
（＊8）100,000円×２個＝200,000円〈新株予約権の払込金額〉

（＊9）(2,000,000円＋200,000円)×$\frac{1}{2}$＝1,100,000円〈資本金＝資本準備金〉
2,200,000円〈株式の払込金額〉

〔参考〕B社の仕訳を示すと以下のようになる。

(単位：円)

(1)	(その他有価証券) 社債	(＊1) 5,000,000	(当座預金)	5,000,000
	(その他有価証券) 新株予約権	(＊2) 500,000	(当座預金)	500,000
(2)	(その他有価証券) 株式	3,300,000	(当座預金)	(＊3) 3,000,000
			(その他有価証券) 新株予約権	(＊4) 300,000
(3)	(その他有価証券) 株式	2,200,000	(その他有価証券) 社債	(＊7) 2,000,000
			(その他有価証券) 新株予約権	(＊8) 200,000

問題14-11

(Ⅰ) ×7年3月31日における仕訳

(1) 新株予約権の権利行使による新株発行時の仕訳

(単位：千円)

(社債)	8,000	(資本金)	4,240
(新株予約権)	480	(資本準備金)	4,240

(2) 社債償還時の仕訳

(単位：千円)

(社債)	2,000	(現金預金)	2,000
(新株予約権)	120	(新株予約権戻入益)	120

(Ⅱ) 当期における損益計算書（一部）および貸借対照表（一部）

(1) 損益計算書（一部）

損益計算書

自×6年4月1日　至×7年3月31日　(単位：千円)

⋮

Ⅴ 営業外費用

(社債利息)　(420)

Ⅵ 特別利益

(新株予約権戻入益)　(120)

(2) 貸借対照表（一部）

貸借対照表

×7年3月31日現在　(単位：千円)

⋮

Ⅱ 固定負債

社債　(0)

⋮

Ⅰ 株主資本

1．資本金　(204,240)

2．資本剰余金

(1) 資本準備金　(24,240)

⋮

Ⅲ 新株予約権　(0)

解答への道

1．転換社債型新株予約権付社債の発行時の仕訳

区分法の処理は社債と新株予約権について別に仕訳を行うが，本問では，転換社債型新株予約権付社債を額面金額で払込みを受けており，払込金額の10,000千円を社債の対価と新株予約権の対価に分け仕訳を行う。

(単位：千円)

(現金預金)(＊1)	9,400	(社債)	9,400
(現金預金)	600	(新株予約権)(＊2)	600

(＊1) $10,000千円 \times \frac{940円}{1,000円} = 9,400千円$〈社債の対価〉

(＊2) $10,000千円 \times \frac{1,000円 - 940円}{1,000円} = 600千円$〈新株予約権の対価〉

2．利息の処理および社債の償却原価法（定額法）の処理

① 利息の支払い（9月末）

(単位：千円)

(社債利息)(＊)	150	(現金預金)	150

(＊) $10,000千円〈額面金額〉\times 3\% \times \frac{6か月}{12か月} = 150千円$

② 利息の支払い（3月末）

(単位：千円)

(社債利息)(＊)	150	(現金預金)	150

(＊) $10,000千円〈額面金額〉\times 3\% \times \frac{6か月}{12か月} = 150千円$

③ 社債の償却原価法（定額法）の処理

(単位：千円)

(社債利息)(＊)	120	(社債)	120

(＊) $(10,000千円〈額面金額〉- 9,400千円〈社債の対価〉) \times \frac{12か月}{60か月} = 120千円$

3．新株予約権の権利行使による新株発行

転換社債型新株予約権付社債は，新株予約権の権利行使時に，必ず代用払込があったものとみなして処理を行う。また，発行後５年経過しているので，社債は額面金額と同様になっている。

（単位：千円）

（社　　　債）	8,000	（資　　本　　金）（＊2）	4,240
（新 株 予 約 権）（＊1）	480	（資 本 準 備 金）（＊2）	4,240

（＊1）600千円〈新株予約権〉× $\frac{8,000千円}{10,000千円}$ = 480千円

（＊2）(8,000千円＋480千円) × $\frac{1}{2}$ = 4,240千円

4．社債の償還

当期末で社債の償還期限が到来するので，社債の償還を行うと同時に新株予約権の未行使部分の処理をする。

（単位：千円）

（社　　　債）（＊1）	2,000	（現　金　預　金）	2,000
（新 株 予 約 権）（＊2）	120	（新株予約権戻入益）	120

（＊1）10,000千円〈権利行使前帳簿価額〉－8,000千円〈権利行使分社債〉＝2,000千円
（＊2）600千円〈新株予約権取得価格〉－480千円〈権利行使分新株予約権〉＝120千円

問題14-12

株主資本等変動計算書　（単位：千円）

	株主資本							評価・換算差額等	
		資本剰余金		利益剰余金					
					その他利益剰余金				
	資本金	資本準備金	その他資本剰余金	利益準備金	別途積立金	繰越利益剰余金	自己株式	その他有価証券評価差額金	新株予約権
当期首残高	40,000	1,900	1,600	700	400	15,000	△ 2,600	70	1,000
当期変動額									
新株の発行	1,800	1,800							
剰余金の配当		70	△ 770	200		△ 2,200			
自己株式の取得							△ 3,000		
自己株式の処分			400				2,800		
当期純利益						4,200			
株主資本以外の項目の当期変動額								140	△ 600
当期変動額合計	1,800	1,870	△ 370	200	0	2,000	△ 200	140	△ 600
当期末残高	41,800	3,770	1,230	900	400	17,000	△ 2,800	210	400

解答への道

1．剰余金の処分

(1) その他資本剰余金の処分

（単位：千円）

（その他資本剰余金） 剰余金の配当	770	（資 本 準 備 金）（＊） 剰余金の配当	70
		（未 払 配 当 金）	700

（＊）700千円〈資本剰余金からの配当金〉× $\frac{1}{10}$ = 70千円

(2) 利益剰余金の処分

（単位：千円）

（繰越利益剰余金） 剰余金の配当	2,200	（利 益 準 備 金）（＊） 剰余金の配当	200
		（未 払 配 当 金）	2,000

（＊）2,000千円〈利益剰余金からの配当金〉× $\frac{1}{10}$ = 200千円

（注）資本準備金と利益準備金の積立ては，資本準備金および利益準備金の合計額が資本金の４分の１に達するまで行われる。本問においては，積立限度まで達していないため配当金の10分の１の額を積み立てる。

2．自己株式

(1) 取　得

（単位：千円）

（自　己　株　式）（＊） 自己株式の取得	3,000	（現　金　預　金）	3,000

（＊）@150千円×20株＝3,000千円

(2) 処　分

（単位：千円）

（現　金　預　金）（＊1）	3,200	（自　己　株　式）（＊2） 自己株式の処分	2,800
		（その他資本剰余金）（＊3） 自己株式の処分	400

（＊1）@160千円×20株＝3,200千円

（＊2）$\frac{2,600千円〈前期末残高〉＋3,000千円〈当期取得〉}{20株＋20株}$ ×20株＝2,800千円

（＊3）貸借差額

3．その他有価証券

(1) 前期末における評価替え

（単位：千円）

（その他有価証券）（＊1）	100	（繰延税金負債）（＊2）	30
		（その他有価証券評価差額金）（＊3）	70

（＊1）（@130千円×10株）－（@120千円×10株）＝100千円
　　1,300千円〈前期末時価〉　1,200千円〈取得原価〉

（＊2）100千円×30%〈実効税率〉＝30千円

（＊3）貸借差額

(2) 当期首における再振替仕訳

（単位：千円）

（繰延税金負債）	30	（その他有価証券）	100
（その他有価証券評価差額金）	70		

(3) 当期末における評価替え

（単位：千円）

（その他有価証券）（＊1）	300	（繰延税金負債）（＊2）	90
		（その他有価証券評価差額金）（＊3）	210

（＊1）（@150千円×10株）－（@120千円×10株）＝300千円
　　1,500千円〈当期末時価〉　1,200千円〈取得原価〉

（＊2）300千円×30%〈実効税率〉＝90千円

（＊3）貸借差額

4．新株予約権

（単位：千円）

（新株予約権）	600	（資本金）（＊） 新株の発行	1,800
（現金預金）	3,000	（資本準備金）（＊） 新株の発行	1,800

（＊）（600千円＋3,000千円）×$\frac{1}{2}$＝1,800千円

5．当期純利益の計上

（単位：千円）

（損益）	4,200	（繰越利益剰余金） 当期純利益	4,200

問題14-13

(1)	剰余金の額	125,000	千円
(2)	分配可能額	110,000	千円
(3)	剰余金配当の限度額	100,000	千円

解答への道

1．剰余金の額

諸資産	500,000	諸負債	425,000
のれん	200,000	資本金	125,000
繰延資産	50,000	資本準備金	5,000
自己株式	5,000	利益準備金	10,000
		その他有価証券評価差額金	45,000
		新株予約権	20,000
		剰余金	125,000

または，25,000千円〈その他資本剰余金〉＋100,000千円〈その他利益剰余金〉＝125,000千円

2．分配可能額

剰余金	125,000	自己株式	5,000
		のれん等調整額の超過額（＊1）	10,000
		純資産の不足額（＊2）	0
		分配可能額	110,000

（＊1）200,000千円〈のれん〉×$\frac{1}{2}$＋50,000千円〈繰延資産〉＝150,000円〈のれん等調整額〉

125,000千円＋5,000千円〈資本準備金〉＋10,000千円〈利益準備金〉＝140,000千円〈資本等金額〉

150,000千円 ＞ 140,000千円

かつ，150,000千円 ＜ 140,000千円＋25,000千円〈その他資本剰余金〉＝165,000千円

∴　150,000千円－140,000千円＝10,000千円〈のれん等調整額の超過額〉

（＊2）3,000千円－（125,000千円＋5,000千円＋10,000千円＋20,000千円＋45,000千円）＝△202,000千円
　　300万円　　205,000千円　　ゼロ以下

∴　純資産の不足額はゼロとする。

3．剰余金配当の限度額

分配可能額	110,000	準備金積立額（＊）	10,000
		剰余金配当の限度額	100,000

（＊）110,000千円〈分配可能額〉×$\frac{1}{11}$＝10,000千円〈積立予定額〉

125,000千円×$\frac{1}{4}$－（5,000千円＋10,000千円）＝16,250千円〈積立限度額〉

10,000千円〈積立予定額〉 ＜ 16,250千円〈積立限度額〉

∴　10,000千円〈準備金積立額〉

問題14-14

〔設問１〕

(1)	１株当たり当期純利益の額	648　円
(2)	潜在株式調整後１株当たり当期純利益	561　円

〔設問２〕

(1)	１株当たり当期純利益の額	720　円
(2)	潜在株式調整後１株当たり当期純利益	612　円

解答への道

〔設問１〕

1．１株当たり当期純利益

(24, 000株〈期首〉+ 26, 000株〈期末〉) ÷ 2 = 25, 000株〈期中平均発行済株式数〉

16, 200, 000円 ÷ 25, 000株 = @648円〈１株当たり当期純利益〉

2．潜在株式調整後１株当たり当期純利益

25, 000株〈平均〉+ 5, 000株〈潜在株式〉= 30, 000株〈調整後〉

900, 000円 × (100% − 30%) = 630, 000円〈調整額〉

(16, 200, 000円 + 630, 000円) ÷ 30, 000株 = @561円〈潜在株式調整後１株当たり当期純利益〉

〔設問２〕

1．１株当たり当期純利益

(24, 000株〈期首〉+ 26, 000株〈期末〉) ÷ 2 = 25, 000株〈期中平均発行済株式数〉

(2, 500株〈期首〉+ 2, 500株〈期末〉) ÷ 2 = 2, 500株〈期中平均自己株式数〉

25, 000株 − 2, 500株 = 22, 500株〈平均〉

16, 200, 000円 ÷ 22, 500株〈平均〉= @720円〈１株当たり当期純利益〉

2．潜在株式調整後１株当たり当期純利益

22, 500株〈平均〉+ 5, 000株〈潜在株式〉= 27, 500株〈調整後〉

900, 000円 × (100% − 30%) = 630, 000円〈調整額〉

(16, 200, 000円 + 630, 000円) ÷ 27, 500株 = @612円〈潜在株式調整後１株当たり当期純利益〉

総合問題

総合問題1

損益計算書

自×1年４月１日　至×2年３月31日　(単位：千円)

Ⅰ 売上高		(7, 800, 000)
Ⅱ 売上原価		
1．期首商品棚卸高	(200, 000)	
2．当期商品仕入高	(6, 160, 000)	
合計	(6, 360, 000)	
3．期末商品棚卸高	(100, 000)	
差引	(6, 260, 000)	
4．商品評価損	(2, 150)	(6, 262, 150)
売上総利益		(1, 537, 850)
Ⅲ 販売費及び一般管理費		
1．販売費・管理費	(480, 600)	
2．租税公課	(82, 600)	
3．棚卸減耗損	(5, 000)	
4．貸倒引当金繰入	(39, 600)	
5．減価償却費	(240, 000)	(847, 800)
営業利益		(690, 050)
Ⅳ 営業外収益		
1．受取利息配当金	(12, 800)	
2．有価証券運用益	(20, 000)	(32, 800)
Ⅴ 営業外費用		
1．支払利息	(1, 500)	
2．貸倒引当金繰入	(5, 400)	
3．雑損	(100)	(7, 000)
経常利益		(715, 850)
Ⅵ 特別利益		
1．土地売却益		(50, 000)
Ⅶ 特別損失		
1．貸倒引当金繰入	(90, 000)	
2．子会社株式評価損	(90, 000)	(180, 000)
税引前当期純利益		(585, 850)
法人税，住民税及び事業税	(180, 000)	
法人税等調整額	(△ 2, 100)	(177, 900)
当期純利益		(407, 950)

解答への道

1．商品売買

(1) 原価ボックス

原価ボックス

期首手許商品	200,000	売 上 原 価(＊)	6,260,000
T/B 仕入	6,160,000	期末手許商品	100,000

T/B売上　7,800,000

（＊）貸借差額

(2) 期末商品の評価（手許商品）

100,000千円〈帳簿棚卸高〉－95,000千円〈実地棚卸高(原価)〉＝5,000千円〈棚卸減耗損〉

104,500千円〈実地棚卸高(売価)〉－11,650千円〈見積販売直接経費〉＝92,850千円〈正味売却価額〉

95,000千円〈原価〉＞92,850千円〈正味売却価額〉　∴　92,850千円〈正味売却価額〉で評価する。

95,000千円〈原価〉－92,850千円〈正味売却価額〉＝2,150千円〈商品評価損〉

(3) 仕　訳

① 売上原価の計算

（単位：千円）

（仕　　　　入）	200,000	（繰　越　商　品）	200,000
（繰　越　商　品）	100,000	（仕　　　　入）	100,000

② 期末商品の評価

（単位：千円）

（棚 卸 減 耗 損）	5,000	（繰　越　商　品）	5,000
（商 品 評 価 損）	2,150	（繰　越　商　品）	2,150

2．現金預金

(1) 現　金

（単位：千円）

（現　金　預　金）	29,900	（売　　掛　　金）	30,000
（雑　　　　損）（＊）	100		

（＊）貸借差額

(2) 当座預金

（単位：千円）

（現　金　預　金）（＊）	2,700	（売　　掛　　金）	2,700
（現　金　預　金）	10,000	（買　　掛　　金）	10,000
（販売費・管理費）	3,000	（現　金　預　金）	3,000

（＊）36,300千円－33,600千円＝2,700千円

3．金銭債権

(1) 貸倒れ

（単位：千円）

（貸 倒 引 当 金）	20,000	（売　　掛　　金）	20,000

(2) 貸倒引当金

① 破産更生債権等～財務内容評価法

(a) 科目の振替え

（単位：千円）

（破 産 更 生 債 権 等）	100,000	（売　　掛　　金）	100,000

(b) 引当金の設定

（単位：千円）

（貸 倒 引 当 金 繰 入）（＊）	90,000	（貸　倒　引　当　金）	90,000

（＊）100,000千円〈破産更生債権等(売掛金)〉－10,000千円〈営業保証金〉＝90,000千円〈設定額＝繰入額〉

② 一般債権～貸倒実績率法（営業債権と営業外債権を区別せずに貸倒引当金を設定する方法）

（単位：千円）

（貸 倒 引 当 金 繰 入）（＊）	45,000	（貸　倒　引　当　金）	45,000

（＊）1,037,000千円〈T/B受取手形〉＋1,315,700千円〈T/B売掛金〉－30,000千円〈解説2(1)〉
　－2,700千円〈解説2(2)〉－20,000千円〈解説3(1)〉－100,000千円〈解説3(2)①〉
　＝2,200,000千円〈売上債権＝営業債権〉
　(2,200,000千円〈営業債権〉＋300,000千円〈貸付金＝営業外債権〉)×2％＝50,000千円〈設定額〉
　50,000千円－(25,000千円〈T/B貸倒引当金〉－20,000千円〈解説3(1)〉)＝45,000千円〈繰入額〉

繰入額45,000千円を営業債権と営業外債権の期末残高の割合に応じて販売費及び一般管理費と営業外費用に区別する。

∴　P/L貸倒引当金繰入（販売費及び一般管理費）：$45{,}000\text{千円}\times\frac{2{,}200{,}000\text{千円〈営業債権〉}}{2{,}200{,}000\text{千円〈営業債権〉}+300{,}000\text{千円〈営業外債権〉}}=39{,}600\text{千円}$

∴　P/L貸倒引当金繰入（営業外費用）：$45{,}000\text{千円}\times\frac{300{,}000\text{千円〈営業外債権〉}}{2{,}200{,}000\text{千円〈営業債権〉}+300{,}000\text{千円〈営業外債権〉}}=5{,}400\text{千円}$

4．有価証券

(1) B社株式～売買目的有価証券

（単位：千円）

（有　価　証　券）（＊）	20,000	（有価証券運用損益）	20,000

（＊）120,000千円－100,000千円＝20,000千円

(2) C社株式～その他有価証券（全部純資産直入法）

① 科目の振替え

（単位：千円）

（投 資 有 価 証 券）	80,000	（有　価　証　券）	80,000

② 評　価

（単位：千円）

（繰 延 税 金 資 産）（＊2）	1,500	（投 資 有 価 証 券）（＊1）	5,000
（その他有価証券評価差額金）（＊3）	3,500		

（＊1）75,000千円－80,000千円＝△5,000千円
（＊2）5,000千円×30％〈実効税率〉＝1,500千円
（＊3）貸借差額

(3)　D社株式～子会社株式（強制評価減）

①　科目の振替え

（単位：千円）

（子　会　社　株　式）	150,000	（有　　価　　証　　券）	150,000

②　評　価

時価60,000千円が原価150,000千円の２分の１を下回っているため，時価の著しい下落に該当する。また，回復見込なしのため強制評価減を適用する。

（単位：千円）

（子会社株式評価損）（＊） 特別損失	90,000	（子　会　社　株　式）	90,000

（＊）60,000千円－150,000千円＝△90,000千円

(4)　E社株式～関連会社株式

①　科目の振替え

（単位：千円）

（関 連 会 社 株 式）	120,000	（有　　価　　証　　券）	120,000

②　評　価

原価120,000千円に対して時価118,000千円であり，時価の著しい下落に該当しない。したがって，原価のままでよい。

（単位：千円）

仕　訳　な　し

5．有形固定資産

(1)　建　物

（単位：千円）

（減　価　償　却　費）（＊）	40,000	（建物減価償却累計額）	40,000

（＊）1,200,000千円÷30年＝40,000千円

(2)　備　品

（単位：千円）

（減　価　償　却　費）（＊）	200,000	（備品減価償却累計額）	200,000

（＊）1,000,000千円÷５年＝200,000千円

∴　P/L減価償却費：40,000千円〈建物〉＋200,000千円〈備品〉＝240,000千円

6．経過勘定項目

（単位：千円）

（前　　払　　費　　用）	1,500	（販 売 費 ・ 管 理 費）	1,500
（販 売 費 ・ 管 理 費）	800	（未　　払　　費　　用）	800
（支　　払　　利　　息）	500	（未　　払　　費　　用）	500
（未　　収　　収　　益）	3,000	（受 取 利 息 配 当 金）	3,000

∴　P/L販売費・管理費：478,300千円〈T/B販売費・管理費〉＋3,000千円〈解説２(2)〉－1,500千円＋800千円＝480,600千円

P/L支払利息：1,000千円〈T/B支払利息〉＋500千円＝1,500千円

P/L受取利息配当金：9,800千円〈T/B受取利息配当金〉＋3,000千円＝12,800千円

7．法人税等の計上

（単位：千円）

（法　　人　　税　　等）	180,000	（仮 払 法 人 税 等）	100,000
		（未 払 法 人 税 等）（＊）	80,000

（＊）貸借差額

8．税効果会計

（単位：千円）

（繰 延 税 金 資 産）（＊）	2,100	（法 人 税 等 調 整 額）	2,100

（＊）255,000千円〈期首〉×30％〈実効税率〉＝76,500千円〈前T/B繰延税金資産〉
262,000千円〈期末〉×30％〈実効税率〉＝78,600千円
78,600千円－76,500千円＝2,100千円〈繰延税金資産の増加額〉

損益計算書

自×3年4月1日　至×4年3月31日　(単位：千円)

Ⅰ 売上高		(6,240,000)
Ⅱ 売上原価		
1．期首商品棚卸高	(200,000)	
2．当期商品仕入高	(4,984,000)	
合計	(5,184,000)	
3．期末商品棚卸高	(176,000)	
差引	(5,008,000)	
4．商品評価損	(1,720)	(5,009,720)
売上総利益		(1,230,280)
Ⅲ 販売費及び一般管理費		
1．販売費・管理費	(346,100)	
2．租税公課	(66,000)	
3．棚卸減耗損	(4,000)	
4．貸倒引当金繰入	(11,000)	
5．減価償却費	(112,000)	(539,100)
営業利益		(691,180)
Ⅳ 営業外収益		
1．受取利息配当金	(30,200)	
2．雑益	(80)	(30,280)
Ⅴ 営業外費用		
1．有価証券運用損	(12,000)	
2．その他有価証券評価損	(4,000)	
3．支払利息	(1,200)	
4．貸倒引当金繰入	(18,107)	
5．為替差損	(700)	(36,007)
経常利益		(685,453)
Ⅵ 特別利益		
1．土地売却益		(20,000)
Ⅶ 特別損失		
1．貸倒引当金繰入	(60,000)	
2．関連会社株式評価損	(60,000)	(120,000)
税引前当期純利益		(585,453)
法人税，住民税及び事業税	(189,000)	
法人税等調整額	(△ 3,000)	(186,000)
当期純利益		(399,453)

解答への道

1．商品売買

(1) 原価ボックス

① 一般販売の原価ボックス

原価ボックス

期首手許商品	160,000	売上原価（＊）	3,408,000
T/B仕入	3,328,000		
		期末手許商品	80,000

T/B一般売上　4,260,000

（＊）貸借差額

② 委託販売の原価ボックス

原価ボックス

期首積送品	40,000	売上原価（＊2）	1,600,000
当期積送高（＊1）	1,656,000		
		期末積送品	96,000

T/B積送品売上（手取高）1,980,000

（＊1）1,696,000千円〈T/B積送品〉－40,000千円〈期首積送品原価〉＝1,656,000千円
（＊2）貸借差額

∴ P/L売上高：4,260,000千円〈一般販売〉＋1,980,000千円〈委託販売〉＝6,240,000千円
P/L期首商品棚卸高：160,000千円〈期首手許商品〉＋40,000千円〈期首積送品〉＝200,000千円
P/L当期商品仕入高：3,328,000千円〈一般仕入〉＋1,656,000千円〈当期積送高〉＝4,984,000千円
P/L期末商品棚卸高：80,000千円〈期末手許商品〉＋96,000千円〈期末積送品〉＝176,000千円

(2) 期末商品の評価（手許商品）

積送品からは，商品評価損および棚卸減耗損は生じていない。

80,000千円〈帳簿棚卸高〉－76,000千円〈実地棚卸高(原価)〉＝4,000千円〈棚卸減耗損〉
83,600千円〈実地棚卸高(売価)〉－9,320千円〈見積販売直接経費〉＝74,280千円〈正味売却価額〉
76,000千円〈原価〉＞74,280千円〈正味売却価額〉　∴ 74,280千円〈正味売却価額〉で評価する。
76,000千円〈原価〉－74,280千円〈正味売却価額〉＝1,720千円〈商品評価損〉

(3) 仕訳

① 売上原価の計算

(単位：千円)

(仕入)	160,000	(繰越商品)	160,000
(繰越商品)	80,000	(仕入)	80,000
(仕入)	(＊1) 1,696,000	(積送品)	1,696,000
(積送品)	(＊2) 96,000	(仕入)	96,000

（＊1）T/B積送品
（＊2）期末積送品原価

② 期末商品の評価

（単位：千円）

（棚 卸 減 耗 損）	4,000	（繰 越 商 品）	4,000
（商 品 評 価 損）	1,720	（繰 越 商 品）	1,720

2．現金預金

(1) 現　金

（単位：千円）

（販 売 費・管 理 費）	5,000	（現 金 預 金）	4,920
		（雑 益）（＊）	80

（＊）貸借差額

(2) 当座預金

（単位：千円）

（現 金 預 金）	8,000	（買 掛 金）	8,000

3．貸倒引当金

(1) 貸倒懸念債権～キャッシュ・フロー見積法

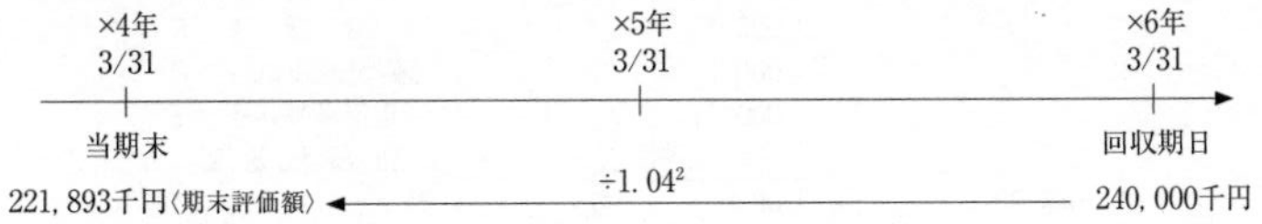

（単位：千円）

（貸 倒 引 当 金 繰 入）（＊）	18,107	（貸 倒 引 当 金）	18,107

（＊）240,000千円〈債権金額〉÷1.04² ≒ 221,893千円〈割引現在価値〉
240,000千円－221,893千円＝18,107千円〈設定額＝繰入額（営業外費用）〉

(2) 破産更生債権等～財務内容評価法

（単位：千円）

（破 産 更 生 債 権 等）	80,000	（売 掛 金）	80,000
（貸 倒 引 当 金 繰 入）（＊）	60,000	（貸 倒 引 当 金）	60,000

（＊）80,000千円〈破産更生債権等(売掛金)＝営業債権〉－20,000千円〈営業保証金〉
＝60,000千円〈設定額＝繰入額（特別損失）〉

(3) 一般債権～貸倒実績率法

（単位：千円）

（貸 倒 引 当 金 繰 入）（＊）	11,000	（貸 倒 引 当 金）	11,000

（＊）354,400千円〈T/B受取手形〉＋1,050,400千円〈T/B売掛金〉－80,000千円〈解説3(2)〉
＋475,200千円〈T/B積送未収金〉＝1,800,000千円〈一般債権〉
1,800,000千円〈一般債権＝営業債権〉×2％＝36,000千円〈設定額〉
36,000千円－25,000千円〈T/B貸倒引当金〉＝11,000千円〈繰入額(販売費及び一般管理費)〉

4．有価証券

(1) C社株式～売買目的有価証券

（単位：千円）

（有 価 証 券 運 用 損 益）（＊）	12,000	（売 買 目 的 有 価 証 券）	12,000

（＊）84,000千円－96,000千円＝△12,000千円

(2) D社株式～その他有価証券（部分純資産直入法）

（単位：千円）

（その他有価証券評価損益）（＊1）	4,000	（そ の 他 有 価 証 券）	4,000
（繰 延 税 金 資 産）（＊2）	1,200	（法 人 税 等 調 整 額）	1,200

（＊1）60,000千円－64,000千円＝△4,000千円
（＊2）4,000千円×30%〈実効税率〉＝1,200千円

(3) E社株式～子会社株式

原価120,000千円に対して時価110,000千円であり，時価の著しい下落には該当しない。したがって，原価のままでよい。

（単位：千円）

仕 訳 な し

(4) F社株式～関連会社株式（実価法）

（単位：千円）

（関連会社株式評価損）（＊） 特別損失	60,000	（関 連 会 社 株 式）	60,000

（＊）200,000千円〈F社純資産額〉×20%〈所有割合〉＝40,000千円〈実質価額〉
40,000千円－100,000千円＝△60,000千円

5．有形固定資産

(1) 建　物

（単位：千円）

（減 価 償 却 費）（＊）	32,000	（建物減価償却累計額）	32,000

（＊）960,000千円÷30年＝32,000千円

(2) 備　品

（単位：千円）

（減 価 償 却 費）（＊）	80,000	（備品減価償却累計額）	80,000

（＊）400,000千円÷5年＝80,000千円

∴　P/L減価償却費：32,000千円〈建物〉＋80,000千円〈備品〉＝112,000千円

6．買掛金（為替予約）

（単位：千円）

（為替差損益）（＊2）	100	（買掛金）（＊1）	400
（前払費用）（＊3）	300		
（為替差損益）（＊4）	100	（前払費用）	100

（＊1）@112円〈FR〉×100千ドル＝11, 200千円
11, 200千円－10, 800千円＝400千円〈為替予約差額＝買掛金の増加〉
（＊2）@109円〈SR〉×100千ドル＝10, 900千円
10, 900千円－10, 800千円＝100千円〈直々差額＝買掛金の増加＝為替差損〉
（＊3）11, 200千円－10, 900千円＝300千円〈直先差額＝買掛金の増加＝前払費用〉
（＊4）300千円×$\frac{1\text{か月}}{3\text{か月}}$＝100千円〈直先差額のうち当期配分額〉

∴　P/L為替差損：500千円〈前T/B為替差損益〉＋100千円＋100千円＝700千円

7．経過勘定項目

（単位：千円）

（前払費用）	1, 200	（販売費・管理費）	1, 200
（販売費・管理費）	640	（未払費用）	640
（支払利息）	400	（未払費用）	400
（未収収益）	2, 400	（受取利息配当金）	2, 400

∴　P/L販売費・管理費：341, 660千円〈T/B販売費・管理費〉＋5, 000千円〈解説2(1)〉－1, 200千円
＋640千円＝346, 100千円
P/L支払利息：800千円〈T/B支払利息〉＋400千円＝1, 200千円
P/L受取利息配当金：27, 800千円〈T/B受取利息配当金〉＋2, 400千円＝30, 200千円

8．法人税等の計上

（単位：千円）

（法人税等）	189, 000	（仮払法人税等）	80, 000
		（未払法人税等）（＊）	109, 000

（＊）貸借差額

9．税効果会計

（単位：千円）

（繰延税金資産）（＊）	1, 800	（法人税等調整額）	1, 800

（＊）（16, 000千円〈発生額〉－10, 000千円〈解消額〉）×30%〈実効税率〉＝1, 800千円
6, 000千円〈純発生額〉

∴　P/L法人税等調整額：△1, 200千円〈解説4(2)〉－1, 800千円＝△3, 000千円（貸方）

総合問題3

損益計算書

自20×3年4月1日　至20×4年3月31日　（単位：千円）

Ⅰ 売上高		（ 7, 655, 000 ）
Ⅱ 売上原価		
1．期首商品棚卸高	（ 645, 000 ）	
2．当期商品仕入高	（ 4, 884, 600 ）	
合計	（ 5, 529, 600 ）	
3．他勘定振替高	（ 9, 600 ）	
4．期末商品棚卸高	（ 620, 800 ）	
差引	（ 4, 899, 200 ）	
5．棚卸減耗損	（ 3, 840 ）	
6．商品評価損	（ 38, 560 ）	（ 4, 941, 600 ）
売上総利益		（ 2, 713, 400 ）
Ⅲ 販売費及び一般管理費		
1．販売費	（ 535, 350 ）	
2．一般管理費	（ 741, 040 ）	
3．貸倒引当金繰入	（ 15, 840 ）	
4．減価償却費	（ 65, 962 ）	
5．退職給付費用	（ 19, 300 ）	（ 1, 377, 492 ）
営業利益		（ 1, 335, 908 ）
Ⅳ 営業外収益		
1．受取利息配当金	（ 9, 550 ）	
2．有価証券利息	（ 3, 778 ）	
3．有価証券運用益	（ 8, 000 ）	（ 21, 328 ）
Ⅴ 営業外費用		
1．支払利息	（ 2, 600 ）	
2．貸倒引当金繰入	（ 2, 160 ）	
3．（雑損）	（ 60 ）	（ 4, 820 ）
経常利益		（ 1, 352, 416 ）
Ⅵ 特別損失		
1．貸倒引当金繰入	（ 35, 000 ）	
2．（関係会社株式評価損）	（ 36, 000 ）	（ 71, 000 ）
税引前当期純利益		（ 1, 281, 416 ）
法人税、住民税及び事業税	（ 426, 000 ）	
法人税等調整額	（△ 39, 000 ）	（ 387, 000 ）
当期純利益		（ 894, 416 ）

解答への道

1．売価還元法（正味値下額を除外して原価率を算定する方法）

答案用紙に商品評価損があるため，商品評価損を計上する方法であることを読み取る。したがって，期末商品棚卸高は「原価法原価率」により計算する。また，見本品の原価は「期末商品の原価の算定と同じ原価率を用いて算定する」と記載されているため，見本品の原価も「原価法原価率」により計算する。

(1) 原価ボックス等

インプット売価	原 低	インプット原価	アウトプット原価		アウトプット売価
期首商品 1,000,000		期首商品 645,000			
P/L仕入高 4,884,600 値入額 +2,598,000 値上額 + 928,400 値上取消額 △ 195,000 値下額 △ 720,000 値下取消額 + 144,000		T/B仕入 4,884,600 (P/L仕入高)	売上原価 4,899,200 (貸借差額)		T/B売上 7,655,000 (P/L売上高)
			他勘定振替 9,600	×0.64 ←	他勘定振替 15,000
			期末商品 620,800	×0.64 ←	期末商品(＊3)970,000
(原価法分母) 8,640,000		←(＊1)0.64 → 5,529,600			8,640,000
(低価法分母) 9,216,000		←(＊2)0.6			

（＊1）原価法原価率：$\frac{5,529,600千円}{8,640,000千円}=0.64$

（＊2）低価法原価率：$\frac{5,529,600千円}{9,216,000千円}=0.6$

（＊3）8,640,000千円－7,655,000千円－15,000千円＝970,000千円〈期末帳簿売価〉

(2) 期末商品の評価

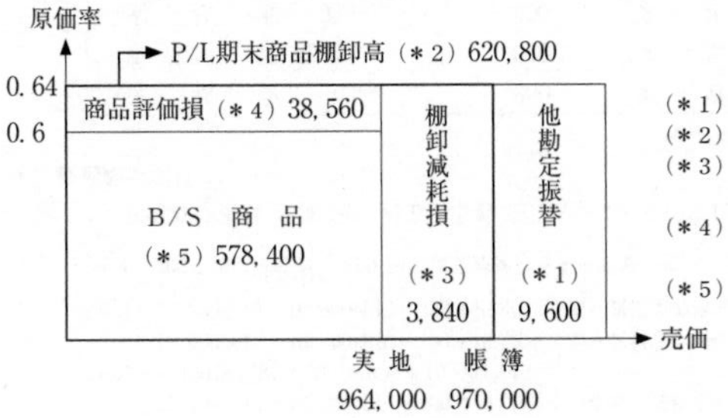

（＊1）15,000千円×0.64＝9,600千円
（＊2）970,000千円×0.64＝620,800千円
（＊3）(970,000千円－964,000千円)×0.64
＝3,840千円
（＊4）964,000千円×(0.64－0.6)
＝38,560千円
（＊5）964,000千円×0.6＝578,400千円

(3) 仕 訳

（単位：千円）

(仕 入)	645,000	(繰 越 商 品)	645,000
(販 売 費) 見本品費	9,600	(仕 入)	9,600
(繰 越 商 品)	620,800	(仕 入)	620,800
(棚 卸 減 耗 損)	3,840	(繰 越 商 品)(＊)	42,400
(商 品 評 価 損)	38,560		

（＊）3,840千円＋38,560千円＝42,400千円

2．現金預金

（単位：千円）

(現 金 預 金)	11,940	(売 掛 金)	12,000
(雑 損)(＊) P/L営業外費用	60		

（＊）貸借差額

3．貸倒引当金等

(1) 破産更生債権等 ～ 財務内容評価法

① 科目の振替え

（単位：千円）

(破 産 更 生 債 権 等)	40,000	(売 掛 金)	40,000

② 貸倒引当金の設定

（単位：千円）

(貸 倒 引 当 金 繰 入)(＊) P/L特別損失	35,000	(貸 倒 引 当 金)	35,000

（＊）40,000千円－5,000千円〈営業保証金〉＝35,000千円〈設定額＝繰入額〉

(2) 貸倒れ

（単位：千円）

(貸 倒 引 当 金)	8,000	(売 掛 金)	8,000

(3) 一般債権 ～ 貸倒実績率法

(単位：千円)

(貸倒引当金繰入)(*)	18,000	(貸倒引当金)	18,000

(*) 296,000千円〈前T/B受取手形〉+644,000千円〈前T/B売掛金〉−12,000千円〈解説2〉
−40,000千円〈解説3(1)〉−8,000千円〈解説3(2)〉=880,000千円〈売上債権〉
(880,000千円〈売上債権=営業債権〉+120,000千円〈前T/B貸付金=営業外債権〉)×2%
=20,000千円〈設定額〉
20,000千円−(10,000千円〈前T/B貸倒引当金〉−8,000千円〈解説3(2)〉)=18,000千円〈繰入額〉

繰入額18,000千円を営業債権と営業外債権の期末残高の割合に応じて販売費及び一般管理費と営業外費用に区別する。

$$18{,}000\text{千円}\times\frac{880{,}000\text{千円〈営業債権〉}}{880{,}000\text{千円〈営業債権〉}+120{,}000\text{千円〈営業外債権〉}}=15{,}840\text{千円〈P/L貸倒引当金繰入(販売費及び一般管理費)〉}$$

$$18{,}000\text{千円}\times\frac{120{,}000\text{千円〈営業外債権〉}}{880{,}000\text{千円〈営業債権〉}+120{,}000\text{千円〈営業外債権〉}}=2{,}160\text{千円〈P/L貸倒引当金繰入(営業外費用)〉}$$

4．有価証券

(1) 売買目的有価証券（C社株式）

(単位：千円)

(有価証券)(*)	8,000	(有価証券運用損益) P/L営業外収益(表示上は運用益)	8,000

(*) 48,000千円〈時価〉−40,000千円〈原価〉=8,000千円〈運用益〉

(2) 満期保有目的債券（D社社債）

① 科目の振替え

(単位：千円)

(投資有価証券)	94,450	(有価証券)	94,450

② 評価（償却原価法（利息法））

(単位：千円)

(投資有価証券)(*)	1,778	(有価証券利息)	1,778

(*) 94,450千円×4%=3,778千円〈利息発生額〉
100,000千円×2%=2,000千円〈クーポン利息〉
3,778千円−2,000千円=1,778千円〈償却額〉

∴ P/L有価証券利息：2,000千円〈前T/B〉+1,778千円=3,778千円

(3) 子会社株式（E社株式）

① 科目の振替え

(単位：千円)

(関係会社株式)	60,000	(有価証券)	60,000

② 評価（強制評価減）

時価24,000千円が原価60,000千円の2分の1を下回っているため，時価の著しい下落に該当する。また，回復見込なしのため強制評価減を適用する。

(単位：千円)

(関係会社株式評価損)(*) P/L特別損失	36,000	(関係会社株式)	36,000

(*) 24,000千円〈時価〉−60,000千円〈原価〉=△36,000千円

(4) 関連会社株式（F社株式）

① 科目の振替え

(単位：千円)

(関係会社株式)	48,000	(有価証券)	48,000

② 評価

原価48,000千円に対して時価47,200千円であり，時価の著しい下落に該当しない。したがって，原価のままでよい。

(単位：千円)

仕訳なし

5．有形固定資産

(1) 建物（減価償却）

(単位：千円)

(減価償却費)(*)	16,000	(建物減価償却累計額)	16,000

(*) 480,000千円÷30年=16,000千円

(2) 備品（資産除去債務）

① 前T/Bの推定

備品：200,000千円+50,000千円×0.9057〈5年の現価係数〉=245,285千円
資産除去債務：50,000千円×0.9057〈5年の現価係数〉=45,285千円

② 利息費用

(単位：千円)

(減価償却費)(*)	905	(資産除去債務)	905

(*) 50,000千円×0.9238〈4年の現価係数〉=46,190千円〈当期末の資産除去債務〉
46,190千円−45,285千円〈前T/B〉=905千円〈利息費用〉

③ 減価償却

(単位：千円)

(減価償却費)(*)	49,057	(備品減価償却累計額)	49,057

(*) 245,285千円÷5年=49,057千円

∴ P/L減価償却費：16,000千円+905千円+49,057千円=65,962千円

6．退職給付引当金

(1) 当期掛金拠出額の修正

（単位：千円）

（退職給付引当金）	10,000	（仮払金）	10,000

(2) 退職給付費用の計上（差異の償却を含む）

（単位：千円）

（退職給付費用）（＊）	19,300	（退職給付引当金）	19,300

（＊）400,000千円〈退職給付債務〉× 3 %〈割引率〉= 12,000千円〈利息費用〉
280,000千円〈年金資産〉× 4 %〈長期期待運用収益率〉= 11,200千円〈期待運用収益〉
22,500千円〈未認識数理計算上の差異〉÷（10年 − 1年）= 2,500千円〈当期償却額〉
16,000千円〈勤務費用〉+ 12,000千円 − 11,200千円 + 2,500千円 = 19,300千円

7．経過勘定項目

（単位：千円）

（前払費用）	600	（販売費）	600
（一般管理費）	320	（未払費用）	320
（支払利息）	200	（未払費用）	200
（未収収益）	1,200	（受取利息配当金）	1,200

∴ P/L販売費：526,350千円〈前T/B〉+ 9,600千円〈見本品〉− 600千円 = 535,350千円
P/L一般管理費：740,720千円〈前T/B〉+ 320千円 = 741,040千円
P/L支払利息：2,400千円〈前T/B〉+ 200千円 = 2,600千円
P/L受取利息配当金：8,350千円〈前T/B〉+ 1,200千円 = 9,550千円

8．法人税，住民税及び事業税

（単位：千円）

（法人税，住民税及び事業税）	426,000	（仮払法人税等）	180,000
		（未払法人税等）（＊）	246,000

（＊）貸借差額

9．税効果会計

（単位：千円）

（繰延税金資産）（＊）	39,000	（法人税等調整額）	39,000

（＊）（250,000千円〈期末〉− 120,000千円〈期首〉）× 30% = 39,000千円〈繰延税金資産の増加額〉

総合問題4

貸借対照表
×5年3月31日現在

（単位：千円）

資産の部		負債の部	
Ⅰ 流動資産		Ⅰ 流動負債	
現金預金	（ 442,000 ）	買掛金	（ 195,530 ）
売掛金	（ 500,000 ）	短期借入金	（ 220,000 ）
貸倒引当金	（△ 20,000 ）	未払法人税等	（ 34,000 ）
有価証券	（ 2,100 ）	Ⅱ 固定負債	
商品	（ 40,000 ）	社債	（ 96,800 ）
為替予約	（ 4,000 ）	負債合計	（ 546,330 ）
Ⅱ 固定資産		純資産の部	
1．有形固定資産		Ⅰ 株主資本	
建物	（ 1,088,000 ）	1．資本金	（ 2,600,000 ）
減価償却累計額	（△ 315,000 ）	2．資本剰余金	
備品	（ 200,000 ）	(1) 資本準備金	（ 120,000 ）
減価償却累計額	（△ 97,600 ）	(2)（その他資本剰余金）	（ 30,000 ）
車両	（ 100,000 ）	3．利益剰余金	
土地	（ 940,000 ）	(1) 利益準備金	（ 75,000 ）
2．無形固定資産		(2) その他利益剰余金	
鉱業権	（ 350,000 ）	別途積立金	（ 20,000 ）
ソフトウェア	（ 75,000 ）	繰越利益剰余金	（ 113,020 ）
のれん	（ 15,000 ）	Ⅱ 評価・換算差額等	
3．投資その他の資産		1．その他有価証券評価差額金	（△ 3,500 ）
投資有価証券	（ 109,500 ）	2．（繰延ヘッジ損益）	（ 2,800 ）
関係会社株式	（ 30,000 ）	純資産合計	（ 2,957,320 ）
繰延税金資産	（ 37,050 ）		
Ⅲ 繰延資産			
（開発費）	（ 3,600 ）		
資産合計	（ 3,503,650 ）	負債・純資産合計	（ 3,503,650 ）

解答への道

1．商品売買

(1) 売上原価の算定

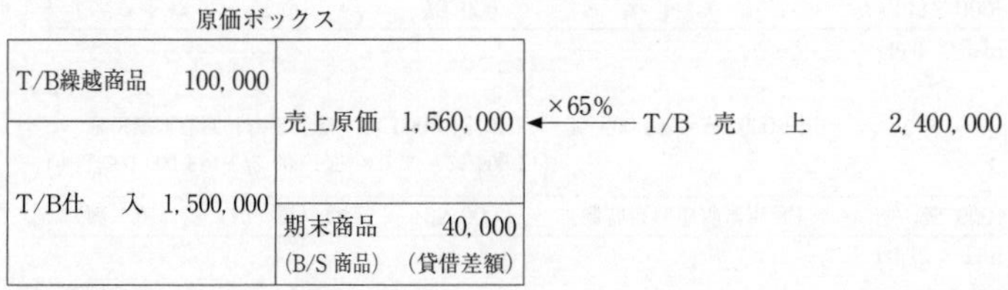

(2) 仕訳

(単位：千円)

(仕　　　　入)	100,000	(繰　越　商　品)	100,000
(繰　越　商　品)	40,000	(仕　　　　入)	40,000

2．外貨建売掛金

(単位：千円)

(為　替　差　損)(＊)	10,000	(売　　掛　　金)	10,000

(＊) 1,000千ドル×@100円〈CR〉＝100,000千円
100,000千円－110,000千円〈外貨建売掛金〉＝△10,000千円〈売掛金の減少＝為替差損〉

∴ B/S売掛金：510,000千円〈T/B〉－10,000千円＝500,000千円

3．貸倒引当金～一般債権（貸倒実績率法）

(単位：千円)

(貸倒引当金繰入)(＊)	15,000	(貸　倒　引　当　金)	15,000

(＊) (510,000千円〈T/B売掛金〉－10,000千円〈売掛金の減少額〉)×４％＝20,000千円〈設定額＝B/S貸倒引当金〉
20,000千円－5,000千円〈T/B貸倒引当金〉＝15,000千円〈繰入額〉

4．有価証券

(1) A社株式 → 売買目的有価証券＝有価証券

(単位：千円)

(有　価　証　券)(＊)	50	(有価証券運用損益)	50

(＊) 21千ドル×@100円〈CR〉＝2,100千円〈時価＝B/S価額〉
2,100千円－2,050千円〈原価〉＝50千円〈評価益〉

∴ B/S有価証券：2,100千円〈A社株式時価〉

(2) B社社債→ 満期保有目的債券＝投資有価証券

① 科目の振替え

(単位：千円)

(投　資　有　価　証　券)	47,040	(有　価　証　券)	47,040

② 評価替え→ 償却原価法(定額法)＋換算替え

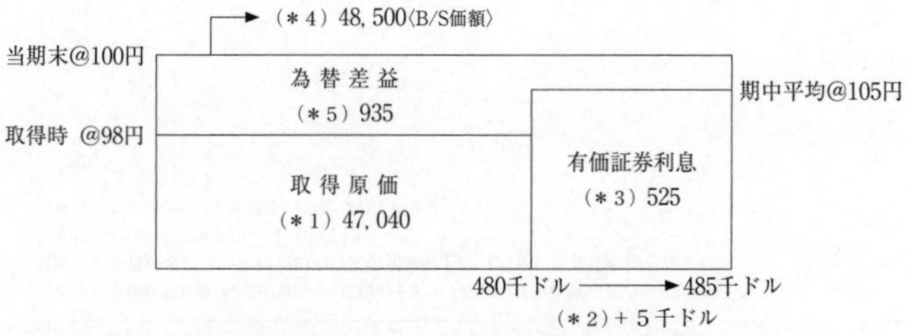

(＊1) 480千ドル〈HC〉×@98円〈HR(期首)〉＝47,040千円〈取得原価〉
(＊2) (500千ドル〈額面金額〉－480千ドル〈HC〉)÷４年＝５千ドル〈外貨による当期償却額〉
(＊3) ５千ドル〈当期償却額〉×@105円〈AR〉＝525千円〈円貨による当期償却額〉
(＊4) (480千ドル〈HC〉＋５千ドル〈当期償却額〉)×@100円〈CR〉＝48,500千円〈B/S投資有価証券〉
485千ドル〈当期末償却原価〉
(＊5) 48,500千円〈B/S価額〉－(47,040千円〈取得原価〉＋525千円)＝935千円〈為替差益〉

(単位：千円)

(投　資　有　価　証　券)(＊3)	525	(有　価　証　券　利　息)	525
(投　資　有　価　証　券)(＊5)	935	(為　替　差　損　益)	935

(3) C社株式→ その他有価証券＝投資有価証券（全部純資産直入法）

(単位：千円)

(投　資　有　価　証　券)	66,000	(有　価　証　券)	66,000
(繰　延　税　金　資　産)(＊2)	1,500	(投　資　有　価　証　券)(＊1)	5,000
(その他有価証券評価差額金)(＊3)	3,500		

(＊1) 610千ドル×100円〈CR〉＝61,000千円〈時価＝B/S価額〉
61,000千円－66,000千円〈原価〉＝△5,000千円〈評価損〉
(＊2) 5,000千円×30％＝1,500千円〈繰延税金資産〉
(＊3) 5,000千円－1,500千円＝3,500千円

∴ B/S投資有価証券：48,500千円〈B社社債償却原価〉＋61,000千円〈C社株式時価〉＝109,500千円
B/Sその他有価証券評価差額金：△3,500千円〈C社株式〉

(4) D社株式→ 子会社株式＝関係会社株式（強制評価減）

時価が原価のおおむね50％を下回っているため，著しい時価の下落と考え，強制評価減を行う。

(単位：千円)

(関　係　会　社　株　式)	78,400	(有　価　証　券)	78,400
(関係会社株式評価損)(＊)	48,400	(関　係　会　社　株　式)	48,400

(＊) 300千ドル×@100円〈CR〉＝30,000千円〈時価＝B/S価額〉
30,000千円－78,400千円〈原価〉＝△48,400千円〈評価損〉

∴ B/S関係会社株式：30,000千円〈D社株式時価〉

5．減損処理

（単位：千円）

（減　損　損　失）	24,000	（建　　　　物）（＊1）	12,000
		（土　　　　地）（＊2）	10,000
		（の　れ　ん）（＊3）	2,000

（＊1）判定：200,000千円〈取得原価〉＞190,000千円〈割引前将来キャッシュ・フロー〉
∴　減損損失を認識する
200,000千円〈取得原価〉－188,000千円〈回収可能価額〉＝12,000千円

∴　B/S建物：1,100,000千円〈T/B〉－12,000千円＝1,088,000千円

（＊2）判定：350,000千円〈取得原価〉＞345,000千円〈割引前将来キャッシュ・フロー〉
∴　減損損失を認識する
350,000千円〈取得原価〉－340,000千円〈回収可能価額〉＝10,000千円

∴　B/S土地：950,000千円〈T/B〉－10,000千円＝940,000千円

（＊3）判定：667,000千円〈取得原価〉＞645,000千円〈割引前将来キャッシュ・フロー〉
∴　減損損失を認識する
667,000千円〈取得原価〉－643,000千円〈回収可能価額〉＝24,000千円
24,000千円－12,000千円－10,000千円＝2,000千円

∴　B/Sのれん：17,000千円〈T/B〉－2,000千円＝15,000千円

（注）車両は，減損の兆候がないため，行う処理はない。

6．固定資産

(1) 建　物

（単位：千円）

（減　価　償　却　費）（＊）	45,000	（建物減価償却累計額）	45,000

（＊）1,100,000千円－200,000千円＝900,000千円
900,000千円÷20年〈耐用年数〉＝45,000千円

∴　B/S建物減価償却累計額：270,000千円〈T/B〉＋45,000千円＝315,000千円

(2) 備　品

① 取得原価（xとおく）の推定

1年目の減価償却費　$x\times 0.20=0.20x$
2年目の減価償却費　$(x-0.20x)\times 0.20=0.16x$
} $0.36x=72,000$千円〈T/B備品減価償却累計額〉

∴　$x=200,000$千円〈T/B＝B/S備品〉

② 減価償却

（単位：千円）

（減　価　償　却　費）（＊）	25,600	（備品減価償却累計額）	25,600

（＊）（200,000千円－72,000千円）×0.20＝25,600千円

∴　B/S備品減価償却累計額：72,000千円〈T/B〉＋25,600千円＝97,600千円

7．ソフトウェア

（単位：千円）

（ソフトウェア償却）（＊）	75,000	（ソ　フ　ト　ウ　ェ　ア）	75,000

（＊）150,000千円÷2年〈残存期間〉＝75,000千円

∴　B/Sソフトウェア：150,000千円〈T/B〉－75,000千円＝75,000千円

8．開発費（繰延資産）

（単位：千円）

（開　発　費　償　却）（＊）	1,800	（開　　発　　費）	1,800

（＊）5,400千円〈T/B〉÷（5年－2年）＝1,800千円

∴　B/S開発費：5,400千円〈T/B〉－1,800千円＝3,600千円

9．鉱業権

（単位：千円）

（鉱　業　権　償　却）（＊）	30,000	（鉱　　業　　権）	30,000

（＊）150,000トン〈当期末までの採掘量〉－120,000トン〈前期末までの採掘量〉＝30,000トン〈当期採掘量〉
500,000千円×$\frac{30,000トン}{500,000トン}$＝30,000千円

∴　B/S鉱業権：380,000千円〈T/B〉－30,000千円＝350,000千円

10．社　債

(1) タイムテーブル（単位：千円）

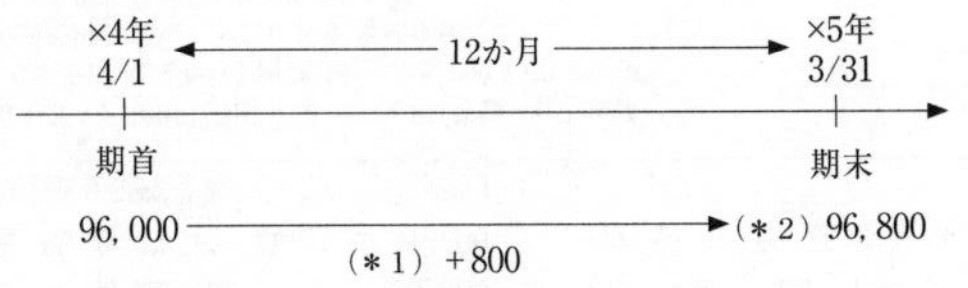

（＊1）（100,000千円－96,000千円）×$\frac{12か月}{60か月}$＝800千円

（＊2）96,000千円＋800千円＝96,800千円〈償却原価〉

（単位：千円）

（社　債　利　息）（＊1）	800	（社　　　　債）	800

∴　B/S社債：96,000千円〈T/B〉＋800千円＝96,800千円

11．予定取引に対する為替予約（繰延ヘッジ会計の適用）

（単位：千円）

（為　替　予　約）（＊1）	4,000	（繰延税金負債）（＊2）	1,200
		（繰延ヘッジ損益）（＊3）	2,800
		評価・換算差額等	

（＊1）2,000千ドル×（@103円〈決算時のFR〉－@101円〈予約時のFR〉）＝4,000千円

（注）ドル買いの為替予約のため先物為替相場の上昇（円安）は為替差益となる。

（＊2）4,000千円×30%＝1,200千円

（＊3）4,000千円－1,200千円＝2,800千円

〔補　足〕

為替予約を行った場合には，原則として，正味の債権・債務（為替予約）を時価（先物為替相場）により計上し，評価差額（先物為替相場の変動額）を当期の損益（為替差損益）として処理する。

（単位：千円）

（為　替　予　約）	4,000	（為　替　差　損　益）	4,000

ただし，本問では，予定取引をヘッジする目的で為替予約が行われているため，繰延ヘッジ会計を適用し，「為替差損益」を繰り延べるために「繰延ヘッジ損益」（評価・換算差額等）として処理する。また，「繰延ヘッジ損益」は，その他有価証券評価差額金と同様に税効果会計の適用対象となるため，実効税率を乗じた額を「繰延税金資産」（借方の場合）または「繰延税金負債」（貸方の場合）として計上し，残額を「繰延ヘッジ損益」として計上する。

12. 法人税等の計上と税効果会計

(1) 法人税等の計上

（単位：千円）

（法　人　税　等）	57,000	（仮 払 法 人 税 等）	23,000
		（未 払 法 人 税 等）（＊）	34,000

（＊）貸借差額

(2) 税効果会計（将来減算一時差異の解消と発生）

（単位：千円）

（法人税等調整額）（＊1）	1,500	（繰 延 税 金 資 産）	1,500
（繰 延 税 金 資 産）（＊2）	26,250	（法人税等調整額）	26,250

（＊1）5,000千円×30%＝1,500千円

（＊2）87,500千円×30%＝26,250千円

∴　B/S繰延税金資産：12,000千円＋1,500千円－1,200千円－1,500千円＋26,250千円

＝37,050千円

13. 繰越利益剰余金（貸借対照表の貸借差額で求める）

B/S繰越利益剰余金：3,503,650千円〈資産合計〉－3,390,630千円〈繰越利益剰余金を除く負債・純資産合計〉

＝113,020千円

総合問題5

貸借対照表

×8年3月31日現在

（単位：千円）

資産の部		負債の部	
I 流動資産		I 流動負債	
現金預金	（336,100）	支払手形	（88,200）
受取手形	（123,000）	買掛金	（118,000）
売掛金	（170,000）	リース債務	（5,442）
（電子記録債権）	（6,000）	未払金	（4,000）
貸倒引当金	（△5,980）	未払法人税等	（67,000）
商品	（153,750）	II 固定負債	
II 固定資産		長期借入金	（48,000）
1. 有形固定資産		社債	（39,360）
建物	（436,800）	長期リース債務	（5,714）
減価償却累計額	（△75,000）	退職給付引当金	（129,900）
リース資産	（21,276）	負債合計	（505,616）
減価償却累計額	（△8,510）	純資産の部	
土地	（460,000）	I 株主資本	
2. 無形固定資産		1. 資本金	（660,120）
（ソフトウェア）	（30,000）	2. 資本剰余金	
3. 投資その他の資産		(1) 資本準備金	（80,000）
投資有価証券	（29,000）	(2)（その他資本剰余金）	（60）
金利スワップ資産	（900）	3. 利益剰余金	
長期前払費用	（2,625）	(1) 利益準備金	（50,000）
長期貸付金	（50,000）	(2) その他利益剰余金	
貸倒引当金	（△2,870）	別途積立金	（120,000）
III 繰延資産		繰越利益剰余金	（313,595）
（開発費）	（1,200）	4.（自己株式）	（△1,800）
		II 評価・換算差額等	
		1. その他有価証券評価差額金	（△1,000）
		2.（繰延ヘッジ損益）	（900）
		III 新株予約権	（800）
		純資産合計	（1,222,675）
資産合計	（1,728,291）	負債・純資産合計	（1,728,291）

解答への道

1．商品売買

(1) 売上原価の算定

原価ボックス

期首商品 1,100個×@120＝132,000	売上原価　12,800個 ∴　貸借差額　1,576,500
当期仕入 上半期：6,000個×@122＝732,000 下半期：7,000個×@125＝875,000	期末商品　1,300個（貸借差引） 1,300個×@125＝162,500(＊1)

(注) 先入先出法のため，期末商品は下半期仕入分の単価@125千円で計算する。

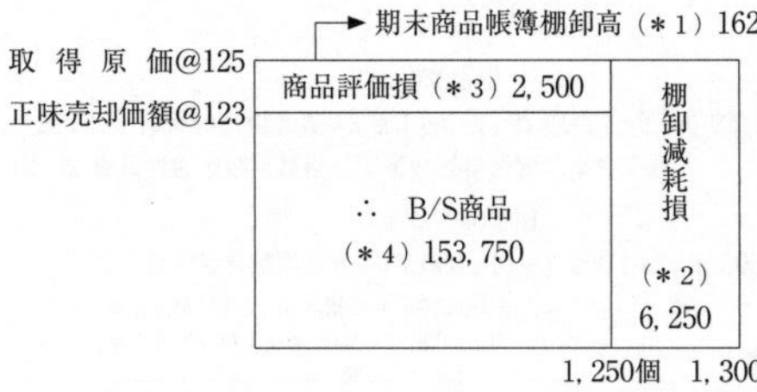

（＊2）@125千円×(1,300個－1,250個)
＝6,250千円

（＊3）(@125千円－@123千円)×1,250個
＝2,500千円

（＊4）@123千円×1,250個＝153,750千円

（単位：千円）

(仕入)	132,000	(繰越商品)		132,000
(繰越商品)(＊1)	162,500	(仕入)		162,500
(棚卸減耗損)(＊2)	6,250	(繰越商品)	(＊4)	8,750
(商品評価損)(＊3)	2,500			

（＊4）6,250千円＋2,500千円＝8,750千円

(2) 電子記録債権の発生

（単位：千円）

(電子記録債権)	6,000	(売掛金)	6,000

∴　B/S売掛金：176,000千円〈T/B〉－6,000千円〈電子記録債権〉＝170,000千円

2．現金預金（当座預金）

(1) 未取付小切手 … 修正仕訳不要

(2) 未渡小切手

（単位：千円）

(現金預金)	4,000	(未払金)	4,000

(注) 費用の支払いのため振り出した小切手が未渡しであったときは，その支払いが未払いであることから「未払金」で処理する。

(3) 振込未達

（単位：千円）

(現金預金)	3,000	(受取手形)	3,000

∴　B/S受取手形：126,000千円〈T/B〉－3,000千円＝123,000千円

B/S現金預金：329,100千円〈T/B〉＋4,000千円＋3,000千円＝336,100千円

3．貸倒引当金

(1) 一般債権（貸倒実績率法）

（単位：千円）

(貸倒引当金繰入)(＊)	2,780	(貸倒引当金)	2,780

（＊）(123,000千円〈B/S受取手形〉＋170,000千円〈B/S売掛金〉＋6,000千円〈B/S電子記録債権〉)×2％
＝5,980千円〈設定額＝B/S貸倒引当金(流動資産)〉
5,980千円－3,200千円〈T/B貸倒引当金〉＝2,780千円〈繰入額〉

(2) 貸倒懸念債権（キャッシュ・フロー見積法）

（単位：千円）

(貸倒引当金繰入)(＊)	2,870	(貸倒引当金)	2,870

（＊）50,000千円〈T/B長期貸付金＝債権金額〉÷(1＋0.03)^2≒47,130千円
50,000千円－47,130千円＝2,870千円〈設定額＝B/S貸倒引当金(固定資産)＝繰入額〉

4．投資有価証券（その他有価証券）

（単位：千円）

(その他有価証券評価差額金)(＊) 評価・換算差額等	1,000	(投資有価証券)	1,000

（＊）29,000千円〈当期末時価(B/S投資有価証券)〉－30,000千円〈取得原価〉
＝△1,000千円〈B/Sその他有価証券評価差額金〉

5．金利スワップ（繰延ヘッジ会計）

（単位：千円）

(金利スワップ資産)	900	(繰延ヘッジ損益) 評価・換算差額等	900

6．有形固定資産（建物および土地）

(1) 減損会計（建物と土地）

① 建物の減価償却

（単位：千円）

（減 価 償 却 費）(＊)	9,000	（建物減価償却累計額）	9,000

(＊) 270,000千円÷30年＝9,000千円

② 減損会計

使用価値と正味売却価額のうちいずれか高い方の金額を回収可能価額とし，固定資産の帳簿価額と回収可能価額との差額を減損損失として特別損失に計上する。資産グループに対して減損損失を計上した場合には，帳簿価額等を基準として資産グループを構成する各資産に配分する。なお，減損損失を計上した場合には，原則として，固定資産の各勘定を直接減額する。

（単位：千円）

（減 損 損 失）(＊1)	83,200	（建 物）(＊2)	43,200
		（土 地）(＊3)	40,000

(＊1) 270,000千円－(45,000千円＋9,000千円)＝216,000千円〈建物帳簿価額〉
216,000千円〈建物帳簿価額〉＋200,000千円〈土地帳簿価額〉＝416,000千円〈帳簿価額合計〉
332,800千円〈使用価値合計〉 ＞ 321,500千円〈正味売却価額合計〉 ∴ 332,800千円〈回収可能価額〉
416,000千円〈帳簿価額合計〉－332,800千円〈回収可能価額〉＝83,200千円〈減損損失〉

(＊2) $83,200千円\times\frac{216,000千円}{416,000千円}=43,200千円$

(＊3) $83,200千円\times\frac{200,000千円}{416,000千円}=40,000千円$

∴ B/S建物：480,000千円〈T/B〉－43,200千円＝436,800千円
B/S土地：500,000千円〈T/B〉－40,000千円＝460,000千円

(2) その他の建物の減価償却

（単位：千円）

（減 価 償 却 費）(＊)	7,000	（建物減価償却累計額）	7,000

(＊) (480,000千円－270,000千円)÷30年＝7,000千円

∴ B/S減価償却累計額（建物）：59,000千円〈T/B〉＋9,000千円＋7,000千円＝75,000千円

7．リース取引

(1) 取引開始時（前期首）

（単位：千円）

（リ ー ス 資 産）(＊)	21,276	（リ ー ス 債 務）	21,276

(＊) 6,000千円〈リース料〉×3.5460〈年金現価係数(利子率年5％，期間4年)〉
＝21,276千円〈リース料総額の割引現在価値〉
21,276千円 ＜ 21,779千円〈見積現金購入価額〉

∴ リース資産・リース債務の計上額：21,276千円〈T/Bリース資産〉

(2) リース料の支払いおよびリース債務の流動・固定分類

（単位：千円）

返 済 日	返済前元本	リ ー ス 料	利 息 分	元本返済分	返済後元本
前期末	21,276	6,000	1,063(＊3)	4,937(＊2)	16,339(＊1)
当期末	16,339	6,000	817(＊6)	5,183(＊5)	11,156(＊4)
翌期末	11,156	6,000	558(＊9)	5,442(＊8)	5,714(＊7)

(＊1) 6,000千円×2.7232〈年金現価係数(利子率年5％，期間3年)〉≒16,339千円〈T/Bリース債務〉
(＊2) 21,276千円－16,339千円＝4,937千円
(＊3) 6,000千円－4,937千円＝1,063千円
(＊4) 6,000千円×1.8594〈年金現価係数(利子率年5％，期間2年)〉≒11,156千円
(＊5) 16,339千円－11,156千円＝5,183千円
(＊6) 6,000千円－5,183千円＝817千円
(＊7) 6,000千円×0.9524〈年金現価係数(利子率年5％，期間1年)〉≒5,714千円〈B/S長期リース債務〉
(＊8) 11,156千円－5,714千円＝5,442千円〈B/Sリース債務〉
(＊9) 6,000千円－5,442千円＝558千円

① 前期末の処理

（単位：千円）

（リ ー ス 債 務）(＊2)	4,937	（現 金 預 金）	6,000
（支 払 利 息）(＊3)	1,063		

② 当期末の処理（修正仕訳）

（単位：千円）

（リ ー ス 債 務）(＊5)	5,183	（仮 払 金）	6,000
（支 払 利 息）(＊6)	817		

(3) 減価償却費の計上

① 前期末

（単位：千円）

（減 価 償 却 費）(＊)	4,255	（リース資産減価償却累計額）	4,255

(＊) 21,276千円÷5年〈経済的耐用年数〉≒4,255千円〈T/Bリース資産減価償却累計額〉

② 当期末

（単位：千円）

（減 価 償 却 費）(＊)	4,255	（リース資産減価償却累計額）	4,255

(＊) 21,276千円÷5年〈経済的耐用年数〉≒4,255千円

∴ B/S減価償却累計額（リース資産）：4,255千円〈T/B〉＋4,255千円＝8,510千円

8．ソフトウェア（無形固定資産）の償却

（単位：千円）

（ソフトウェア償却）（＊）	15,000	（ソ フ ト ウ ェ ア）	15,000

（＊）45,000千円〈T/B〉÷3年〈残存利用可能期間〉＝15,000千円

∴　B/Sソフトウェア：45,000千円〈T/B〉－15,000千円＝30,000千円

9．開発費（繰延資産）の償却

（単位：千円）

（開 発 費 償 却）（＊）	1,200	（開　　発　　費）	1,200

（＊）2,400千円〈T/B〉÷（5年－3年）＝1,200千円

∴　B/S開発費：2,400千円〈T/B〉－1,200千円＝1,200千円

10．為替予約（振当処理）

（単位：千円）

（為 替 差 損 益）（＊2）	1,200	（長 期 借 入 金）（＊1）	4,000
（長 期 前 払 費 用）（＊3）	2,800		
（為 替 差 損 益）（＊4）	175	（長 期 前 払 費 用）	175

（＊1）400千ドル×@120円〈FR〉＝48,000千円
　　48,000千円－44,000千円＝4,000千円〈為替予約差額＝長期借入金の増加〉
（＊2）400千ドル×@113円〈SR〉＝45,200千円
　　45,200千円－44,000千円＝1,200千円〈直々差額＝長期借入金の増加＝為替差損〉
（＊3）48,000千円－45,200千円＝2,800千円〈直先差額＝長期借入金の増加＝長期前払費用〉
（＊4）2,800千円〈直先差額〉×$\frac{1ヵ月}{1ヵ月＋15ヵ月}$＝175千円〈直先差額のうち当期配分額〉

∴　B/S長期借入金：44,000千円〈T/B〉＋4,000千円＝48,000千円
　　B/S長期前払費用：2,800千円－175千円＝2,625千円

（注）決済日が当期末の翌日から1年を超えるため，直先差額は「長期前払費用」で処理する。

11．転換社債型新株予約権付社債

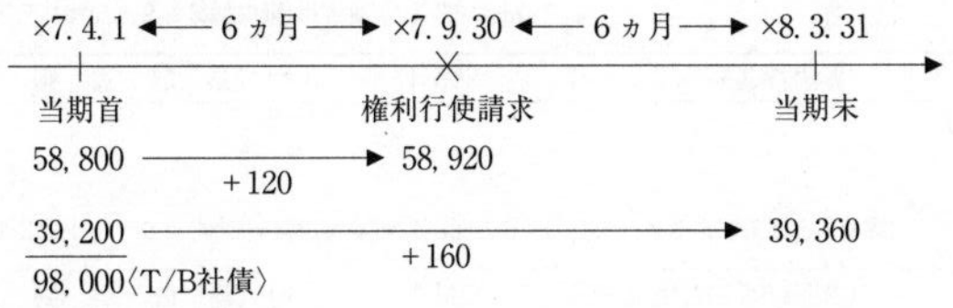

(1)　権利行使請求された社債

①　償却原価法の適用（定額法）… ×7年4月1日から×7年9月30日まで

（単位：千円）

（社 債 利 息）（＊）	120	（社　　　　債）	120

（＊）98,000千円×$\frac{60,000千円}{100,000千円}$＝58,800千円〈社債の払込金額〉
　　（60,000千円－58,800千円）×$\frac{6ヵ月}{60ヵ月}$＝120千円

②　新株の発行（代用払込）

（単位：千円）

（社　　　　債）（＊1）	58,920	（資　本　金）（＊3）	60,120
（新 株 予 約 権）（＊2）	1,200		

（＊1）58,800千円＋120千円＝58,920千円〈社債の簿価（償却原価）〉
（＊2）2,000千円×$\frac{60,000千円}{100,000千円}$＝1,200千円〈新株予約権〉
（＊3）58,920千円＋1,200千円＝60,120千円

∴　B/S資本金：600,000千円〈T/B〉＋60,120千円＝660,120千円
　　B/S新株予約権：2,000千円〈T/B〉－1,200千円＝800千円

(2)　その他の社債 ～ 償却原価法（定額法）… ×7年4月1日から×8年3月31日まで

（単位：千円）

（社 債 利 息）（＊）	160	（社　　　　債）	160

（＊）100,000千円－60,000千円＝40,000千円〈社債の額面金額〉
　　98,000千円×$\frac{40,000千円}{100,000千円}$＝39,200千円〈社債の払込金額〉
　　（40,000千円－39,200千円）×$\frac{12ヵ月}{60ヵ月}$＝160千円

∴　B/S社債：39,200千円＋160千円＝39,360千円

12. 退職給付引当金

（単位：千円）

（退職給付費用）（＊）	14,900	（退職給付引当金）	14,900

（＊）6,300千円〈期首未認識過去勤務費用(不足)〉÷(10年－1年〈経過年数〉)
＝700千円〈過去勤務費用の費用処理額〉
12,500千円〈勤務費用〉＋6,500千円〈利息費用〉－4,800千円〈期待運用収益〉＋700千円＝14,900千円

∴　B/S退職給付引当金：115,000千円＋14,900千円＝129,900千円

（注）期首未認識過去勤務費用は，「給付水準の引上げにより生じたもの」とあるので，不足であることがわかる。

13. 自己株式

自己株式の取得，処分および消却に関する付随費用は原則として損益計算書の営業外費用に計上するが，本問では取得時の支払手数料を自己株式の取得原価に含めて処理しているため，これを支払手数料に振り替える。

(1) 科目の振替え

（単位：千円）

（支払手数料）	40	（自己株式）	40

(2) 処　分

（単位：千円）

（仮受金）（＊1）	1,860	（自己株式）（＊2）	1,800
		（その他資本剰余金）（＊3）	60

（＊1）@620円×3,000株＝1,860千円
（＊2）@600円×3,000株＝1,800千円
（＊3）1,860千円－1,800千円＝60千円〈自己株式処分差益〉

∴　B/S自己株式：3,640千円〈T/B〉－40千円－1,800千円＝1,800千円
または，@600円×(6,000株－3,000株)＝1,800千円

14. 法人税等の計上

（単位：千円）

（法人税等）	132,000	（仮払法人税等）	65,000
		（未払法人税等）（＊）	67,000

（＊）132,000千円－65,000千円＝67,000千円

15. 繰越利益剰余金（貸借対照表の貸借差額で求める）

B/S繰越利益剰余金：1,728,291千円〈借方合計〉－1,414,696千円〈繰越利益剰余金を除く貸方合計〉
＝313,595千円

総合問題6

損益計算書

自×4年4月1日　至×5年3月31日　（単位：千円）

Ⅰ 売上高		(2,637,060)
Ⅱ 売上原価		(1,581,000)
売上総利益		(1,056,060)
Ⅲ 販売費及び一般管理費		
1. 販売費	(97,124)	
2. 一般管理費	(145,380)	
3. 貸倒引当金繰入	(5,880)	
4. 減価償却費	(47,280)	
5. ソフトウェア償却	(4,680)	
6. 退職給付費用	(5,200)	(305,544)
営業利益		(750,516)
Ⅳ 営業外収益		
1. 受取利息配当金	(5,160)	
2. 有価証券運用益	(2,832)	
3. 有価証券利息	(1,800)	
4.(雑益)	(180)	(9,972)
Ⅴ 営業外費用		
1. 支払利息	(4,320)	
2. 社債利息	(1,518)	
3. 為替差損	(60)	(5,898)
経常利益		(754,590)
Ⅵ 特別利益		
1.(社債償還益)	(1,500)	
2.(新株予約権戻入益)	(1,200)	(2,700)
Ⅶ 特別損失		
1. 貸倒引当金繰入	(18,720)	
2. 子会社株式評価損	(8,400)	(27,120)
税引前当期純利益		(730,170)
法人税等	(252,000)	
法人税等調整額	(△ 7,200)	(244,800)
当期純利益		(485,370)

解答への道

1．現金過不足

実際有高が過剰なため，現金を増額修正し，仕訳の貸借差額を雑益（雑収入）として営業外収益に計上する。

（単位：千円）

（現　金　預　金）	60	（受取利息配当金）	360
（販　　売　　費）	480	（雑　　　　　益）（＊）	180

（＊）貸借差額

∴　P/L販売費：96, 644千円〈前T/B〉＋480千円＝97, 124千円

P/L受取利息配当金：4, 800千円〈前T/B〉＋360千円＝5, 160千円

2．外貨建預金の換算

（単位：千円）

（現　金　預　金）（＊）	720	（為　替　差　損　益）	720

（＊）120千ドル×106円〈CR〉＝12, 720千円

12, 720千円－12, 000千円＝720千円〈現金預金の増加＝差益〉

3．商品売買

（単位：千円）

（売　　掛　　金）	30, 000	（売　　　　　上）	30, 000
（売　上　原　価）	18, 000	（商　　　　　品）	18, 000
（商 品 評 価 損）（＊）	600	（商　　　　　品）	600
（売　上　原　価）	600	（商　品　評　価　損）	600

（＊）4, 560千円－360千円＝4, 200千円〈正味売却価額〉

4, 800千円－4, 200千円＝600千円〈評価損〉

∴　P/L売上高：2, 607, 060千円〈前T/B〉＋30, 000千円＝2, 637, 060千円

P/L売上原価：1, 562, 400千円〈前T/B〉＋18, 000千円＋600千円＝1, 581, 000千円

4．金銭債権

(1)　長期貸付金（破産更生債権等～財務内容評価法）

①　科目の振替え

（単位：千円）

（破産更生債権等）	24, 000	（長　期　貸　付　金）	24, 000

②　貸倒引当金の設定

営業外債権に係る貸倒引当金繰入は営業外費用に表示するが，破産更生債権等に該当する場合には特別損失に表示することがある。本問では答案用紙の特別損失に貸倒引当金繰入が記入済みであることから，特別損失に表示する。

（単位：千円）

（貸倒引当金繰入）（＊） 特別損失	18, 720	（貸　倒　引　当　金）	18, 720

（＊）24, 000千円〈前T/B長期貸付金〉－4, 800千円〈担保土地の処分見込額〉＝19, 200千円〈設定額〉

19, 200千円－480千円〈前期末貸倒引当金設定額〉＝18, 720千円〈繰入額（特別損失）〉

(2)　売上債権（一般債権～貸倒実績率法・補充法）

（単位：千円）

（貸倒引当金繰入）（＊） 販売費及び一般管理費	5, 880	（貸　倒　引　当　金）	5, 880

（＊）（240, 000千円〈前T/B受取手形〉＋186, 000千円〈前T/B売掛金〉＋30, 000千円〈未処理〉）×2％

＝9, 120千円〈設定額〉

9, 120千円－（3, 720千円〈前T/B貸倒引当金〉－480千円）

＝5, 880千円〈繰入額（販売費及び一般管理費）〉

5．有価証券

(1)　売買目的有価証券

①　A社株式（時価評価）

（単位：千円）

（有価証券運用損益）（＊）	2, 376	（売買目的有価証券）	2, 376

（＊）264千ドル〈CC〉×106円〈CR〉＝27, 984千円〈円貨による時価〉

276千ドル〈HC〉×110円〈HR（期首）〉＝30, 360千円〈円貨による原価〉

27, 984千円－30, 360千円＝△2, 376千円〈評価損〉

②　B社株式（時価評価）

（単位：千円）

（売買目的有価証券）（＊）	4, 608	（有価証券運用損益）	4, 608

（＊）168千ドル〈CC〉×106円〈CR〉＝17, 808千円〈円貨による時価〉

120千ドル〈HC〉×110円〈HR（期首）〉＝13, 200千円〈円貨による原価〉

17, 808千円－13, 200千円＝4, 608千円〈評価益〉

∴　前T/B売買目的有価証券：30, 360千円〈A社株式〉＋13, 200千円〈B社株式〉＝43, 560千円

∴　P/L有価証券運用益：600千円〈前T/B〉－2, 376千円〈A社株式〉＋4, 608千円〈B社株式〉

＝2, 832千円

(2)　子会社株式（C社株式）～ 実価法の適用

（単位：千円）

（子会社株式評価損）（＊）	8, 400	（子　会　社　株　式）	8, 400

（＊）6, 000千円×60％＝3, 600千円〈実質価額〉

3, 600千円〈実質価額〉－12, 000千円〈取得原価〉＝△8, 400千円〈評価損〉

(3) 満期保有目的債券（D社社債）～ 償却原価法（定額法）の適用と換算替え

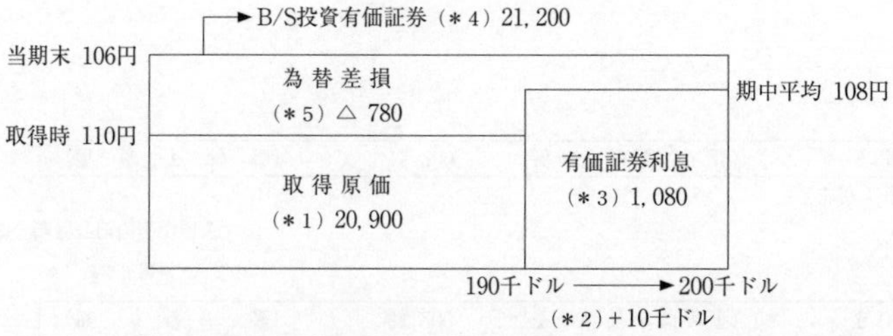

（＊1）190千ドル〈HC〉× 110円〈HR（期首）〉= 20, 900千円〈円貨による原価＝前T/B満期保有目的債券〉
（＊2）（240千ドル〈額面総額〉－ 190千ドル〈HC〉）÷ 5年 = 10千ドル〈外貨による償却額〉
（＊3）10千ドル × 108円〈AR〉= 1, 080千円〈円貨による償却額〉
（＊4）190千ドル〈HC〉+ 10千ドル = 200千ドル〈外貨による償却原価〉
200千ドル × 106円〈CR〉= 21, 200千円〈B/S投資有価証券〉
（＊5）21, 200千円 －（20, 900千円 + 1, 080千円）= △780千円〈為替差損〉

（単位：千円）

（満期保有目的債券）（＊3）	1, 080	（有価証券利息）	1, 080
（為替差損益）（＊5）	780	（満期保有目的債券）	780

∴ P/L有価証券利息：720千円〈前T/B〉+ 1, 080千円 = 1, 800千円
P/L為替差損：780千円 － 720千円〈外貨建預金〉= 60千円

6．有形固定資産

(1) 建　物

① 減価償却

（単位：千円）

（減価償却費）（＊）	30, 000	（建物減価償却累計額）	30, 000

（＊）600, 000千円〈取得原価〉÷ 20年 = 30, 000千円

② 税効果会計の適用（将来加算一時差異の解消）

（単位：千円）

（繰延税金負債）（＊）	3, 000	（法人税等調整額）	3, 000

（＊）200, 000千円〈圧縮額相当額＝将来加算一時差異の発生額〉× 30% = 60, 000千円〈圧縮時の繰延税金負債〉
200, 000千円 ÷ 20年 = 10, 000千円〈各年度における将来加算一時差異の解消額〉
10, 000千円 × 30% = 3, 000千円〈各年度における繰延税金負債の減少額〉

③ 積立金方式による圧縮積立金の取崩し

（単位：千円）

（圧縮積立金）（＊）	7, 000	（繰越利益剰余金）	7, 000

（＊）200, 000千円 ×（100% － 30%）= 140, 000千円〈圧縮時の圧縮積立金〉
10, 000千円 ×（100% － 30%）= 7, 000千円〈各年度における取崩額〉

(2) 備　品

（単位：千円）

（減価償却費）（＊）	17, 280	（備品減価償却累計額）	17, 280

（＊）1 ÷ 5年 × 2 = 0. 4〈定率法償却率〉
（120, 000千円 － 76, 800千円）× 0. 4 = 17, 280千円
120, 000千円〈取得原価〉× 0. 10800〈保証率〉= 12, 960千円〈償却保証額〉
17, 280千円 ＞ 12, 960千円　∴ 17, 280千円

∴ P/L減価償却費：30, 000千円〈建物分〉+ 17, 280千円〈備品分〉= 47, 280千円

7．ソフトウェア（自社利用目的～見込有効期間で均等償却）

（単位：千円）

（ソフトウェア償却）（＊）	4, 680	（ソフトウェア）	4, 680

（＊1）36, 000千円 × $\frac{5ヵ月}{60ヵ月}$ = 3, 000千円
（41, 880千円〈前T/B〉－ 36, 000千円）× $\frac{12ヵ月}{60ヵ月 - 18ヵ月}$ = 1, 680千円
3, 000千円 + 1, 680千円 = 4, 680千円〈P/Lソフトウェア償却〉

8．社　債

(1) タイムテーブル

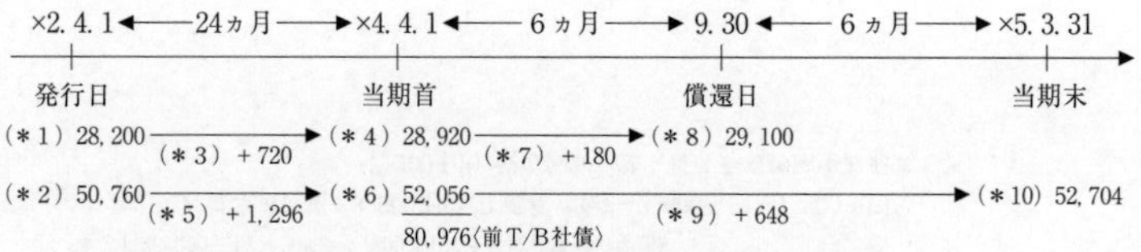

（＊1）30, 000千円〈償還社債の額面金額〉× $\frac{@94円}{@100円}$ = 28, 200千円〈償還社債の払込金額〉
（＊2）84, 000千円〈額面総額〉－ 30, 000千円 = 54, 000千円〈未償還社債の額面金額〉
54, 000千円 × $\frac{@94円}{@100円}$ = 50, 760千円〈未償還社債の払込金額〉
（＊3）30, 000千円 － 28, 200千円 = 1, 800千円〈償還社債の金利調整差額〉
1, 800千円 × $\frac{24ヵ月}{60ヵ月}$ = 720千円〈償還社債の過年度償却額〉
（＊4）28, 200千円 + 720千円 = 28, 920千円〈償還社債の当期首償却原価〉
（＊5）54, 000千円 － 50, 760千円 = 3, 240千円〈未償還社債の金利調整差額〉
3, 240千円 × $\frac{24ヵ月}{60ヵ月}$ = 1, 296千円〈未償還社債の過年度償却額〉
（＊6）50, 760千円 + 1, 296千円 = 52, 056千円〈未償還社債の当期首償却原価〉
（＊7）1, 800千円 × $\frac{6ヵ月}{60ヵ月}$ = 180千円〈償還社債の当期償却額〉
（＊8）28, 920千円 + 180千円 = 29, 100千円〈償還社債の買入償還時償却原価〉
（＊9）3, 240千円 × $\frac{12ヵ月}{60ヵ月}$ = 648千円〈未償還社債の当期償却額〉
（＊10）52, 056千円 + 648千円 = 52, 704千円〈未償還社債の当期末償却原価 = B/S社債〉

(2) 買入償還

① 償還社債の当期償却 ⇒ 未処理 ～ 償却原価法（定額法）

（単位：千円）

（社債利息）	180	（社債）	180

② 買入償還（修正仕訳）

（単位：千円）

（社債）	29,100	（仮払金）（＊1）	27,600
		（社債償還益）（＊2）	1,500

（＊1）30,000千円×$\frac{@92円}{@100円}$＝27,600千円〈前T／B仮払金のうち社債買入価額〉

（＊2）貸借差額

(3) 未償還社債の当期償却 ～ 償却原価法（定額法）

（単位：千円）

（社債利息）	648	（社債）	648

∴　P/L社債利息：690千円〈前T/B〉＋180千円＋648千円＝1,518千円

9．退職給付会計（税効果会計の処理は後述する）

(1) 年金掛金と退職一時金の支払いの修正

（単位：千円）

（退職給付引当金）（＊）	4,860	（一般管理費）	4,860

（＊）1,980千円〈年金掛金〉＋2,880千円〈退職一時金〉＝4,860千円〈退職給付引当金の取崩額〉

(2) 退職給付費用の計上

（単位：千円）

（退職給付費用）（＊）	5,200	（退職給付引当金）	5,200

（＊）2,352千円〈勤務費用〉＋2,928千円〈利息費用〉－300千円〈期待運用収益〉＋220千円〈数理差異の償却〉
＝5,200千円

10．新株予約権

(1) 権利行使

（単位：千円）

（新株予約権）	1,800	（自己株式）	60,000
（仮受金）	64,200	（その他資本剰余金）（＊）	6,000

（＊）貸借差額

(2) 権利行使期限の満了

（単位：千円）

（新株予約権）	1,200	（新株予約権戻入益）	1,200

11．経過勘定項目

（単位：千円）

（前払費用）	480	（一般管理費）	480
（支払利息）	240	（未払費用）	240

∴　P/L一般管理費：150,720千円〈前T/B〉－4,860千円〈退職給付〉－480千円＝145,380千円
　　P/L支払利息：4,080千円〈前T/B〉＋240千円＝4,320千円

12．法人税等の計上

（単位：千円）

（法人税等）	252,000	（仮払金）（＊1）	132,000
		（未払法人税等）（＊2）	120,000

（＊1）159,600千円〈前T/B仮払金〉－27,600千円〈社債買入価額〉＝132,000千円

（＊2）貸借差額

13．税効果会計（将来減算一時差異の解消と発生）

（単位：千円）

（法人税等調整額）（＊1）	3,600	（繰延税金資産）	3,600
（繰延税金資産）（＊2）	7,800	（法人税等調整額）	7,800

（＊1）12,000千円×30％＝3,600千円〈繰延税金資産の減少〉

（＊2）26,000千円×30％＝7,800千円〈繰延税金資産の増加〉

∴　P/L法人税等調整額：3,000千円〈圧縮積立金〉－3,600千円＋7,800千円
＝7,200千円（貸方残高＝法人税等から控除する形式で表示）

別冊②

解答用紙

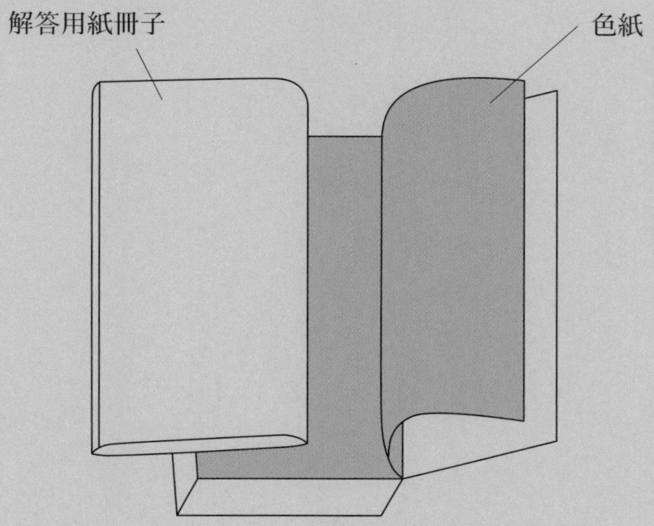

〈解答用紙ご利用時の注意〉

以下の「解答用紙」は，この色紙を残したままていねいに抜き取り，ご利用ください。

また，抜取りの際の損傷についてのお取替えはご遠慮願います。

問題1-1

⑴ 損益計算書（一部）

損　益　計　算　書

自×2年４月１日　至×3年３月31日　（単位：千円）

⋮		⋮
税引前当期純利益		（　　　）
法人税，住民税及び事業税	（　　　）	
法人税等調整額	（△　　　）	（　　　）
当　期　純　利　益		（　　　）

⑵ 貸借対照表（一部）

貸　借　対　照　表

×3年３月31日現在　（単位：千円）

⋮		Ⅰ 流　動　負　債	
Ⅱ 固　定　資　産		⋮	
⋮		未払法人税等	（　　　）
繰延税金資産	（　　　）		

解答〈1〉ページ

問題1-2

〔問１〕

損　益　計　算　書

自×1年４月１日　至×2年３月31日　　　（単位：千円）

⋮

法人税，住民税及び事業税	（　　　）	
法人税等調整額	（　　　）	（　　　）

貸　借　対　照　表

×2年3月31日現在　　　（単位：千円）

⋮		⋮	
Ⅱ　固　定　資　産		Ⅱ　固　定　負　債	
⋮		⋮	
繰延税金資産	（　　　）	繰延税金負債	（　　　）

〔問２〕

損　益　計　算　書

自×1年４月１日　至×2年３月31日　　　（単位：千円）

⋮

法人税，住民税及び事業税	（　　　）	
法人税等調整額	（　　　）	（　　　）

貸　借　対　照　表

×2年3月31日現在　　　（単位：千円）

⋮		⋮	
Ⅱ　固　定　資　産		Ⅱ　固　定　負　債	
⋮		⋮	
繰延税金資産	（　　　）	繰延税金負債	（　　　）

解答〈3〉ページ

問題1-3

問1

前期末における繰延税金資産の金額（純額）：＿＿＿＿＿＿千円
当期末における繰延税金資産の金額（純額）：＿＿＿＿＿＿千円

問2

損　益　計　算　書（一部）　（単位：千円）

税引前当期純利益		100,000
法人税，住民税及び事業税	（　　　）	
法人税等調整額	（　　　）	（　　　）
当　期　純　利　益		（　　　）

解答〈7〉ページ

問題1-4

当期の法人税等調整額	千円
当期末の繰延税金資産	千円
当期末の評価性引当額	千円

（注）法人税等調整額が貸方残高の場合には、金額の前に△印を付すこと

解答〈8〉ページ

問題2-1

貸　借　対　照　表

×2年３月31日現在　　　　(単位：円)

Ⅰ　流　動　資　産		Ⅰ　流　動　負　債	
現　金　預　金	(　　　)	買　　掛　　金	(　　　)
売　　掛　　金	(　　　)	未　　払　　金	(　　　)
貸 倒 引 当 金	(△　　　)		
未　収　収　益	(　　　)		
Ⅱ　固　定　資　産			
⋮			
3．投資その他の資産			
長 期 定 期 預 金	(　　　)		

解答〈10〉ページ

問題2-2

(1)　貸借対照表（一部）

貸　借　対　照　表

×3年３月31日現在　　　　(単位：円)

Ⅰ　流　動　資　産			Ⅰ　流　動　負　債			
現　金　預　金		(　　　)	買　　掛　　金			(　　　)
受　取　手　形	(　　　)		(　　　　)			(　　　)
売　　掛　　金	(　　　)					
計	(　　　)					
貸 倒 引 当 金	(△　　　)	(　　　)				
(　　　　)		(　　　)				
Ⅱ　固　定　資　産						
⋮						
3．投資その他の資産						
(　　　　)		(　　　)				

(2)

科　　　目	金　　　額
	円

（注）科目の記載欄には雑益または雑損と記入すること。

解答〈11〉ページ

問題3-1

(1)

（単位：円）

(2)

	円

解答〈15〉ページ

問題3-2

	円

解答〈15〉ページ

問題3-3

	円

解答〈16〉ページ

問題3-4

問１	円
問２	円
問３	円

解答〈16〉ページ

問題3-5

(1) 売掛金（一般債権）

（単位：円）

(2) 短期貸付金（一般債権）

（単位：円）

(3) 短期貸付金（貸倒懸念債権）

（単位：円）

解答〈17〉ページ

問題3-6

損　益　計　算　書

自×2年４月１日　至×3年３月31日　（単位：千円）

⋮

Ⅲ　販売費及び一般管理費

貸　倒　損　失　（　　　）

⋮

Ⅴ　営 業 外 費 用

貸　倒　損　失　（　　　）

解答〈19〉ページ

問題3-7

(A)　損益計算書（一部）および貸借対照表（一部）

損　益　計　算　書

自×1年4月1日　至×2年3月31日　　(単位：円)

⋮		⋮
Ⅲ　販売費及び一般管理費		
(　　　　　)		(　　　　)
Ⅳ　営 業 外 収 益		
(　　　　　)		(　　　　)
(　　　　　)		(　　　　)
Ⅴ　営 業 外 費 用		
(　　　　　)		(　　　　)

貸　借　対　照　表

×2年3月31日現在　　(単位：円)

Ⅰ　流 動 資 産		
売　　掛　　金	(　　　　)	
短 期 貸 付 金	(　　　　)	
貸 倒 引 当 金	(△　　　　)	
Ⅱ　固 定 資 産		
⋮		
3．投資その他の資産		
長 期 貸 付 金	(　　　　)	
貸 倒 引 当 金	(△　　　　)	

(B)　翌期の仕訳

(単位：円)

解答〈20〉ページ

問題3-8

決算整理後残高試算表

×6年3月31日　　(単位：円)

受　取　手　形	(　　　　)	貸 倒 引 当 金	(　　　　)
売　　掛　　金	(　　　　)	繰越利益剰余金	(　　　　)
貸　倒　損　失	(　　　　)		
(　　　　　)	(　　　　)		

解答〈22〉ページ

問題3-9

決算整理後残高試算表

×6年３月31日　　(単位：千円)

売　掛　金	(　　)	貸倒引当金	(　　)
長期貸付金	(　　)		
貸倒引当金繰入額	(　　)		
貸　倒　損　失	(　　)		

解答〈23〉ページ

問題3-10

(A)　当期の損益計算書（一部）および貸借対照表（一部）

損益計算書

自×1年４月１日　至×2年３月31日　　(単位：円)

⋮　　　⋮

Ⅲ　販売費及び一般管理費

(　　　　)　　　(　　　　)

⋮　　　⋮

Ⅴ　営業外費用

(　　　　)　　　(　　　　)

貸借対照表

×2年３月31日現在　　(単位：円)

Ⅰ　流動資産		Ⅰ　流動負債		
受取手形	(　　)	(　　)		(　　)
売　掛　金	(　　)			
貸倒引当金	(△　　)			

(B)　翌期の割引手形決済の仕訳

(単位：円)

解答〈24〉ページ

問題3-11

(単位：千円)

解答〈25〉ページ

問題4-1

損 益 計 算 書

自×2年４月１日　至×3年３月31日　　　(単位：円)

⋮

Ⅳ　営 業 外 収 益

(　　　　　　)　　　　　　　　　　(　　　　　)

⋮

Ⅴ　営 業 外 費 用

(　　　　　　)　　　　　　　　　　(　　　　　)

(　　　　　　)　　　　　　　　　　(　　　　　)

⋮

Ⅶ　特　別　損　失

(　　　　　　)　　　　　　　　　　(　　　　　)

(　　　　　　)　　　　　　　　　　(　　　　　)

⋮

法人税等調整額　　　(△　　　　　)

貸 借 対 照 表

×3年３月31日現在　　　(単位：円)

Ⅰ 流 動 資 産		⋮	
⋮		Ⅱ 固 定 負 債	
有 価 証 券	(　　　　　)	繰延税金負債	(　　　　　)
⋮		⋮	
Ⅱ 固 定 資 産		Ⅱ 評価・換算差額等	
⋮		1．その他有価証券評価差額金	(　　　　　)
3．投資その他の資産		⋮	
投資有価証券	(　　　　　)		
子 会 社 株 式	(　　　　　)		

解答〈27〉ページ

問題4-2

決算整理後残高試算表

×2年３月31日　　　(単位：千円)

売買目的有価証券	(　　　　　)	有価証券運用損益	(　　　　　)

解答〈30〉ページ

問題4-3

決算整理後残高試算表

×2年３月31日　　　　（単位：円）

有　価　証　券	（　　　　）	有価証券運用損益	（　　　　）

解答〈32〉ページ

問題4-4

⑴　定額法を採用した場合

決算整理後残高試算表

×2年３月31日　　　　（単位：千円）

満期保有目的債券	（　　　　）	有価証券利息	（　　　　）
（　　　　）	（　　　　）		

⑵　利息法を採用した場合

決算整理後残高試算表

×2年３月31日　　　　（単位：千円）

満期保有目的債券	（　　　　）	有価証券利息	（　　　　）
（　　　　）	（　　　　）		

解答〈32〉ページ

問題4-5

⑴　全部純資産直入法を採用した場合

①　×1年９月30日

（単位：千円）

②　×1年12月31日

（単位：千円）

③　×2年３月31日

（単位：千円）

④　×2年４月１日（前期末の振替仕訳）

（単位：千円）

⑤　×3年３月31日

（単位：千円）

損　益　計　算　書

自×2年４月１日　至×3年３月31日　（単位：千円）

⋮

Ⅴ　営 業 外 費 用

（　　　　　　）　　　　　　（　　　　）

⋮

法人税等調整額　　　（　　　　）

貸　借　対　照　表

×3年３月31日現在　　（単位：千円）

⋮	⋮
Ⅱ　固　定　資　産	Ⅱ　固　定　負　債
⋮	繰延税金負債　（　　　　）
３．投資その他の資産	⋮
投資有価証券　（　　　　）	Ⅱ　評価・換算差額等
	１．その他有価証券評価差額金　（　　　　）

⑵　部分純資産直入法を採用した場合

①　×1年９月30日

（単位：千円）

②　×1年12月31日

（単位：千円）

③　×2年３月31日

（単位：千円）

④　×2年４月１日（前期末の振替仕訳）

（単位：千円）

⑤　×3年３月31日

（単位：千円）

損　益　計　算　書

自×2年４月１日　至×3年３月31日　(単位：千円)

⋮

Ⅴ 営 業 外 費 用

(　　　　　　　)　　　　　　(　　　　　)

⋮

法人税等調整額　(　　　　　)

貸　借　対　照　表

×3年３月31日現在　(単位：千円)

⋮		⋮	
Ⅱ 固 定 資 産		Ⅱ 固 定 負 債	
⋮		繰延税金負債	(　　　　)
3．投資その他の資産		⋮	
投資有価証券	(　　　　)	Ⅱ 評価・換算差額等	
		1．その他有価証券評価差額金	(　　　　)

解答〈35〉ページ

問題4-6

決算整理後残高試算表

×6年３月31日　(単位：千円)

その他有価証券	(　　　　)	繰延税金負債	(　　　　)
		その他有価証券評価差額金	(　　　　)
		有価証券利息	(　　　　)
		その他有価証券売却益	(　　　　)

解答〈41〉ページ

問題4-7

決算整理後残高試算表

×6年３月31日　(単位：千円)

投資有価証券	(　　　　)	繰延税金負債	(　　　　)
		その他有価証券評価差額金	(　　　　)
		投資有価証券売却益	(　　　　)

解答〈43〉ページ

問題4-8

損益計算書

自×2年4月1日　至×3年3月31日　　（単位：円）

⋮		
Ⅳ 営業外収益		
（　　　）		（　　　）
⋮		
Ⅴ 営業外費用		
（　　　）		（　　　）
（　　　）		（　　　）
⋮		
Ⅶ 特別損失		
（　　　）		（　　　）
（　　　）		（　　　）
⋮		
法人税等調整額	（　　　）	

貸借対照表

×3年3月31日現在　　（単位：円）

Ⅰ 流動資産		⋮	
売買目的有価証券	（　　　）	Ⅱ 固定負債	
未収収益	（　　　）	繰延税金負債	（　　　）
Ⅱ 固定資産		⋮	
⋮		Ⅱ 評価・換算差額等	
3．投資その他の資産		1．その他有価証券評価差額金	（　　　）
子会社株式	（　　　）	⋮	
関連会社株式	（　　　）		
満期保有目的債券	（　　　）		
その他有価証券	（　　　）		

解答〈44〉ページ

問題4-9

(1) 売買目的有価証券		円
(2) その他有価証券		円
(3) 満期保有目的債券		円
(4) 子会社株式		円
(5) その他有価証券評価差額金	（ 借 または 貸 ）	円

解答〈47〉ページ

問題4-10

1．売買目的有価証券からその他有価証券への変更

（単位：円）

2．満期保有目的債券からその他有価証券への変更

（単位：円）

3．子会社株式からその他有価証券への変更

（単位：円）

4．その他有価証券から売買目的有価証券への変更

（単位：円）

5．その他有価証券から子会社株式への変更

⑴　全部純資産直入法の場合

（単位：円）

⑵　部分純資産直入法の場合

（単位：円）

解答〈49〉ページ

問題4-11

(A) 約定日基準

(1) 買手側（A社）

（単位：円）

①				
②				
③				
④				

(2) 売手側（B社）

（単位：円）

①				
②				
③				
④				

(B) 修正受渡日基準

(1) 買手側（A社）

（単位：円）

①				
②				
③				
④				

(2) 売手側（B社）

（単位：円）

①				
②				
③				
④				

（注）仕訳が不要の場合には，「仕訳なし」と記入すること。

解答〈50〉ページ

問題5-1

損　益　計　算　書

自×1年４月１日　至×2年３月31日　　（単位：円）

⋮

Ⅳ　営業外収益

(　　　　　)	(　　　　)
(　　　　　)	(　　　　)

⋮

Ⅴ　営業外費用

(　　　　　)	(　　　　)

貸　借　対　照　表

×2年３月31日現在　　（単位：円）

Ⅰ　流動資産		Ⅰ　流動負債	
現　　金	(　　　　)	買　掛　金	(　　　　)
売　掛　金	(　　　　)	前　受　金	(　　　　)
前　払　金	(　　　　)	未払費用	(　　　　)
未収収益	(　　　　)	⋮	
⋮		Ⅱ　固定負債	
Ⅱ　固定資産		長期借入金	(　　　　)
⋮			
３．投資その他の資産			
長期定期預金	(　　　　)		

解答〈53〉ページ

問題5-2

１．輸出時

（単位：円）

２．決済時

（単位：円）

解答〈55〉ページ

問題5-3

損益計算書

自×1年4月1日　至×2年3月31日　　(単位：円)

⋮

Ⅳ　営業外収益

(　　　　　)	(　　　　)

⋮

Ⅴ　営業外費用

(　　　　　)	(　　　　)
(　　　　　)	(　　　　)

⋮

Ⅶ　特別損失

(　　　　　)	(　　　　)
(　　　　　)	(　　　　)

貸借対照表

×2年3月31日現在　　(単位：円)

Ⅰ　流動資産		⋮	
有価証券	(　　　　)	Ⅱ　評価・換算差額等	
⋮		1．その他有価証券評価差額金	(　　　　)
Ⅱ　固定資産			
⋮			
3．投資その他の資産			
投資有価証券	(　　　　)		
子会社株式	(　　　　)		
関連会社株式	(　　　　)		
繰延税金資産	(　　　　)		

解答〈56〉ページ

問題5-4

決算整理後残高試算表

×6年３月31日　　　　(単位：千円)

売買目的有価証券	(　　　　)	有 価 証 券 利 息	(　　　　)
満期保有目的債券	(　　　　)	有価証券運用損益	(　　　　)
		為 替 差 損 益	(　　　　)

解答〈59〉ページ

問題5-5

損 益 計 算 書

自×1年４月１日　至×2年３月31日　　(単位：千円)

⋮

Ⅳ 営 業 外 収 益

(　　　　)　　　　(　　　　)

貸 借 対 照 表

×2年３月31日現在　　　　(単位：千円)

⋮		⋮	
Ⅱ 固 定 資 産		Ⅱ 固 定 負 債	
⋮		繰 延 税 金 負 債	(　　　　)
3．投資その他の資産		⋮	
その他有価証券	(　　　　)	Ⅱ 評価・換算差額等	
		1．その他有価証券評価差額金	(　　　　)

解答〈60〉ページ

問題5-7

	×1年度為替換算損益	×2年度為替決済損益	×2年度商品販売損益
一取引基準	円	円	円
二取引基準	円	円	円

(注１) 損失の場合には，金額の前に△印を付けること。

(注２) 記入すべき該当金額がない場合には，その欄の中に ── (線) を記入すること。

解答〈62〉ページ

問題6-1

(1) 買手

① 契約時（×2年２月１日）

（単位：円）

② 決算時（×2年３月31日）

（単位：円）

③ 決済時（×2年４月30日）

（単位：円）

(2) 売手

① 契約時（×2年２月１日）

（単位：円）

② 決算時（×2年３月31日）

（単位：円）

③ 決済時（×2年４月30日）

（単位：円）

解答〈64〉ページ

問題6-2

(1)　全部純資産直入法，繰延ヘッジ会計

損　益　計　算　書

自×2年４月１日　至×3年３月31日　　　（単位：円）

⋮

Ⅳ　営 業 外 収 益

（　　　　　　）　　　　　　（　　　　　）

⋮

Ⅴ　営 業 外 費 用

（　　　　　　）　　　　　　（　　　　　）

⋮

法人税等調整額　　（　　　　）

貸　借　対　照　表

×3年３月31日現在　　　（単位：円）

Ⅰ　流　動　資　産		⋮	
有　価　証　券	（　　　　）	Ⅱ　評価・換算差額等	
先物取引差金	（　　　　）	１．その他有価証券評価差額金	（　　　　）
		２．繰延ヘッジ損益	（　　　　）

(2)　全部純資産直入法，時価ヘッジ会計

損　益　計　算　書

自×2年４月１日　至×3年３月31日　　　（単位：円）

⋮

Ⅳ　営 業 外 収 益

（　　　　　　）　　　　　　（　　　　　）

⋮

Ⅴ　営 業 外 費 用

（　　　　　　）　　　　　　（　　　　　）

貸　借　対　照　表

×3年３月31日現在　　　（単位：円）

Ⅰ　流　動　資　産		⋮	
有　価　証　券	（　　　　）	Ⅱ　評価・換算差額等	
先物取引差金	（　　　　）	１．その他有価証券評価差額金	（　　　　）
		２．繰延ヘッジ損益	（　　　　）

解答〈65〉ページ

問題6-3

(1)

(単位：円)

①				
②				
③				

(2)

(単位：円)

①				
②				
③				

解答〈67〉ページ

問題6-4

(1)

(単位：円)

①				
②				
③				

(2)

(単位：円)

①				
②				
③				

解答〈68〉ページ

問題6-5

決算整理後残高試算表
×6年３月31日　　　　　　　　（単位：千円）

前払費用	（　　　）	買掛金	（　　　）
為替差損益	（　　　）		

解答〈69〉ページ

問題6-6

(1)　振当処理による場合

①　×1年度

決算整理後残高試算表　　　　（単位：円）

仕入	（　　　）	買掛金	（　　　）
		前受収益	（　　　）
		為替差損益	（　　　）

②　×2年度

決算整理後残高試算表　　　　（単位：円）

		為替差損益	（　　　）

(2)　独立処理による場合

①　×1年度

決算整理後残高試算表　　　　（単位：円）

仕入	（　　　）	買掛金	（　　　）
為替予約	（　　　）	為替差損益	（　　　）

②　×2年度

決算整理後残高試算表　　　　（単位：円）

		為替差損益	（　　　）

解答〈70〉ページ

問題6-7

（単位：円）

①				
②				

（注）仕訳が不要の場合には，「仕訳なし」と記入すること。

解答〈72〉ページ

問題6-8

1．A社（買戻条件付現先取引）

⑴　売却時

（単位：円）

⑵　買戻時

（単位：円）

2．B社（売戻条件付現先取引）

⑴　取得時

（単位：円）

⑵　売戻時

（単位：円）

解答〈72〉ページ

問題6-9

①　コール・オプション買建て（×1年２月１日）

（単位：円）

②　決算時（×1年３月31日）

（単位：円）

③　反対売買による差金決済（×1年４月30日）

（単位：円）

解答〈73〉ページ

問題6-10

⑴　コール・オプション買建て（×1年２月１日）

（単位：千円）

⑵　決済期日（×1年３月１日）

①　権利行使した場合

（単位：千円）

②　権利放棄した場合

（単位：千円）

解答〈74〉ページ

問題6-11

	⑴	⑵
①×1年度末の通貨オプション	円	円
②×1年度の為替差損益	円	円
③×2年度の売上高	円	円
④×2年度の為替差損益	円	円

（注）金額が記入されない場合には－を記入し，為替差損となる場合には金額の前に△印を付すこと。

解答〈74〉ページ

問題6-12

(1)　原則処理の場合

①　契約日

（単位：円）

②　利払日

（単位：円）

③　決算日

（単位：円）

(2)　ヘッジ会計（繰延ヘッジ会計）の場合

①　契約日

（単位：円）

②　利払日

（単位：円）

③　決算日

（単位：円）

解答〈77〉ページ

問題6-13

⑴　借入時（×1年10月１日）

（単位：円）

⑵　利払時（×2年３月31日）

（単位：円）

⑶　利払時（×2年９月30日）

（単位：円）

解答〈78〉ページ

問題6-14

⑴　×1年４月１日

（単位：円）

⑵　×2年３月31日

（単位：円）

⑶　×6年３月31日

（単位：円）

解答〈79〉ページ

問題7-1

減価償却方法	減価償却費の金額
定　額　法	円
定　率　法	円
級　数　法	円
生産高比例法	円

解答〈80〉ページ

問題7-2

年　度	減価償却費	貸借対照表価額
×1年度	円	円
×2年度	円	円
×3年度	円	円
×4年度	円	円
×5年度	円	円
×6年度	円	円
×7年度	円	円
×8年度	円	円

解答〈81〉ページ

問題7-3

決算整理後残高試算表

×9年３月31日　　　　（単位：千円）

建　　物	（　　　）	（　　　）	（　　　）
車　　両	（　　　）	（　　　）	（　　　）
備　　品	（　　　）	（　　　）	（　　　）
（　　　）	（　　　）		

解答〈82〉ページ

問題7-4

決算整理後残高試算表

×5年３月31日　　　　　　（単位：円）

建　　　　物	（　　　　）	建物減価償却累計額	（　　　　）
備　　　　品	（　　　　）	備品減価償却累計額	（　　　　）
減 価 償 却 費	（　　　　）		

解答〈84〉ページ

問題7-5

(1)　決算整理仕訳

（単位：円）

(2)　損益計算書（一部）

損　益　計　算　書

自×8年４月１日　至×9年３月31日　　（単位：円）

⋮

Ⅲ　販売費及び一般管理費

１.（　　　　　　）　　　　　　（　　　　）

(3)　貸借対照表（一部）

貸　借　対　照　表

×9年３月31日現在　　　　（単位：円）

⋮			
Ⅱ 固　定　資　産			
備　　　　品	（　　　　）		
減価償却累計額	（△　　　　）	（　　　　）	

解答〈85〉ページ

問題7-6

決算整理後残高試算表

×5年３月31日　　　　　　（単位：円）

建　　　　物	（　　　　）	建物減価償却累計額	（　　　　）
（　　　　）	（　　　　）		
（　　　　）	（　　　　）		

解答〈86〉ページ

問題7-7

（単位：円）

解答〈87〉ページ

問題7-8

（単位：円）

解答〈87〉ページ

問題7-9

(1)	平均耐用年数	年
(2)	減価償却費	円

解答〈87〉ページ

問題7-10

(1)	平均耐用年数	年

（単位：円）

(2)	①				
	②				
(3)	①				
	②				

解答〈88〉ページ

問題7-11

(1) 損益計算書（一部）

損　益　計　算　書

自×4年４月１日　至×5年３月31日　　(単位：円)

⋮	⋮
Ⅲ　販売費及び一般管理費	
1.(　　　　　　)	(　　　)
⋮	⋮
Ⅵ (　　　　　　)	
1.(　　　　　　)	(　　　)

(2) 貸借対照表（一部）

貸　借　対　照　表

×5年３月31日現在　　(単位：円)

⋮			
Ⅱ 固 定 資 産			
建　　　物	(　　　)		
減価償却累計額	(△　　)	(　　　)	
備　　　品	(　　　)		
減価償却累計額	(△　　)	(　　　)	

解答〈90〉ページ

問題7-12

(1)　損益計算書（一部）

損　益　計　算　書

自×4年4月1日　至×5年3月31日　　（単位：円）

⋮　　　　　　　　　　　　　⋮

Ⅲ　販売費及び一般管理費

1.（　　　　　　）　　　　　（　　　）

⋮　　　　　　　　　　　　　⋮

Ⅵ（　　　　　　）

1.（　　　　　　）　　　　　（　　　）

(2)　貸借対照表（一部）

貸　借　対　照　表

×5年3月31日現在　　（単位：円）

⋮			Ⅰ　流　動　負　債
Ⅱ　固　定　資　産			（　　　　）（　　　）
建　　物	（　　　）		
減価償却累計額	（△　　　）	（　　　）	
備　　品	（　　　）		
減価償却累計額	（△　　　）	（　　　）	

解答〈92〉ページ

問題7-13

問１　除却した場合の仕訳

（単位：円）

問２　廃棄した場合の仕訳

（単位：円）

問３　買い換えた場合の仕訳（時価なし）

（単位：円）

問４　買い換えた場合の仕訳（時価あり）

（単位：円）

解答〈94〉ページ

問題7-14

(1) 損益計算書（一部）

損　益　計　算　書

自×4年4月1日　至×5年3月31日　　（単位：円）

⋮　　　　　　　　　　　　⋮

Ⅲ　販売費及び一般管理費

1.（　　　　　　）　　　　（　　　　）

⋮　　　　　　　　　　　　⋮

Ⅵ　特　別　利　益

1.（　　　　　　）　　　　（　　　　）

Ⅶ　特　別　損　失

1.（　　　　　　）　　　　（　　　　）

(2) 貸借対照表（一部）

貸　借　対　照　表

×5年3月31日現在　　（単位：円）

⋮			
Ⅱ 固定資産			
建　　物	（　　　　）		
減価償却累計額	（△　　　）	（　　　　）	
備　　品	（　　　　）		
減価償却累計額	（△　　　）	（　　　　）	

解答〈96〉ページ

問題7-15

(1)　直接減額方式（直接減額法）

①　×1年度

損益計算書

自×1年4月1日　至×2年3月31日　（単位：円）

諸費用	2,500,000	諸収益	3,400,000
減価償却費	(　　　)	国庫補助金受贈益	1,600,000
機械圧縮損	(　　　)		
法人税，住民税及び事業税	155,000		
当期純利益	(　　　)		
	5,000,000		5,000,000

貸借対照表

×2年3月31日現在　（単位：円）

⋮			⋮	
機械	(　　　)		繰越利益剰余金	(　　　)
減価償却累計額	(△　　　)	(　　　)		

②　×2年度

損益計算書

自×2年4月1日　至×3年3月31日　（単位：円）

諸費用	4,000,000	諸収益	5,000,000
減価償却費	(　　　)		
法人税，住民税及び事業税	207,000		
当期純利益	(　　　)		
	5,000,000		5,000,000

貸借対照表

×3年3月31日現在　（単位：円）

⋮			⋮	
機械	(　　　)		繰越利益剰余金	(　　　)
減価償却累計額	(△　　　)	(　　　)		

(2) 積立金方式

① ×1年度

損益計算書

自×1年4月1日　至×2年3月31日　(単位：円)

諸費用	2,500,000	諸収益	3,400,000
減価償却費	(　　　)	国庫補助金受贈益	1,600,000
法人税，住民税及び事業税	155,000		
法人税等調整額	(　　　)		
当期純利益	(　　　)		
	5,000,000		5,000,000

貸借対照表

×2年3月31日現在　(単位：円)

⋮			⋮	
機械	(　　　)		繰延税金負債	(　　　)
減価償却累計額	(△　　　)	(　　　)	⋮	
			圧縮積立金	(　　　)
			繰越利益剰余金	(　　　)

② ×2年度

損益計算書

自×2年4月1日　至×3年3月31日　(単位：円)

諸費用	4,000,000	諸収益	5,000,000
減価償却費	(　　　)	法人税等調整額	(　　　)
法人税，住民税及び事業税	207,000		
当期純利益	(　　　)		
	(　　　)		(　　　)

貸借対照表

×3年3月31日現在　(単位：円)

⋮			⋮	
機械	(　　　)		繰延税金負債	(　　　)
減価償却累計額	(△　　　)	(　　　)	⋮	
			圧縮積立金	(　　　)
			繰越利益剰余金	(　　　)

解答〈98〉ページ

問題7-16

問1

永　久　差　異	

問2

繰延税金資産	千円
繰延税金負債	千円

問3

法人税等調整額	千円

解答〈101〉ページ

問題7-17

(1) 損益計算書（一部）

損　益　計　算　書

自×4年4月1日　至×5年3月31日　　（単位：円）

⋮　　　　　　⋮

Ⅲ　販売費及び一般管理費

1.（　　　　　　）　　（　　　　　）

⋮　　　　　　⋮

Ⅵ　特　別　利　益

1.（　　　　　　）　　（　　　　　）

2.（　　　　　　）　　（　　　　　）

Ⅶ　特　別　損　失

1.（　　　　　　）　　（　　　　　）

(2) 貸借対照表（一部）

貸　借　対　照　表

×5年3月31日現在　　（単位：円）

⋮

Ⅱ　固　定　資　産

建　　　物(注)（　　　　）

減価償却累計額　（△　　　）（　　　　）

備　　　品　（　　　　）

減価償却累計額　（△　　　）（　　　　）

（注）建物圧縮額（　　　　　）円が控除されている。

解答〈104〉ページ

問題7-18

	減損損失
A備品	円
B備品	円

(注) 減損損失が計上されない場合には，──（線）を記入しなさい。

解答〈108〉ページ

問題7-19

決算整理後残高試算表

×6年3月31日　　　　(単位：千円)

建物	(　　　)	建物減価償却累計額	(　　　)
土地	(　　　)		
減価償却費	(　　　)		
減損損失	(　　　)		

解答〈109〉ページ

問題7-20

	減損損失
機械A	円
機械B	円

(注) 減損損失が計上されない場合には，──（線）を記入しなさい。

解答〈110〉ページ

問題7-21

	減損損失
A備品	円
B備品	円
共用資産	円

(注) 減損損失が計上されない場合には，──（線）を記入しなさい。

解答〈111〉ページ

問題7-22

問１

資　産　A	資　産　B

問２

（単位：千円）

資　産　A	資　産　B

問３

（単位：千円）

	各資産の減損損失	各資産の帳簿価額
資　　産　　A		
資　　産　　B		
共　用　資　産		

解答〈112〉ページ

問題7-23

1．建物の減価償却費

千円

2．備品の減価償却費

千円

解答〈113〉ページ

問題7-24

〔問１〕

	×1年度	×2年度
除去費用の費用配分額	円	円
時の経過による資産除去債務の調整額	円	円

〔問２〕

損益計算書

自×1年４月１日　至×2年３月31日　　（単位：円）

⋮

Ⅲ　販売費及び一般管理費

⋮

減価償却費　（　　　）

貸借対照表

×2年３月31日現在　　（単位：円）

⋮		⋮	
Ⅱ 固定資産		Ⅱ 固定負債	
1．有形固定資産		資産除去債務	（　　　）
機械	（　　　）		
減価償却累計額	（△　　　）		

（注）除去費用の費用配分額および時の経過による資産除去債務の調整額（利息費用）は減価償却費勘定で処理すること。

〔問３〕

損益計算書

自×2年４月１日　至×3年３月31日　　（単位：円）

⋮

Ⅲ　販売費及び一般管理費

⋮

減価償却費　（　　　）

貸借対照表

×3年３月31日現在　　（単位：円）

⋮		Ⅰ 流動負債	
Ⅱ 固定資産		資産除去債務	（　　　）
1．有形固定資産			
機械	（　　　）		
減価償却累計額	（△　　　）		

（注）除去費用の費用配分額および時の経過による資産除去債務の調整額（利息費用）は減価償却費勘定で処理すること。

解答〈114〉ページ

問題7-25

問１　除去費用の見積額が200円増加し，2, 200円となった場合

	×1年度	×2年度	×3年度
利息費用	円	円	円
減価償却費	円	円	円
資産除去債務	円	円	円

問２　除去費用の見積額が200円減少し，1, 800円となった場合

	×1年度	×2年度	×3年度
利息費用	円	円	円
減価償却費	円	円	円
資産除去債務	円	円	円

解答〈117〉ページ

問題7-26

〔問１〕

1．譲渡時の仕訳（土地の売却および優先出資証券の取得）

（単位：円）

2．各年度の仕訳（賃貸原価，賃貸収入および配当金の受取り）

（単位：円）

〔問２〕

1．譲渡時の仕訳（土地の売却および優先出資証券の取得）

（単位：円）

2．各年度の仕訳（賃貸原価，賃貸収入および配当金の受取り）

（単位：円）

解答〈119〉ページ

問題7-27

〔設問１〕

（単位：円）

(1)				
(2)				
(3)				
(4)				
(5)				
(6)				

〔設問２〕

（単位：円）

(1)				
(2)				
(3)				
(4)				
(5)				

解答〈120〉ページ

問題7-28

1．取替法による仕訳

（単位：円）

(1)				
(2)				
(3)				
(4)				

2．取替時の正味の損益および枕木（構築物）の貸借対照表価額

正味の損益	円
貸借対照表価額	円

解答〈123〉ページ

問題7-29

(1)	売上原価	円
(2)	売上総利益	円
(3)	期末製品棚卸高	円
(4)	減耗性資産のB/S価額	円

解答〈124〉ページ

問題8-1

	いずれか○で囲む	取得価額相当額
A備品	移転　　移転外	円
B備品	移転　　移転外	円
C備品	移転　　移転外	円
D備品	移転　　移転外	円

解答〈128〉ページ

問題8-2

損　益　計　算　書

自×1年4月1日　至×2年3月31日　　(単位：円)

⋮

Ⅲ　販売費及び一般管理費

(　　　　)　　　　(　　　　)

⋮

Ⅴ　営 業 外 費 用

(　　　　)　　　　(　　　　)

貸　借　対　照　表

×2年3月31日現在　　(単位：円)

⋮			Ⅰ 流 動 負 債	
Ⅱ 固 定 資 産			リ ー ス 債 務	(　　　　)
リ ー ス 資 産	(　　　　)		⋮	
減価償却累計額	(△　　　　)	(　　　　)	Ⅱ 固 定 負 債	
			長期リース債務	(　　　　)

解答〈130〉ページ

問題8-3

損益計算書
自×1年４月１日　至×2年３月31日　（単位：円）

⋮

Ⅲ　販売費及び一般管理費

（　　　　　）　　（　　　　）

⋮

Ⅴ　営業外費用

（　　　　　）　　（　　　　）

貸借対照表
×2年3月31日現在　（単位：円）

⋮	Ⅰ　流動負債
Ⅱ　固定資産	リース債務　（　　　　）
リース資産（　　　　）	⋮
減価償却累計額（△　　　　）（　　　　）	Ⅱ　固定負債
	長期リース債務　（　　　　）

解答〈132〉ページ

問題8-4

1．×1年度の減価償却費
2．×1年度の支払利息
3．×1年度末のリース資産の帳簿価額
4．×1年度末のリース債務（未払利息を除く）
5．×2年度の減価償却費
6．×2年度の支払利息
7．×2年度末のリース資産の帳簿価額
8．×2年度末のリース債務（未払利息を除く）

1	円	2	円
3	円	4	円
5	円	6	円
7	円	8	円

解答〈134〉ページ

問題8-5

(A)　リース取引開始時に売上高と売上原価を計上する方法

損　益　計　算　書

自×1年４月１日　至×2年３月31日　　(単位：円)

Ⅰ　売　上　高	(　　　)
Ⅱ　売 上 原 価	(　　　)
修正前売上総利益	(　　　)
繰延リース利益繰入	(　　　)
売 上 総 利 益	(　　　)
⋮	
Ⅳ　営 業 外 収 益	
受 取 利 息	(　　　)

貸　借　対　照　表

×2年３月31日現在　　(単位：円)

⋮		⋮	
リ ー ス 債 権	(　　　)	買　掛　金	(　　　)

(B)　リース料受取時に売上高と売上原価を計上する方法

損　益　計　算　書

自×1年４月１日　至×2年３月31日　　(単位：円)

Ⅰ　売　上　高	(　　　)
Ⅱ　売 上 原 価	(　　　)
修正前売上総利益	(　　　)
繰延リース利益繰入	(　　　)
売 上 総 利 益	(　　　)
⋮	
Ⅳ　営 業 外 収 益	
受 取 利 息	(　　　)

貸　借　対　照　表

×2年３月31日現在　　(単位：円)

⋮		⋮	
リ ー ス 債 権	(　　　)	買　掛　金	(　　　)

(C) 売上高を計上せずに利息相当額を各期へ配分する方法

損益計算書

自×1年4月1日　至×2年3月31日　　(単位：円)

Ⅰ	売上高	(　　　)
Ⅱ	売上原価	(　　　)
	修正前売上総利益	(　　　)
	繰延リース利益繰入	(　　　)
	売上総利益	(　　　)
	⋮	
Ⅳ	営業外収益	
	受取利息	(　　　)

貸借対照表

×2年3月31日現在　　(単位：円)

⋮		⋮	
リース債権	(　　　)	買掛金	(　　　)

解答〈136〉ページ

問題8-6

〔設問1〕A社における次の各金額

①	×4年度における損益計算書上の支払リース料	円
②	×4年度末におけるリース資産の貸借対照表価額	円
③	×4年度末におけるリース債務の貸借対照表価額	円

〔設問2〕B社における次の各金額

①	×4年度における損益計算書上の減価償却費	円
②	×4年度における損益計算書上の受取利息	円
③	×4年度末における備品の貸借対照表価額	円

解答〈139〉ページ

問題8-7

⑴　A社の決算整理仕訳

①　リース料の支払い

（単位：千円）

②　減価償却費

（単位：千円）

⑵　中途解約時の仕訳

①　A社（借手）の仕訳

（単位：千円）

②　B社（貸手）の仕訳（リース料受取時に売上高と売上原価を計上する方法）

（単位：千円）

解答〈141〉ページ

問題8-8

決算整理後残高試算表

×3年３月31日　　　　（単位：円）

リース資産（　　　）	リース債務（　　　）
減価償却費（　　　）	リース資産減価償却累計額（　　　）
支払利息（　　　）	長期前受収益（　　　）

解答〈142〉ページ

問題8-9

決算整理後残高試算表

×5年３月31日　　　　（単位：円）

リース資産（　　　）	リース債務（　　　）
減価償却費（　　　）	リース資産減価償却累計額（　　　）
支払利息（　　　）	長期前受収益（　　　）

解答〈143〉ページ

問題9-1

		(A)	(B)
(1)	売上原価	千円	千円
(2)	棚卸資産	千円	千円
(3)	鉱業権	千円	千円

解答〈145〉ページ

問題9-2

貸借対照表

×5年３月31日現在　　　　(単位：円)

Ⅰ　流動資産		
現金預金	(　　　)	
売掛金	(　　　)	
(　　　)	(　　　)	
短期貸付金	(　　　)	
Ⅱ　固定資産		
1．有形固定資産		
土地	(　　　)	
2．無形固定資産		
(　　　)	(　　　)	
3．投資その他の資産		
(　　　)	(　　　)	
(　　　)	(　　　)	
(　　　)	(　　　)	
(　　　)	(　　　)	
(　　　)	(　　　)	

解答〈146〉ページ

問題10-1

(1) 見込販売数量にもとづく方法

	×1年度	×2年度	×3年度
ソフトウェア償却	円	円	円

(2) 見込販売収益にもとづく方法

	×1年度	×2年度	×3年度
ソフトウェア償却	円	円	円

解答〈149〉ページ

問題10-2

貸借対照表

×3年3月31日現在　(単位：円)

⋮	
Ⅱ 固定資産	
⋮	
2. 無形固定資産	
ソフトウェア	(　　　)
⋮	
Ⅲ 繰延資産	
開業費	(　　　)

解答〈150〉ページ

問題11-1

決算整理後残高試算表　　（単位：円）

修繕引当金繰入　（　　　　）	修　繕　引　当　金　（　　　　）
役員賞与引当金繰入　（　　　　）	役員賞与引当金　（　　　　）

解答〈153〉ページ

問題12-1

(1)	円
(2)	円
(3)	円
(4)	円

解答〈155〉ページ

問題12-2

[　　　　　　] 円

解答〈155〉ページ

問題12-3

決算整理後残高試算表

×3年3月31日　　(単位：円)

退職給付費用 (　　　)	退職給付引当金 (　　　)

解答〈156〉ページ

問題12-4

決算整理後残高試算表

×3年3月31日　　(単位：円)

退職給付費用 (　　　)	退職給付引当金 (　　　)

解答〈157〉ページ

問題12-5

損益計算書	退職給付費用	円
	法人税等調整額	円
貸借対照表	退職給付引当金	円
	繰延税金資産	円

(注) 法人税等調整額が貸方となる場合には，金額の前に△を付しなさい。

解答〈158〉ページ

問題12-6

決算整理後残高試算表

×6年３月31日　　　　(単位：千円)

退職給付費用	(　　　　)	退職給付引当金	(　　　　)

解答〈159〉ページ

問題12-7

決算整理後残高試算表

×6年３月31日　　　　(単位：千円)

退職給付費用	(　　　　)	退職給付引当金	(　　　　)

解答〈159〉ページ

問題12-8

決算整理後残高試算表

×6年３月31日　　　　(単位：千円)

退職給付費用	(　　　　)	退職給付引当金	(　　　　)

解答〈160〉ページ

問題12-9

決算整理後残高試算表

×6年３月31日　　　　(単位：千円)

退職給付費用	(　　　　)	退職給付引当金	(　　　　)

解答〈160〉ページ

問題12-10

決算整理後残高試算表

×6年３月31日　　　　(単位：千円)

退職給付費用	(　　　　)	退職給付引当金	(　　　　)

解答〈161〉ページ

問題12-11

	(A) 一括費用処理	(B) 定額法
① 退職給付費用	円	円
② 退職給付引当金	円	円

解答〈161〉ページ

問題12-12

① 退職給付費用	円
② 退職給付引当金	円

解答〈164〉ページ

問題13-1

(1) 利息法により処理した場合

決算整理後残高試算表

×2年３月31日　　(単位：円)

社　債　利　息	(　　　　)	社　　　債	(　　　　)

(2) 定額法により処理した場合

決算整理後残高試算表

×2年３月31日　　(単位：円)

社　債　利　息	(　　　　)	社　　　債	(　　　　)

解答〈166〉ページ

問題13-2

(1) 利息法により処理した場合

決算整理後残高試算表

×2年３月31日　　(単位：円)

社　債　利　息	(　　　　)	社　　　債	(　　　　)

(2) 定額法により処理した場合

決算整理後残高試算表

×2年３月31日　　(単位：円)

社　債　利　息	(　　　　)	社　　　債	(　　　　)

解答〈168〉ページ

問題13-3

決算整理後残高試算表

×6年３月31日　　(単位：千円)

社　債　発　行　費	(　　　　)	社　　　債	(　　　　)
社　債　利　息	(　　　　)		
社債発行費償却	(　　　　)		

解答〈169〉ページ

問題13-4

(1) 損益計算書（一部）

損　益　計　算　書

自×2年４月１日　至×3年３月31日　　（単位：円）

⋮　　　　　　　　　　⋮

Ⅴ　営 業 外 費 用

（　　　　　　）　　　　　　（　　　）

⋮　　　　　　　　　　⋮

Ⅵ　特　別　利　益

（　　　　　　）　　　　　　（　　　）

(2) 貸借対照表（一部）

貸　借　対　照　表

×3年３月31日現在　　（単位：円）

	Ⅰ　流　動　負　債
	一年以内償還社債　（　　　）

解答〈170〉ページ

問題13-5

損　益　計　算　書

自×4年４月１日　至×5年３月31日　　（単位：円）

Ⅴ　営 業 外 費 用

1．社　債　利　息　　　　（　　　）

⋮　　　　　　　　　　⋮

Ⅵ　特　別　利　益

1．社 債 償 還 益　　　　（　　　）

貸　借　対　照　表

×5年３月31日現在　　（単位：円）

	Ⅰ　流　動　負　債
	1．未　　払　　金　（　　　）
	2．未　払　費　用　（　　　）
	Ⅱ　固　定　負　債
	1．社　　　　債　（　　　）

解答〈172〉ページ

問題13-6

1．×1年度

決算整理後残高試算表

×2年３月31日　　　　　　　　(単位：円)

借方科目	(1)	(2)	貸方科目	(1)	(2)
社債利息			社　　債		

2．×2年度

決算整理後残高試算表

×3年３月31日　　　　　　　　(単位：円)

借方科目	(1)	(2)	貸方科目	(1)	(2)
社債利息			社　　債		

解答〈175〉ページ

問題13-7

(1)　損益計算書（一部）

損　益　計　算　書

自×3年４月１日　至×4年３月31日　　(単位：円)

⋮　　　　　　　　　　⋮

Ⅴ　営 業 外 費 用

(　　　　　　)　　　　　(　　　　)

(2)　貸借対照表（一部）

貸　借　対　照　表

×4年３月31日現在　　　　　(単位：円)

	Ⅰ　流 動 負 債
	一年以内償還社債　(　　　)
	Ⅱ　固 定 負 債
	社　　　債　(　　　)

解答〈177〉ページ

問題13-8

(1) 損益計算書（一部）

損 益 計 算 書

自×2年４月１日　至×3年３月31日　　(単位：円)

⋮	⋮
Ⅴ 営 業 外 費 用	
（　　　　）	（　　　　）
⋮	⋮
Ⅶ 特 別 損 失	
（　　　　）	（　　　　）

(2) 貸借対照表（一部）

貸 借 対 照 表

×3年３月31日現在　　(単位：円)

	Ⅰ 流 動 負 債	
	一年以内償還社債	（　　　）
	Ⅱ 固 定 負 債	
	社　　債	（　　　）

解答〈179〉ページ

問題14-1

(1)　各取引の仕訳

①　株主総会決議時（×2年６月25日）

（単位：千円）

②　配当金支払時（×2年７月10日）

（単位：千円）

③　取締役会決議時（×2年12月20日）

（単位：千円）

④　決算時～利益の計上（×3年３月31日）

（単位：千円）

(2)　貸借対照表に計上される金額

利益準備金	千円
繰越利益剰余金	千円

解答〈181〉ページ

問題14-2

(1) 配当を支払った側

① 株主総会決議時

（単位：千円）

② 配当の支払時

（単位：千円）

(2) 配当を受け取った側（配当の受取時）

① 保有有価証券を売買目的有価証券で処理していた場合

（単位：千円）

② 保有有価証券をその他有価証券で処理していた場合

（単位：千円）

解答〈182〉ページ

問題14-3

（単位：千円）

解答〈183〉ページ

問題14-4

(1) 自己株式の取得

（単位：円）

(2) 自己株式の処分

（単位：円）

(3) 自己株式の処分

（単位：円）

(4) 自己株式の消却

（単位：円）

(5) 決算整理仕訳

（単位：円）

解答〈183〉ページ

問題14-5

(1) 自己株式の帳簿価額が@110円の場合

（単位：円）

(2) 自己株式の帳簿価額が@90円の場合

（単位：円）

解答〈184〉ページ

問題14-6

（単位：円）

(1)				
(2)				

解答〈185〉ページ

問題14-7

（単位：円）

(1)				
(2)				
(3)				
(4)				

解答〈185〉ページ

問題14-8

決算整理後残高試算表

×6年３月31日　　　　　（単位：千円）

	資　　本　　金　（　　　　）
	資 本 準 備 金　（　　　　）
	その他資本剰余金　（　　　　）
	新株予約権戻入益　（　　　　）

解答〈187〉ページ

問題14-9

（単位：円）

(1)				
(2)				

解答〈188〉ページ

問題14-10

（単位：円）

(1)				
(2)				
(3)				

解答〈188〉ページ

問題14-11

（Ⅰ）　×7年３月31日における仕訳

⑴　新株予約権の権利行使による新株発行時の仕訳

（単位：千円）

⑵　社債償還時の仕訳

（単位：千円）

（Ⅱ）　当期における損益計算書（一部）および貸借対照表（一部）

⑴　損益計算書（一部）

損　益　計　算　書

自×6年４月１日　至×7年３月31日　（単位：千円）

⋮　　　　　　　　　　⋮

Ⅴ　営 業 外 費 用

（　　　　　）　　　　　（　　　　）

Ⅵ　特　別　利　益

（　　　　　）　　　　　（　　　　）

⑵　貸借対照表（一部）

貸　借　対　照　表

×7年3月31日現在　　（単位：千円）

⋮

Ⅱ　固　定　負　債

社　　　債　　（　　　　）

⋮

Ⅰ　株　主　資　本

1．資　本　金　　（　　　　）

2．資 本 剰 余 金

⑴　資 本 準 備 金　　（　　　　）

⋮

Ⅲ　新 株 予 約 権　　（　　　　）

解答〈189〉ページ

問題14-12

<u>株主資本等変動計算書</u>

（単位：千円）

	株主資本							評価・換算差額等	新株予約権
	資本金	資本剰余金		利益剰余金			自己株式		
					その他利益剰余金				
		資本準備金	その他資本剰余金	利益準備金	別途積立金	繰越利益剰余金		その他有価証券評価差額金	
当期首残高	40,000	1,900	1,600	700	400	15,000	△ 2,600	60	1,000
当期変動額									
新株の発行									
剰余金の配当									
自己株式の取得									
自己株式の処分									
当期純利益									
株主資本以外の項目の当期変動額									
当期変動額合計									
当期末残高							△		

解答〈191〉ページ

問題14-13

(1)	剰余金の額	千円
(2)	分配可能額	千円
(3)	剰余金配当の限度額	千円

解答〈194〉ページ

問題14-14

〔設問１〕

(1)	１株当たり当期純利益の額	円
(2)	潜在株式調整後１株当たり当期純利益	円

〔設問２〕

(1)	１株当たり当期純利益の額	円
(2)	潜在株式調整後１株当たり当期純利益	円

解答〈195〉ページ

総合問題1

損益計算書

自×1年4月1日　至×2年3月31日　　　(単位：千円)

Ⅰ　売上高		(　　)
Ⅱ　売上原価		
1．期首商品棚卸高	(　　)	
2．当期商品仕入高	(　　)	
合計	(　　)	
3．期末商品棚卸高	(　　)	
差引	(　　)	
4．商品評価損	(　　)	(　　)
売上総利益		(　　)
Ⅲ　販売費及び一般管理費		
1．販売費・管理費	(　　)	
2．租税公課	(　　)	
3．棚卸減耗損	(　　)	
4．貸倒引当金繰入	(　　)	
5．減価償却費	(　　)	(　　)
営業利益		(　　)
Ⅳ　営業外収益		
1．受取利息配当金	(　　)	
2．有価証券運用益	(　　)	(　　)
Ⅴ　営業外費用		
1．支払利息	(　　)	
2．貸倒引当金繰入	(　　)	
3．雑損	(　　)	(　　)
経常利益		(　　)
Ⅵ　特別利益		
1．土地売却益		(　　)
Ⅶ　特別損失		
1．貸倒引当金繰入	(　　)	
2．子会社株式評価損	(　　)	(　　)
税引前当期純利益		(　　)
法人税, 住民税及び事業税	(　　)	
法人税等調整額	(　　)	(　　)
当期純利益		(　　)

解答〈196〉ページ

総合問題2

損益計算書

自×3年4月1日　至×4年3月31日　　(単位：千円)

Ⅰ　売上高		(　　)
Ⅱ　売上原価		
1．期首商品棚卸高	(　　)	
2．当期商品仕入高	(　　)	
合計	(　　)	
3．期末商品棚卸高	(　　)	
差引	(　　)	
4．商品評価損	(　　)	(　　)
売上総利益		(　　)
Ⅲ　販売費及び一般管理費		
1．販売費・管理費	(　　)	
2．租税公課	(　　)	
3．棚卸減耗損	(　　)	
4．貸倒引当金繰入	(　　)	
5．減価償却費	(　　)	(　　)
営業利益		(　　)
Ⅳ　営業外収益		
1．受取利息配当金	(　　)	
2．雑益	(　　)	(　　)
Ⅴ　営業外費用		
1．有価証券運用損	(　　)	
2．その他有価証券評価損	(　　)	
3．支払利息	(　　)	
4．貸倒引当金繰入	(　　)	
5．為替差損	(　　)	(　　)
経常利益		(　　)
Ⅵ　特別利益		
1．土地売却益		(　　)
Ⅶ　特別損失		
1．貸倒引当金繰入	(　　)	
2．関連会社株式評価損	(　　)	(　　)
税引前当期純利益		(　　)
法人税，住民税及び事業税	(　　)	
法人税等調整額	(　　)	(　　)
当期純利益		(　　)

解答〈201〉ページ

総合問題3

損益計算書

自20×3年４月１日　至20×4年３月31日　（単位：千円）

Ⅰ 売上高		(　)
Ⅱ 売上原価		
1．期首商品棚卸高	(　)	
2．当期商品仕入高	(　)	
合計	(　)	
3．他勘定振替高	(　)	
4．期末商品棚卸高	(　)	
差引	(　)	
5．棚卸減耗損	(　)	
6．商品評価損	(　)	(　)
売上総利益		(　)
Ⅲ 販売費及び一般管理費		
1．販売費	(　)	
2．一般管理費	(　)	
3．貸倒引当金繰入	(　)	
4．減価償却費	(　)	
5．退職給付費用	(　)	(　)
営業利益		(　)
Ⅳ 営業外収益		
1．受取利息配当金	(　)	
2．有価証券利息	(　)	
3．有価証券運用益	(　)	(　)
Ⅴ 営業外費用		
1．支払利息	(　)	
2．貸倒引当金繰入	(　)	
3．(　)	(　)	(　)
経常利益		(　)
Ⅵ 特別損失		
1．貸倒引当金繰入	(　)	
2．(　)	(　)	(　)
税引前当期純利益		(　)
法人税，住民税及び事業税	(　)	
法人税等調整額	(　)	(　)
当期純利益		(　)

解答〈206〉ページ

総合問題4

貸　借　対　照　表

×5年3月31日現在　　　　　　　　　　(単位：千円)

資　産　の　部		負　債　の　部	
Ⅰ　流動資産		Ⅰ　流動負債	
現金預金	(　　　)	買掛金	(　　　)
売掛金	(　　　)	短期借入金	(　　　)
貸倒引当金	(△　　　)	未払法人税等	(　　　)
有価証券	(　　　)	Ⅱ　固定負債	
商品	(　　　)	社債	(　　　)
為替予約	(　　　)	負債合計	(　　　)
Ⅱ　固定資産		純資産の部	
1．有形固定資産		Ⅰ　株主資本	
建物	(　　　)	1．資本金	(　　　)
減価償却累計額	(△　　　)	2．資本剰余金	
備品	(　　　)	(1)　資本準備金	(　　　)
減価償却累計額	(△　　　)	(2)　(　　　)	(　　　)
車両	(　　　)	3．利益剰余金	
土地	(　　　)	(1)　利益準備金	(　　　)
2．無形固定資産		(2)　その他利益剰余金	
鉱業権	(　　　)	別途積立金	(　　　)
ソフトウェア	(　　　)	繰越利益剰余金	(　　　)
のれん	(　　　)	Ⅱ　評価・換算差額等	
3．投資その他の資産		1．その他有価証券評価差額金	(△　　　)
投資有価証券	(　　　)	2．(　　　)	(　　　)
関係会社株式	(　　　)	純資産合計	(　　　)
繰延税金資産	(　　　)		
Ⅲ　繰延資産			
(　　　)	(　　　)		
資産合計	(　　　)	負債・純資産合計	(　　　)

解答〈212〉ページ

総合問題5

貸借対照表

×8年３月31日現在

(単位：千円)

資産の部		負債の部	
Ⅰ 流動資産		Ⅰ 流動負債	
現金預金	(　　)	支払手形	(　　)
受取手形	(　　)	買掛金	(　　)
売掛金	(　　)	リース債務	(　　)
(　　)	(　　)	未払金	(　　)
貸倒引当金	(△　　)	未払法人税等	(　　)
商品	(　　)	Ⅱ 固定負債	
Ⅱ 固定資産		長期借入金	(　　)
1．有形固定資産		社債	(　　)
建物	(　　)	長期リース債務	(　　)
減価償却累計額	(△　　)	退職給付引当金	(　　)
リース資産	(　　)	負債合計	(　　)
減価償却累計額	(△　　)	純資産の部	
土地	(　　)	Ⅰ 株主資本	
2．無形固定資産		1．資本金	(　　)
(　　)	(　　)	2．資本剰余金	
3．投資その他の資産		(1) 資本準備金	(　　)
投資有価証券	(　　)	(2) (　　)	(　　)
金利スワップ資産	(　　)	3．利益剰余金	
長期前払費用	(　　)	(1) 利益準備金	(　　)
長期貸付金	(　　)	(2) その他利益剰余金	
貸倒引当金	(△　　)	別途積立金	(　　)
Ⅲ 繰延資産		繰越利益剰余金	(　　)
(　　)	(　　)	4．(　　)	(△　　)
		Ⅱ 評価・換算差額等	
		1．その他有価証券評価差額金	(△　　)
		2．(　　)	(　　)
		Ⅲ 新株予約権	(　　)
		純資産合計	(　　)
資産合計	(　　)	負債・純資産合計	(　　)

解答〈218〉ページ

総合問題6

損　益　計　算　書

自×4年4月1日　至×5年3月31日　　（単位：千円）

Ⅰ　売　　上　　高		（　　）
Ⅱ　売　上　原　価		（　　）
売　上　総　利　益		（　　）
Ⅲ　販売費及び一般管理費		
1．販　　　売　　　費	（　　）	
2．一　般　管　理　費	（　　）	
3．貸倒引当金繰入	（　　）	
4．減　価　償　却　費	（　　）	
5．ソフトウェア償却	（　　）	
6．退職給付費用	（　　）	（　　）
営　業　利　益		（　　）
Ⅳ　営　業　外　収　益		
1．受取利息配当金	（　　）	
2．有価証券運用益	（　　）	
3．有価証券利息	（　　）	
4．（　　）	（　　）	（　　）
Ⅴ　営　業　外　費　用		
1．支　払　利　息	（　　）	
2．社　債　利　息	（　　）	
3．為　替　差　損	（　　）	（　　）
経　常　利　益		（　　）
Ⅵ　特　別　利　益		
1．（　　）	（　　）	
2．（　　）	（　　）	（　　）
Ⅶ　特　別　損　失		
1．貸倒引当金繰入	（　　）	
2．子会社株式評価損	（　　）	（　　）
税引前当期純利益		（　　）
法　人　税　等	（　　）	
法人税等調整額	（△　　）	（　　）
当　期　純　利　益		（　　）

解答〈226〉ページ